민족을 사랑한 독립운동가

의사(醫師) 김범수 연구

본서는 (재)한국학호남진흥원의 호남한국학 저술·국역서 출판 지원을
받아 간행된 것임

민족을 사랑한 독립운동가

의사(醫師) 김범수 연구

초판 1쇄 발행 2020년 8월 14일

지은이   박해현
펴낸이   윤관백
펴낸곳   ▨도서출판선인
등 록   제5-77호(1998.11.4)
주 소   서울시 마포구 마포대로 4다길 4 곳마루빌딩 1층
전 화   02)718-6252/6257
팩 스   02)718-6253
E-mail   sunin72@chol.com

정가   29,000원
ISBN 979-11-6068-392-9 93990

민족을 사랑한 독립운동가

의사(醫師) 김범수 연구

박해현

머리말

　식민지배, 분단, 산업화와 민주화로 이어지는 한국 현대사는 격동의 시기였다. 35년 넘는 식민지배와 분단은 민족사를 왜곡시켰다. 일제 식민시기 천황제 파시즘에 반대한 민족주의와 공산주의는 민족혁명을 향한 공동의 지향점을 지녔다. 독립운동의 노선과 방법상의 차이를 두고 경쟁하였을 뿐이다.

　해방 직후 모스크바 3상 회의 결정 과정에서 비롯된 반탁운동은 '좌익＝찬탁＝공산주의자, 우익＝반탁＝반소·반공＝민족주의'의 정치적 표상이 형성되었다.[1] 이는 정파 사이의 투쟁 수단으로 증폭되어 민족의 정체성을 파괴하였다. 이때 모습을 드러낸 청산 대상인 친일 부역 세력은, 제주 4·3사건, 여수 순천 10·19사건, 한국전쟁을 통해 역사의 전면에 등장했다.

　반대세력을 사회주의 내지는 공산주의로 공격한 그들은 민족주의 세력도 같은 묶음으로 공격하였다. '민족주의＝사회주의' 인식이 형성

---

1) 정용욱, 「기억투쟁: 새천년 전환기의 한국현대사 연구」, 『청계사학』 16·17, 2002, 994쪽.

되어 갔다. 한국 사회가 해결할 친일잔재 청산과 통일국가 수립 문제는 멀어지고 내연(內燃)된 모순은 5·18민주화운동으로 폭발하였다.

5·18민주화운동 40주년이 되었지만, 진상 규명은 해결의 시간을 기다리고 있고, 사회 곳곳에 독버섯처럼 친일의 그림자가 남아 있다. 시간이 흘러도 유습이 청산되지 않는 까닭은 우리 스스로의 몰역사성 때문이라 생각된다.

흔히 역사를 사건이나 제도 중심으로 보려는 경향이 있다. 역사는 살아 있는 인간의 다양한 삶을 기록한다. 제도나 사건 중심으로 역사를 읽으면 그 시대를 살았던 인간의 삶을 놓치게 된다. 인물 연구가 중요한 까닭이다.

인간의 활동상이 비교적 많이 남아 있는 한국 현대사는 어느 시기보다 인물 연구를 지향할 필요가 있다. 하지만 100년이 지난 광주 3·1운동과 90년이 넘은 광주학생독립운동만 보더라도 당시를 살았던 인간의 삶을 다룬 연구는 거의 없다.[2] 그러다 보니 분절된 사건만 있을 뿐 역사적 맥락은 보이지 않는다.

한국 현대사 연구는 그 시대를 살았던 인물의 구술에 의지하는 경향이 많다. 당대 인물의 구술은 생생한 현장 기록이라는 점에서 중요하다. 하지만 한, 두 증언을 토대로 역사가 구성될 때 역사의 진실과 동떨어진 결론이 나올 수 있다.

한 일본인이 남긴 말이 귓전을 맴돈다. "누군가를 위하여 정보는 조작되고 있으며, 그 정보를 믿은 대중의 행동 결과만이 역사적 사

---

2) 평전 수준의 인물사 연구가 하나씩 나오고 있다. 대표적으로 『이기홍 평전』(도서출판 선인, 2019)을 들 수 있다.

실로 남는다고 하는 이 무서운 상황은 조금도 달라진 게 없지 않습니까!"[3] 사람의 심리는 본인의 처지에서 이야기하기 때문에 초래되는 사실과 진실의 충돌을 염려하는 말이다. 증언자가 처한 당대의 상황과 증언할 당시의 상황을 아울러 읽어내는 것이 중요하다.

3·1운동 100주년을 맞은 2019년, 저자는 한 일간지에 「박해현의 새로 쓰는 광주·전남 3·1운동사」라는 제목으로 30회 분량의 시리즈를 연재하였다. 실록을 쓰는 절박한 심정으로 우리 지역 3·1운동사를 복원하고 역사적 의미를 부여하려 하였다. 이 과정에서 저자는 이 지역 3·1운동사가 특정인 진술에 의존하여 정리되었고, 3·1운동으로 투옥된 독립지사들의 재판 판결문이 충실히 이용되지 않은 사실도 확인하였다. 광주 전남 3·1운동 연구가 체계화되어 있지 않고, 그 역사적 의미도 제대로 밝혀지지 않았다는 결론을 내렸다.

광주 3·1운동을 정리하던 저자는 한 인물에 주목하였다. 향산 김범수이다. 그는 당시 우리나라 최고 인재들이 다닌 경성의학전문학교 2학년 학생으로, 최고형인 징역 3년을 선고받은 것으로 보아 광주시위에서 중요한 역할을 하였음을 알 수 있다. 경성의전 학생이 어떻게 광주시위와 연결될 수 있었을까 하는 의문이 생겼다.

김범수가 1919년 2월 5일 장성에서 2·8독립선언서를 인쇄할 때 이미 광주 3·1운동은 잉태되고 있었다. 3월 초 광주시위 주동 세력이 경성에 올라가 김범수를 비밀리에 만났다. 김범수가 깊숙이 개입되어 있다는 증거이다. 본서 집필 과정에 김범수 동생 집에서 시

---

3) 노마필드, 『죽어가는 천황의 나라에서』, 창작과 비평사, 1995. 220쪽 재인용.

위에 필요한 유인물이 인쇄되었다는 새로운 사실도 찾아졌다. 광주 3·1운동을 김범수 중심으로 살펴야 한다는 결론에 도달하였다. 저자가 김범수에 주목한 까닭이다.

경성의전을 졸업하고 광주에서 개업한 김범수의 진료 사실이 언론에 자주 보도되고 있음을 쉽게 볼 수 있다. 그의 의료 행위 하나하나가 관심 대상이었음을 알 수 있다. '독립운동가'이자 '의사'로 자신을 희생한 삶을 살아 존경받았던 인물이었기 때문이다. 청년, 사회운동을 통해 민족 역량을 강화하는 데 헌신한 그의 활동은, 해방 공간에서 빛을 발하였다. 그는 '건국준비위원회', '인민위원회', '민주주의민족전선' 등 여러 단체에서 이념을 초월하여 통일 조국 건설의 밑거름이 되었다. '독립의 길'을 넘어 '통일의 길'을 선도한 의사였다. 빨치산 의무대에 징발되어 부상병을 진료하다가 그들과 함께 쓰러지는 장면은 '의업의 길'을 지킨 영웅의 마지막을 보는 느낌이다.

비극적인 한국 현대사의 축소판이라 할 수 있는 김범수의 삶을 살피는 것은 파노라마처럼 전개된 광주·전남 현대사를 동태적으로 이해하는 데 있어 중요하다. 김범수의 생애를 연구하려 한 까닭이다.

그러나 김범수에 대해서 누구도 관심이 없었다. 지금껏 연구들이 접근하기 쉬운 사건 중심의 역사에 치중한 탓도 있지만, 김범수의 경우 그에 관한 자료가 절대적으로 부족하다는 점이 작용하였을 것이다. 회고록은 물론이고 서간문·일기 등 그가 직접 쓴 어떠한 기록도 남아 있지 않다. 3·1운동 판결문 및 신문에 보도된 그의 행적에 관한 지극히 제한된 자료만 있을 뿐이다. 성장 과정, 가족관계, 학력 등 기본적인 사실도 알 수 없다.

역사에서 잘못된 정보 내지는 편견으로 역사적 진실이 오도되거나 왜곡된 경우가 많다. 김범수에게 '친일의사', '인민병원장' 등 해방 공간에서 상대방을 쓰러뜨리는데 동원된 수단들이 집중되어 있음을 발견할 수 있다. 그를 객관적으로 파악하려는 노력은 없고, 일방적인 낙인으로 그에 대한 평가가 굳어 있다.

이에 저자는 '독립운동가·의사 김범수'의 삶을 체계적으로 파악하려 하였다. '독립의 길, 통일의 길을 선도한 의사 김범수'로 정의할 수 있는 그의 삶을 객관적으로 밝혀 격동의 현대사의 한 페이지를 새롭게 보려 한다. 그의 삶을 이해할 수 있는 자료나 그를 다룬 연구도 없어 쉬운 작업은 아니다. 여기저기 조각처럼 흩어져 있는 자료를 유기적으로 엮어 그의 삶을 복원할 수 있을 것이라 믿는다.

김범수의 삶을 증언하는 인물이 생존해 있는 것도 본서 저술에 큰 도움이 되었다. 현재 전남여자고등학교 역사관장으로 있는 손녀 행자가 있다. 1944년에 태어난 그녀는 조부와 함께 한 시간이 불과 6년 남짓, 기억이 남아 있는 시간은 불과 2, 3년 정도에 지나지 않는다. 그러나 어렸을 때의 기억과 그의 모친을 통해 들은 얘기 등으로 조부와 관련된 적지 않은 일화를 복기해내고 있다. 저자가 찾아낸 사실과 그녀의 기억이 대부분 일치하고 있어 그녀의 진술 신빙성을 높여준다. 특히 본서 집필 과정에서 김범수의 처조카 박규채와 마지막 생존 빨치산 이복순 등 김범수의 행적을 증언할 생존 인물을 찾아낸 것도 이번 연구의 또 다른 성과라 하겠다.[4]

---

4) 김범수의 처조카인 박규채가 있다. 박규채는 1933년생인데 김범수의 큰 처남인 박경조의 4남이다. 김범수의 아내 玉의 바로 밑이 박경조이다. 김범수의

본서의 집필에는 안종철(5·18민주화운동 진상규명조사위원회부위원장) 박사의 격려, 최고의 빨치산 연구자인 남녘역사연구소 박동기 소장, 광주 3·1운동 주동자 박일구의 유복자 박승부 선생, 광주 전남 해방 공간의 역사를 정리한『광복 30년』저자 김석학 선생, 그리고 저자가 만난 여러분의 도움이 없었다면 본서 집필은 불가능하였을 것이다. 해방전후 사 이야기를 틈틈히 들려준 저자의 노부모 역시 이 책의 완성도를 높이는데 기여했다. 특히 경성의전 자료를 흔쾌히 제공해준 서울대학교병원 의학역사문화원, 안재홍선생 기념 사업회에 깊이 감사를 드린다. 그리고 본서의 출판을 지원해 준 한국학호남진흥원 이종범 원장께 진심으로 감사하는 마음을 전한다. 원고 정리를 도와준 백승곤군과 반듯하게 꾸며준 편집부 이진호 과장에게 고마운 마음 전한다. 작은 돛단배를 타고 망망대해에서 북두칠성의 별빛을 따라 항해하는 심정으로 김범수의 위대한 삶을 추적해보기로 한다.

2020년 8월 동학골에서
박 해 현

처는 박규채에게는 고모가 되겠다. 박규채는 유명한 경제학자인 박현채 교수와 같은 집안임을 이번에 확인하였다.
　그리고 김범수의 3녀(女)인 길현과 사회주의 학생운동을 함께 한 이복순이 있다. 이복순은 광주사범학교 출신으로 보성에서 초등학교 교사를 하다 화순 백아산에서 빨치산 전남도당사령부 총사령관 김선우의 수행 비서로 활약하였다. 생존한 마지막 빨치산이라고 할 수 있다. 현재 91세의 고령임에도 당시 상황을 정확히 기억하고 있었다. 이복순의 증언은 김범수와 관련된 현대사의 부정확한 부분을 바로 잡는 데 많은 도움을 주었다. 이복순 선생의 증언에 깊이 감사를 표한다.

차 례

1장

1장
조국의 심장을 지킨 위대한 의사 탄생

격동의 시기에 태어난 김범수

：

김범수(金範洙)는 1899년 1월 24일 현재의 광주광역시 북구 신안동에 해당하는 광산군 서방면 신안리 335-1번지에서 태어났다. 당시 광주 부호들이 모여 살았다는 '재매 마을'이 그의 고향이다. 지금은 아파트 단지들이 들어서 있지만, 이괄의 난 때 이곳으로 피난을 왔던 인조가 낳은 용성 대군의 태(胎)가 묻힌 태봉산이 인근에 있었다.

김범수(1942년 아들 용채 결혼 사진에 있는 사진을 편집한 것이다.)

1899년은 일제가 우리나라 최초의 철도인 경인선을 부설한 해였다. 철도는 근대화와 더불어 제국주의 열강의 침략 상징이다. 그는 격동의 시기에 태어난 것이다.

1897년 2월 아관파천 후 국호를 대한제국으로 바꾼 조선 왕조는 1898년 토지조사사업을 대대적으로 펼쳤다. 땅 소유자에게 토지소유 문서인 '지계(地契)'를 발급하며 토지소유권을 보장해준다며 회유책을 썼다. 지계는 우리 역사상 최초로 국가가 발행한 토지 소유문서로, 근대적 의미의 토지소유권 제도가 확립됨을 의미한다. 대한제국이 근대 국가를 수립하는데 필요한 재정을 확보하려는 의도에서 추진하였다.

그러나 대한제국은 1898년 자주 국권·자유 민권을 표방한 시민운동 단체인 독립협회를 강제로 해산시켰다. 경제적으로는 근대적인 방향에서 변화를 추구하고 있었던 대한제국이지만, 정치적으로는 국왕 중심의 전제 군주체제를 강화하는 데 있어 독립협회를 걸림돌로 인식하고 있었다. 1899년 공포된 '대한국제'는 황제권의 강화를 선포한 것으로, 보수 체제를 강화하는 상징이다. 개항 후 표출된 개혁과 보수의 갈등은 해결의 실마리를 찾기는커녕 골이 깊어지고 있었다.

1895년 청나라와 전쟁에서 승리한 일본은, 조선에서 청의 세력을 밀어냄과 동시에 랴오둥반도까지 청으로부터 할양받아 만주지역으로 진출하려 하였다. 이러한 일본의 의도는 만주지역으로 진출할 기회를 노리던 러시아의 격렬한 반발을 불러일으켰다. 러시아가 독일, 프랑스를 끌어들여 랴오둥반도를 청에 반환할 것을 압박하니 일본은 돌려주지 않을 수 없었다. 이른바 삼국간섭으로 일본의 위세가 한풀 꺾였다.

청과의 전쟁에서 승리한 여세를 몰아 한반도와 만주에서 영향력을 확대하려는 일본, 극동의 주도권을 일본에 넘겨주지 않으려는 러시아 사이에 치열히 전개된 외교 전쟁은 바야흐로 군사적 충돌을 향해 내달리고 있었다. 러, 일 강대국 사이에 끼어 이러지도 저러지도 못하고 있는 대한제국의 운명을 결정짓는 시간이 째깍째깍 다가오고 있었다.

김범수가 태어난 1899년은 거대한 폭풍이 밀려옴을 암시하는 시커먼 먹구름이 한반도를 향해 밀려오던 시기였다. 이러한 엄혹한 시대는 김범수가 '반백 년' 길지 않은 생애를 오로지 민족의 자존과 민중을 위한 삶을 숙명(宿命)으로 받아들이게 하였다. 광주 3·1운동 주역으로, 대구형무소에서 수감 되었다가 1년 6월 만에 출옥한 아직 소년티를 벗지 못한 앳된 20대 청년 김범수의 담담한 모습은 시대 아픔을 온몸에 떠안은 우국지사(憂國志士)의 모습을 보여준다.

광주 수재(秀才)
:

김범수는 본관이 광산이다. '광산'이 본관임은 그의 제적등본을 통해 알 수 있다. '광김'으로 유명한 광산김씨는 임진왜란 호남 의병장으로 유명한 김덕령을 배출한 광주의 대표적인 명문 가문이다. 한 인물을 연구하는 데에 가계(家系)를 밝히는 작업은 무엇보다 중요하다. 가계 분석을 통해 인물의 성격을 유추하는 데 도움을 얻을 수 있기 때문이다. 그러나 김범수의 가계는 물론 성장 과정이 거의 드러나 있지 않아 연구하는 데 많은 어려움을 주고 있다.

가계를 추적하는 방법으로 족보는 유효한 수단이다. 저자는 광산김씨 족보에서 김범수의 흔적을 찾으려 하였으나 뜻을 이루지 못하였다. 손녀는 어려서 조부, 부친을 모두 잃어 증조부 이상의 가계에 대한 기억은 없다. 출가외인이라 족보는 가지고 있지 않다. 대학 도서관에 소장된 광산김씨 족보를 찾아 그의 흔적을 찾으려 하였으나 뜻을 이루지 못하였다. 광산김씨 대문중에도 문의하여 보았으나 찾을 수 없었다. 특히 그가 속한 파도 알 수 없어 사막에서 바늘 찾는 심정이었다. 본서가 세상 밖으로 나오면 보다 새로운 자료나 증언들이 나오리라 믿는다. 다만, 손녀딸의 기억과 가족 이름의 항렬을 통해 김범수가 광산김씨 문정공파 38대손이 아닐까 하고 조심스럽게 추정할 따름이다.[1]

김범수의 제적등본에는 부모 이름만 나올 뿐 형제 관계가 나와 있지 않아 전체적인 가계를 그려내는 데 어려움이 많았다. 형 이름 진수가 범수 제적등본에는 없었기 때문이다. 이러한 안타까운 상황에도 진수 이름을 기억한 손녀와 광주광역시 북구청 담당 공무원의 도움을 받아 진수(鎭洙)의 제적등본을 어렵게 찾을 수 있었다.[2]

---

1) 광산김씨 문정공파의 항렬을 보면 37대 '영(永)', 38대 '수(洙)', 39대 '용(容)', 40대 '중(中)'으로 김범수 집안과 일치하고 있다. 본서 탈고 무렵 김범수의 생가가 있었던 재매 마을에서 우연히 만난 김범중을 통해 문정공파일 가능성이 크다는 심증을 얻었다. 광산김씨 대문중 관계자는 현재 족보가 주로 1960년대 이후 작성된 관계로. 후손들이 적극적으로 족보 편찬 사업에 관심을 두지 않으면 누락 가능성이 크다고 했다. 김범수 가문이 족보에서 찾아지지 않는 까닭은 후손들이 대부분 사라져 기억을 살릴 사람이 없다는 것과 이미 좌익으로 공격을 받았던 전력이 있어 후손들이 일부러 족보 등에 기록을 올리지 않았을 가능성이 있다.

2) 광주광역시 북구청 정종진 선생은 저자가 수십 차례 찾아가 귀찮게 하였음에도 짜증을 내지 않고 역사의 진실을 찾는 데 도움을 주었다. 고마움을 남긴다.

진수의 제적등본에는 범수 부친의 사망 연월, 범수의 형제 관계를 알 수 있는 내용이 담겨 있다. 특히 광주 3·1운동과 관련하여 중요한 역할을 한 언수가 범수의 친동생이라는 사실을 확인하였다. 그 순간 학자로서 가졌던 흥분은 이루 말할 수 없다.

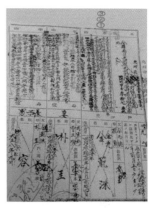

김범수 제적등본

이덕(而德)의 3남이라고 범수 제적등본에 있어 '이덕'의 제적등본을 찾으려고 노력하였으나 실패하였다. 범수의 가계를 완전히 복원하는 데 일정 부분 한계가 있음을 자인하지 않을 수 없다. 진수와 범수 제적등본을 통해 충분하지는 않지만, 그의 가계를 어느 정도 살펴볼 수 있었다.

김범수의 부친은 이덕(而德)으로 장남 진수, 누군지 모르는 차남[3], 3남 범수, 4남 언수 등 4형제를 둔 것 같다. 이덕의 첫째 부인 최우(崔宇)는 장남 진수를 낳고 일찍 사망한 것으로 보인다. 범수는 이덕과 재혼한 최훈(崔勳) 사이에서 셋째 아들로 태어났다. 진수가 1887년생으로 1899년 태어난 범수

김진수 제적등본

---

3) 진수의 제적등본에 장남 진수, 3남 범수 이렇게 바로 이어지고 있고 차남에 대한 언급이 전혀 없다.

와는 12년 차이가 난다. 이렇게 차이가 난 이유는 진수와 범수의 모계가 다른 것과 관련이 있지 않나 생각한다. 범수의 생모 최훈은 1872년생으로 진수와 15년 차이밖에 나지 않아 이러한 생각이 어느 정도 타당함을 알 수 있다.

'원리 박부자'라고 소문난 사람이 혹시 김범수의 장인이 아닐까 하는 의문을 품고 추적한 끝에 '원리 박부자'가 김범수의 장인임을 밝혀낸 저자는, 박동표의 제적등본도 발굴하였다.

하지만 그의 제적등본에 있는 일부 사실이 김범수의 제적등본과는 상이하게 기록되어 있어 저자를 당혹스럽게 하였다. 거기에는 김범수의 부친이 '이덕'이 아닌 '영관(永寬)'이고, 범수가 '이덕의 셋째'가 아닌 '영관의 둘째 아들'이라 하였다. 김범수와 박동표 제적등본에 있는 사실의 상이함 가운데 어느 것이 타당한 것인지 현재로서는 섣불리 단정할 수 없다. 다만 두 기록은 나름대로 당시의 사정을 알려주고 있는 것은 아닌지 하는 생각을 하고 있다.

우선 범수 부친 이덕의 또 다른 이름이 영관임을 알 수 있다. '이덕'과 '영관' 둘 중에 하나는 자(字)일 가능성도 있다. 문정공파 족보에는 38대손은 '수(洙)'자 항렬이고 37대손은 '永'자 항렬이었다. 이로 보아 '이덕'은 자(字)이고 '영관'이 본명일 가능성이 크다. 저자는 범수의 부친 이름을 '이덕'이 아닌 '영관'으로 사용하려 한다. 그의 제적등본이 없어 출생 연도는 정확히 알 수 없으나 진수의 제적등본에는 1917년 사망한 것으로 나와 있다.

김범수가 셋째 아닌 차남이라는 박동표의 제적등본을 어떻게 살펴야 할까? 김범수 형인 김진수의 제적등본에는 김범수를 3남이라

하였다. 그런데 장남 진수 다음에 차
남 없이 3남 범수가 바로 기록되어 제
적등본 기재 순서상으로는 김범수가
차남인 셈이다. 진수의 등본에 차남이
누구인지 나와 있지 않아 의아하게 생
각된다. 박동표 제적등본처럼 범수가
차남일 가능성은 없을까 하는 생각이
들 수 있다.

박동표 제적등본

　그러나 손녀 행자의 증언에 따르면
둘째 조모와도 바로 작은 담장을 사이에 두고 앞뒷집에 살았다 한
다.둘째 조부 딸이 현 전남여고 1회 졸업생[4]이라고 기억하고 있다.
이렇게 보면 범수의 바로 위에 작은 형이 있었음은 분명하다. 그럼
에도 아예 호적에 흔적이 보이지 않고 있는 까닭이 궁금하다. 이는
범수 작은 형이 1922년 조선호적령에 따라 호적이 작성될 때 이미
사망했거나 양자로 出系 하였기 때문에 빠져 있을 가능성이 있다.
행자의 기억에 작은 조부는 보지 못하고 작은 조모만 보았다 하였
고, 후손으로 남매만 있는 것으로 보아 양자로 출계하였을 가능성
보다 남매만 낳고 일찍 사망했을 가능성이 크다.

　범수 바로 밑 아우 언수(彦洙) 즉 영관의 4남은 1901년 태어났다.
보통학교 졸업 행적이 나오지 않은 진수나 범수와 달리 언수는
1915년 광주보통학교 6회 졸업생으로 졸업생 명부에 나와 있다. 그

---

4) 행자의 증언에 따르면, 딸 이름이 김옥이었다. 김옥은 딸만 둘을 두었는데 모
　두 전남여고와 이화여대를 졸업하였다 한다.

는 광주 3·1운동 때 형 범수를 도와 시위가 성공리에 진행되는 데 도움을 주었고, 1926년에는 광주 최초의 양말 공장 '남선양말'을 세웠다.

형제들 가운데 범수가 어려서부터 두뇌가 명석하여 타의 추종을 불허하여 광주 사회에서 그를 '광주 수재'라고 불렀다 하니 그의 천재성을 짐작할 만하다. 그는 현실을 냉철히 분석하여 판단하는 능력도 뛰어나 늘 그의 주위에는 혁명가들이 있었다. 다음 신문 기사는 이러한 정황을 짐작하게 한다.

"남선의원이라면 누구나 연상하는 바, ①'광주수재'라는 평판 받는 김범수군의 병원일 줄 안다. 군은 ②총독부 의전을 우수한 성적으로 마친 후에 남선의원의 ③외과의사로 근무한 의학적 기술보다도 ④기미운동의 희생에서 맛본 人間苦로서 묻어나온 인간미 그것이 ⑤범인의 追隨 못할 저력의 소유자인 만치 ⑥광주의 인기의 초점이 되는 것이다."(『중외일보』 1929.11.1)

그가 30세 되던 1929년에 보도된 내용으로 200자 원고지 1매도 채 안 되는 내용이다. 이 신문 기사를 저자가 여섯 항목으로 분류하여 보았다. 이 내용을 통해 김범수와 관련된 여러 사실을 유추해 낼 수 있다. 하나씩 차근차근 풀어내려 한다. 먼저 '①광주 수재'라고 언급하고 있는 점에 주목하려 한다. 김범수가 이렇듯 '수재'라고 소문났다고 하는 것은 어려서부터 광주 시내에서 그를 추종할 사람이 없을 정도로 실력이 뛰어났음을 말해준다. 따라서 부모·형제는 물

론 광주지역에서는 그가 미래의 조선을 이끌 훌륭한 인물이 될 것
이라고 기대를 크게 하였을 것이다.

재매 마을에서 태어나다

:

김범수가 태어난 광산군 서방면 신안리 335-1번지[5]는 '재매 마
을'이라고 불리는 곳이었다.[6] 재매 마을은 앞재매, 뒷재매 이렇게
두 개의 마을로 구성되었는데 김범수의 부친이 살았던 곳은 뒷재매
마을이다. 그의 출생지를 제적등본에 있는 분가하기 이전 주소를
가지고 추측하였다. 서방면이 광주로 편입되면서 신안리가 신안동
으로 바뀌었을 뿐, 지번은 그대로 335-1번지였다. 현 광주 북구 서
암대로 93번지이다. 서암대로는 한말 의병장 양진여 호를 딴 것
이다.

김범수의 생가는 현재의 신안다리 있는 곳인데, 지번을 놓고 추
정할 때 불과 2년 전까지 주유소가 있었고, 현재는 최근에 생긴 커

---

5) 조선총독부는 1914년 전국의 지방 행정구역을 개편하였다. 광주군은 광주면
을 포함하여 15개의 면으로 개편되었다.

6) 신안동은 1960년대까지 경양 방죽 물로 벼농사를 짓던 농촌이었다. 이곳에
있는 태봉산과 봉두산이 있었다. 봉두산은 봉황이 머물렀다 하여 봉정산이라
고도 불렀다 한다.(조광철, 광주역사민속박물관 학예실장 증언) 지금의 광주
기상대가 있는 곳이다. 두 산 사이에 넓은 평야가 있었고, 봉두산 남쪽 기슭
에 재매 마을이 있었다. 이 지역에는 재매를 뜻하는 '자미', 자미 남쪽 들 가
에 있는 마을이라 하여 들재매=들자미, 자미 북쪽에 있는 마을이라 하여 청
계, 자미 북쪽 산 밑에 있는 마을이라 하여 멧저매 등의 여러 마을이 있었다.
현재 '신안사거리–전남대 사거리–전남대 정문'을 연결하는 도로 이름이 '자
미로'이다. 옛 재매 마을의 역사를 증언해주고 있다.

피숍 자리가 아닐까 짐작된다. 커피숍 바로 뒤에 공터가 남아 있고, 바로 옆에 1년 전에 아파트가 들어섰다. 매일 이곳을 지나치면서도 광주 3·1운동 영웅 김범수 생가터라는 사실을 미처 생각하지 못하였다.

김범수 생가 터(유년기)

커피숍 자리가 김범수가 태어난 곳이 분명하다고 믿어지지만, 제적등본 외에는 딱히 다른 근거가 없어 머뭇거려진다. 단지 손녀인 행자의 어렴풋한 기억이 지번이 어느 정도 타당성이 있음을 믿게 한다. 아마 5, 6세 무렵, 곧 1949년 전후로 여겨지는데 그녀는 부친 용채의 손을 잡고[7] 큰 조부인 진수 집을 찾았다. 철로 변을 따라

---

7) 행자의 부친은 용채로 범수가 3·1운동 때 체포되어 대구형무소에 투옥되어 있을 때인 1919년 9월 22일 태어났다. 그는 고창중학교를 졸업하고 일본 메이지대 경제학과를 졸업한 엘리트였다. 뒤에 다시 다룰 예정이다.

걷다가 오른쪽 신안 다리 방면으로 꺾은 후 지금은 복개된 냇가 둑을 따라오다가 냇물을 건너 골목길을 따라 큰 집으로 들어갔다고 한다. 행자가 증언하고 있는 장소는 지번에 나와 있는 재매 마을이 분명하다.

행랑채를 통해 대문 안에 들어서니 왼편에 사랑채가 있었다 한다. 넓은 마당을 가로질러 약간 높이 돋은 곳에 안채가 있었고 王할머니가 문을 열고 담뱃대를 물고 있었던 모습까지 생생하게 설명하였다. 집 뒤에는 대나무 숲이 있었고 냉장고 기능을 한 동굴이 있었다고 기억하고 있다. 커피숍 뒤 공터에는 지금도 남아 있는 대나무 숲이 70년 전의 모습을 그대로 보여주고 있다. 공터 뒤의 장면도 행자의 기억과 일치하고 있다. 당시 높게 보였다고 한 안채는 경사면에 계단식으로 터를 닦아 집을 지었음을 알 수 있다. 바로 마을 앞이 서방천과 용봉천이 합류하는 곳이어서 홍수 때 범람이 잦아 지대가 높은 곳에 주택을 마련하였을 것이다.

담뱃대를 물고 있었다고 기억한 나이 많은 王할머니는 1950년 한국전쟁 이후까지 생존해 있던 바로 범수 모친 최훈이었다. 최훈은 손부(孫婦)가 혼자 된 것을 안타깝게 여겨 손부 집에 자주 찾아오곤 하였다 한다. 1917년 남편이 사망한 후, 범수 모친은 장남 진수와 함께 재매 마을 본가를 지키고 있었다. 이때의 모습이 1949년 무렵이라고 생각할 때 그 무렵까지 신안동에 범수의 본가가 있었음은 분명하다. 큰형 진수가 계모인 최훈을 모시고 있었다.

진수가 오랫동안 생존해 있었다는 것은 범수 막내딸 소현의 결혼식 사진에 그의 모습이 남아 있는 데에서 알 수 있다. 그렇지만 진수는 아들이 없이 딸 하나만 있었다. 그의 딸은 일제강점기 광주의 부호인 천보배와 결혼하였다. 막내아우 언수의 아들 용택이 진수의 양자로 들어왔다고 한다. 그러나 곧 설명할 범수 생가터를 찾는 데에 도움을 준 재매 마을 김범중은 진수 집에 후손이 없었다고 증언하였다. 용택이 법적으로 양자로만 들어왔을 뿐 실질적인 후손 역할을 하지 않았음을 짐작할 수 있다.

스타벅스 커피숍 자리가 범수가 태어난 생가임을 확인할 방법이 지번과 손녀의 추정 외에는 다른 여타의 증거가 없어 답답함을 느낀 저자는, 손녀와 함께 직접 생가터 흔적을 찾아 나섰다. 재매 마을 흔적이 남아 있는 곳에는 거의 폐가나 다름없는 집이 산 밑에 두, 세 채 남아 있었다. 이곳이 과거 한때 광주 부호들이 살았다는 재매 마을이 맞나 하는 생각이 들 정도로 궁벽한 모습이다. 그나마 공원지구로 묶여 있어 옛 흔적이 남아 있는 점은 다행이었다.

저자는 그 가운데 한 집에 무조건 들어섰다. 설죽로 149번지(신안동 310-6)로, 폐기물이 가득 쌓여 사람이 거주하리라는 느낌이 전혀 들지 않았다. 마침 지나가는 초등학교 3학년 학생이 그곳에 할아버지가 거주한다고 알려주었다. 이에 자신감을 가지고 주인장을 찾으니 한 노인이 나왔다.

그는 77세의 김범중인데, 재매 마을 원주민이었다. 손녀인 행자와 같은 1944년생으로 이 마을의 역사를 오롯이 기억하고 있었다. 그에게 손녀 행자가 얘기한 집 구조를 설명하니 바로 '장성댁' 집을 가리키는 것 같다고 이야기를 하였다. '장성댁'은 진수 아내 택호라는 사실을 손녀가 증언하였다. 그 집은 후손이 없었다고 이야기하는 김범중의 얘기에 진수 집을 정확히 가리킴을 알았다. 약 200m 거리에 있는 곳을 찾아가니 저자가 지번을 통해 살핀 신안다리 근처 스타벅스 그 자리였다. 봉정산 아랫자락 신안동 335-1번지가 김범수 생가임을 확인한 순간이다.

그 집에서도 어려서 놀았던 기억을 생생하게 지닌 범중이 설명하는 집 구조와 행자의 기억이 정확히 일치하였다. 행자의 기억력이 거의 70년이 넘었지만, 완벽히 남아 있음을 새삼 알 수 있었다. 이렇게 김범수의 생가터를 확인하면서 하늘에 있는 김범수 선생이 저자의 앞길을 인도하고 있지 않나 하는 생각이 새삼 들었다. 무작정 밀고 들어간 집주인이 김범수 생가에 살았던 진수 내외까지 기억하고 있으니 기막히다고 할 수밖에 없었다. 김범중은 막 밭일을 하러 나가던 참이었다고 하니 길이 엇갈렸으면 그대로 묻힐 수밖에 없었다. 그는 신안다리를 중심으로 일곡지구로 들어가는 왼편이 '뒷재매'이고, 신안다리에서 신안교회가 있는 곳이 '아래재매'였다고 설명을 하였다.

또한, 김범중과 대화를 하며 그가 광산김씨 문정공파임을 확인하였다. 그가 살았던 '뒷재매' 마을은 광산김씨 문정공파 집성촌이었다고 한다. 그는 '중'자 항렬로 문정공파 40세손이라 한다. 37세는 '영(永)', 38세는 '수(洙)', 39세는 '용(容)' 40세는 '중(中)' 항렬로 김범수 집안과 같았다. 곧 김범수 집안이 행자가 항렬로 막연히 추정하였던 광산김씨 문정공파임이 분명해졌다. 그리고 김범수는 광산김씨 집성촌인 재매 마을 출신임이 확인되었다. 그런데 저자가 찾으려 한 문정공파 족보가 마침 김범중 집에 있어 양해를 얻어 김범수를 족보에서 찾았으나 찾는 데 실패하였다.

김영관 후손 가운데 장남 진수는 딸만 하나 있을 뿐 아들이 없었고, 제적등본에 나타나 있지 않은 차남은 딸 한 명뿐이었다. 한국전쟁 때 사망한 범수는 두 아들이 있었는데 큰아들은 한국전쟁 때 행방불명이고 서자만 생존해 있었다. 막내 언수 역시 한국전쟁 때 사망하였다. 따라서 1960년 무렵 족보를 편찬할 때 관심을 가질 수 있는 인물은 진수와 범수의 서자뿐이다. 이들은 범수가 공산주의자로 낙인이 되는 상황에서 족보를 올리기에 부담을 느꼈던 것이 아닐까 하는 생각을 하였다.[8] 분명한 것은 광주 3·1운동의 영웅이 가문의 역사인 족보에서조차 빠져 있는 현실은 안타까운 일이라 아니할 수 없다.

광주의 근대화와 김범수 가계(家系)
:

김범수의 부친 영관은 상당한 재력을 소유하고 있었다고 짐작된다. 손녀가 기억한 신안동 집은 커다란 기와집에 넓은 마당, 그리고 마당에 사람들이 가득하였다 한다. 김범수 집안이 유력 집안임을

---

8) 이와는 달리 김범수 가문이 신흥 부유층으로 성장한 중인 출신이어서 명문 양반가인 광산김씨 측에서 족보에 올리는 것을 허락하지 않았을 가능성도 있다는 의견도 있다. 하지만 이 의견을 따르기가 망설여지는 까닭이 있다. 이 견해를 따를 때 김범수 가문이 광산김씨 문정공파가 집성촌인 재매마을에 살고 있다는 점이 걸림돌이 된다. 곧 김범수 가계는 재매 마을의 주류로서, 당연히 양반 후예일 가능성이 크다. 원리 소문난 부자인 박동표 역시 상당한 벌족의 후예였다고 한다. 그런 박동표가 사위를 맞이하는데 한미한 집안 출신을 맞아들일 가능성은 커 보이지 않는다.

알려주는 예이다. 신안동 집의 토지대장을 열람한 결과 945㎡로 300평이 넘는 면적이었다.[9] 개인 저택이 300평이 훨씬 넘는 면적이라면 대지주 집안의 일면을 보여준다. 손녀 행자가 그 집을 찾은 시기가 1949년 무렵이니 영관이 사망한 후 30여 년이 지났어도 집안의 경제 기반이 여전히 유지되고 있음을 알 수 있다. 1949년은 대한민국 정부가 수립된 직후 농지개혁을 추진하던 때였다. 지주 집안으로 부를 누리던 김범수 집안도 이때 제정된 농지 소유를 3정보로 제한한 농지개혁으로 타격을 입었을 법하다.

지금은 용봉천 일대가 전부 복개되고, 봉정산을 절개하여 경신여고 방향으로 대로가 뚫리어 옛 모습은 거의 사라진 신안다리 근처의 재매 마을은, "광주에서 첫째가 재매 마을이고, 둘째가 덕남 마을이요"라는 말이 나올 정도로 광주에서 경제력이 가장 으뜸인 동네라고 소문나 있다.

서방천과 용봉천 등 큰 냇물과 작은 실개천이 서로 엉켜 있는 이곳 재매 마을은 두 강물이 범람하면서 쌓인 퇴적물과 야트막한 태봉산과 봉정산에서 흘러나온 유기물이 보태져 기름진 옥토가 형성되었다. 광주 제일 부자들은 '재매 부자'라는 말이 나올 정도로 대지주들이 많았던 것은 이곳의 지리적 특성 때문이라 하겠다. 이곳

---

9) 김범수 생가터인 신안동 335-1번지는 945㎡였다. 1930년 4월 26일 335-2, 335-3번지로 분할되었다(토지대장 2917010-1035-0001). 1975년 지○○에게 소유권이 넘어갔다가 1999년 남선석유주식회사, 2018년 현재의 소유주에게 소유권이 넘어갔다. 김범중이 장성댁이 그 집에서 오랫동안 살았다고 기억하고 있는 것으로 볼 때 1975년까지는 범수의 큰형인 진수 명의로 소유권이 있음을 알 수 있겠다.

에 당시 광주의 소문난 부자들이 많았음을 알려주는 말이다.

김범수 집안도 300평 넘는 집터 규모를 통해 지주 출신이었을 것이라 짐작할 수 있다. 손녀는 큰 집 가까운 곳에 참외, 수박 등의 과일밭도 있었다고 기억하고 있다. 김범수 본가는 농지뿐만 아니라 과수농장도 소유하고 있는 대지주였음이 분명하다. 저자의 부친 회고에 따르면, 일제강점기에 주조장, 정미소, 과수원 가운데 하나라도 소유하고 있으면 부자라고 인식하였다고 한다. 김범수 집안은 과수원을 소유하고 있었음이 확인되고 있다.

김범수 가문이 상당한 재력가라고 하는 것은 다음에서도 확인되고 있다. 김범수 부친은 당시 광주의 신흥 상권으로 떠오르는 수기동[10] 일대에 여러 채의 주택을 소유하고 있었다. 행자의 증언에 따르면 영관은 현재의 금남로 일대의 주택을 아들에게 각기 주었다한다. 주택을 여러 채 소유하고 있었다.

손녀의 기억이 정확하다고 하는 것은 현재 확인된 제적등본을 통해서도 알 수 있다. 즉, 장남 진수가 거주한 곳은 현재의 광주광역시 동구 금남로4가 36번지[11]이고, 3남인 범수는 금남로4가 37번지

---

10) 1910년 한일병합 될 때 광주읍내의 행정구역은 4개의 면 18개 동네가 있었다 한다. 참고로 4개의 면은 성내면, 부동방면, 공수방면, 기례방면이 있었다. 1912년 4월 이들 4개 면을 합하여 광주면 또는 광주연합면이라 하였다(박선홍, 『광주 1백년』, 1994, 38쪽). 1914년 4월 1일 전국적으로 행정구역을 개편할 때 광주도 4개면을 합하여 광주면으로 하고 다시 4통, 10정, 5리의 행정구역으로 개편하였다. 이때 공수방면과 기례방면이 합하여져 수기옥정으로 변경되었다.

11) 현재의 금남로 4가 36번지는 한일병합 직후에는 명치정 사정목(四丁目)36번지였다가 1914년 개편 이후에는 수기옥정 312번지로 변경되었다. 이 지번의 토지 면적은 645.7㎡였다.

[12])로 서로 이웃하여 있다. 이름을 알 수 없는 둘째도 바로 범수 집과 담을 맞대고 있었다. 3형제가 서로 이웃하고 있음을 알 수 있다. 토지대장으로 확인되는 범수와 진수의 집의 면적은 각각 598.4㎡와 645.7㎡로 두 집을 합하면 1244.1㎡이다. 약 377평이나 된다. 주택 규모로 매우 큰 면적임을 알 수 있다. 당시 광주의 대표적 부호인 최원택이 바로 근처에 소유한 주택 926㎡보다 훨씬 넓은 것으로 보아 범수 부친인 영관의 재력 정도를 엿볼 수 있다.

김범수 생가 터(현 원각사 주차장)

넷째인 언수 주택 주소가 진수나 범수의 제적등본에 별도로 나와 있지 않고, 진수 제적등본에 동거인으로 나오고 있다. 아마 아직 출가 이전의 상황을 보여주는 것이 아닐까 추정되고 있다. 행자는 언

김언수 집 입구 골목(금남로)

수가 바로 작은 골목을 사이에 두고 살았다고 기억하고 있다. 진수 명의로 된 집이 언수가 살았던 곳임을 분명히 해준다. 진수는 장남으로 재매 마을 본가를 지켰다. 언수 집이 진수 명의의 집일 가능성이 크다 하겠다.[13] 김범수의 부친이 수기동의 한 지역에 주택을 여러 채 매입하여 세 아들에게 주었다고 생각한다.

그렇다면 범수 부친인 영관이 주택을 여러 채 매입한 시기는 언제였을까? 영관이 사망한 시기는 정확히 드러나 있지는 않으나 김진수에게 호주 상속이 이루어진 시기가 1917년인 것으로 보아 그 무렵 사망한 것으로 보인다. 따라서 영관이 이들 주택을 매입한 것은 적어도 그 이전임은 분명하다. 이번에 확인된 박동표의 제적등

13) 저자가 손녀와 함께 실제 금남로 5가 36, 37번지 현장을 찾아보았다. 김범수와 김언수가 살았던 집으로 들어가는 입구는 현재 원각사 정문 옆의 골목길이다. 그 골목은 예전 모습 그대로 남아 있다. 그 길을 따라 안쪽으로 50m가량 들어가면 집터가 있다. 원각사 맞은편 곧 현재 동양상호저축은행 건물 일대가 일제강점기에 광주지방법원이 있었다. 원각사 담을 따라 난 골목길은 옛길 그대로인데 골목 안쪽에 김범수와 김언수 집이 있었다. 김범수와 김언수 집을 경계 지었던 작은 골목길은 무성한 대나무들이 1백 년 전 경계를 그대로 보여주고 있다. 김언수 집은 김범수 집 담을 경계로 골목길을 20m 들어간 마지막 집이다. 도로에서 비교적 깊숙이 자리 잡고 있어 2·8독립선언서를 숨기고, 광주 3·1운동에 필요한 유인물 등을 인쇄하기에는 알맞은 곳이라는 생각이 든다. 하지만 광주지방법원 맞은편 골목에서 인쇄 작업을 하였다는 것은 매우 대담한 행동이었다.

본은 이러한 의문을 풀 수 있는 단서를 제공해주고 있다. 다음을 보도록 하자.

> "장녀 옥(玉)이 단기 4246년(1913) 10월 28일 광주군 기례면 성비리 10통 3번지 호주 김영관 2남 범수와 혼인하였다"[14]

박동표의 장녀와 김범수가 혼인한 시기가 1913년 10월 말이었다. 김범수가 15세, 그의 아내 옥이 16세 되던 때이다. 여기서 주소가 기례면 성비리라는 점이 주목된다. 1914년 행정구역이 개편되기 이전에 광주에는 41개의 면이 있었는데, 그 가운데 광주읍 중심에 있었던 것이 공수정과 기례정이 있었다. 두 지역이 통합되어 수기옥정이 되었다. 곧 통합되기 이전인 1913년의 행정구역 명칭이 나오고 있다.

기례면이 공수면과 통합되어 수기옥정이 된 것으로 보아, 기례면이 주소로 나와 있는 범수 집은 김범수의 제적등본에 있는 것처럼 수기옥정의 김범수가 살았던 주소와 같은 곳이라는 생각이 든다. 김범수가 이곳으로 분가한 것이 1913년 결혼하였을 때였다. 그 이전에 김범수 부친은 이곳의 주택을 매입하였음을 알 수 있다.[15] 당

---

14) 전라남도 화순군 북면 원리 206번지 박동표의 제적등본.

15) 그러나 이렇게 해석하기에는 또 다른 어려움이 있다. 1872년 지도를 보면 기례방면은 금남로 4가에 해당하는 대인동을 포함하여 북동, 임동, 충장동, 신안동까지를 포함하고 있기 때문이다. 1914년 일제의 행정구역 통폐합에 따라 기례방면 신촌리, 병항리 일부와 서양면 동리, 오치면 청계리가 합해져 서방면 신안리가 되었다. 기례방면은 신안리 335-1번지를 포함하고 있는

시는 집값이 비싸지 않았던 시기이기 때문에 꼭 대지주가 아니어도 중농층만 되어도 시내에 주택을 별도로 매입하여 소유한 사례가 많았다 한다. 그렇다고 하여도 광주의 부호들이 살았던 시내에 400평 가까운 집을 소유하였다고 하는 것은 상당한 재력을 보유하였음을 알려주는 증거라 할 것이다.

그런데 김범수 3형제가 거주한 수기동 일대는 김범수 집안처럼 광주의 신흥 부호들이 많이 살았다.[16] 신흥 부호들이 살았던 곳 이

셈이다. 곧 '기례방면'이라는 면 이름만 가지고는 김범수가 결혼할 당시 주소가 신안리인지, 수기옥정이 있는 시내인지 단정할 수 없다.

그러나 '성비리'라고 하는 행정구역 명칭은 1914년 신안리로 통합되는 행정구역 명칭에는 보이지 않는다. 반면 수기옥정이 있는 기례방면은 성저리라 하여 성비리와 비슷한 행정구역 명칭이 보이고, 성비리라는 명칭에서 읍성과 관련이 있는 느낌이 든다. 당시 광주읍성의 성문 가운데 동문은 전남여고 뒷담쪽에 있었는데 서원문이라 하였다. 서문은 불로동 쪽에서 광주 미국문화원이 있었던 쪽으로 들어가는 네거리로 광리문이라 하였다. 남문은 구 광주시청을 지나 전남대 의과대학으로 가는 삼거리에 있었는데 진남문이라 하였다. 북문은 현재의 충장로 파출소 근처에 있었는데 공북문이라 하였다. 곧 성안은 지금의 충장로, 금남로 1·2·3가가 중심이었다(박선홍, 앞의 책, 33쪽).

김범수 집이 있었던 금남로 4가 37번지는 읍성 바로 밖 동문과 북문 사이에 있었다. 결혼할 때 주소를 기례방면 성비리라 하여 성과 관련된 명칭이 있는 수기옥정이 있는 곳이라고 생각하는 것이 설득력이 있다. 이렇게 보는 또 다른 근거로 『광주읍지』에 보면 기례방은 주의 북쪽 3리라 하여 성과 인접하여 있다. 공수방이 주의 서쪽 3리, 부동방이 주의 5리에 있다 하였다. 경양역은 주의 북쪽 10리에 있다 하였다. 읍지에서 말하는 기례방은 수기옥정이 있는 곳을 가리킴이 분명하다.

16) 광주역사민속박물관 조광철 학예실장의 설명에 따르면 당시 같은 수기동이라 하여도 현재 수기동 일대는 일제강점기 때 백정 등 비교적 궁핍 계층이 거주하였고, 김범수 등이 살았던 수기옥정 일대는 경제적으로 여유가 있는 부자들이 살았다고 한다.

1906년 광주농공은행을 설립하고 1917년 광주전기주식회사를 설립하여 광주에 처음으로 전기를 공급한 최원택도 금남로 4가 42번지에 살았다. 김범수 집 근처이다. 그의 집은 926㎡에 달하는 대저택이었는데(토지대장 2911

곳에 영관이 여러 채 주택을 매입한 까닭이 궁금하다. 이것은 한 지역에 여러 형제를 함께 살게 하려는 의도 때문이라고 생각할 수 있다. 그러나 이것만 가지고는 충분한 설명이 되지 못한다. 이를 살필 수 있는 마땅한 근거는 없으나 당시 광주 발전과정을 살피면 어느 정도 이해가 된다.

광주는 1896년 이래 전라남도 행정 중심지였다. 행정구역이 새롭게 조정된 1914년 무렵 광주군에 거주하는 조선인의 78%는 농업에 종사하였다. 전통적인 농업 중심의 광주 산업구조는 이미 1905년 을사늑약 체결 이후부터 급속히 변화되고 있었다.

일제의 식민지화 정책이 노골화되면서 광주 읍성 안에는 그와 관련된 군대·경찰·행정기구가 들어서기 시작하였다. 중심지인 광산정에는 전라남도청을 비롯하여 경무부, 헌병대 본부, 수비대, 자혜의원(전남대 의대의 전신, 당초에는 상무관 앞에 있었다), 물산진열소, 잠업전습소 등의 관청가가 형성되었다.[17] 1914년 송정리를 지나는 호남선 철도가 개통되고, 광주군과 목포, 광주면과 담양·화순군을 연결하는 도로 건설 등 식민지 수탈을 위한 교통망이 정비되면서 광주의 경제 구조는 재편성되었다.

광주군과 인근 담양·화순군 등에서 산출된 농산물 특히 쌀과 면화는, 광주면으로 집적되어 도로를 이용하여 송정리로 옮겨진 다음

013400-10042-0000), 현재 오가헌이라는 이름의 고택이 그 집이다. 최원택의 아들 최남주는 뒤에 다루겠지만, 김범수와 함께 광주물산창고회사를 세운 광주 대표적 실업가이다.

17) 박선홍, 앞의 책, 41~42쪽.

철도를 통해 목포항으로 운송되었다. 당시 광주천변의 큰 장과 작은 장의 대부분 거래 품목이 미곡류와 면화였다고 하는 사실은 이를 짐작하게 한다.[18] 목포항을 통해 들어온 소비재 수입품은 반출물자와 반대의 경로를 통해 남부 내륙으로 퍼져 나갔다. 이러한 물자의 흐름을 주도한 광주면과 송정리 일대는 미곡상·잡화상, 정미·도정업, 양조업, 운송업 등 상업이 비약적으로 확대되었다.

이 과정에서 지주 자본을 바탕으로 새롭게 상업 자본가로 변신한 신흥 자본가들이 많이 등장하였다. 이때 조선인 상업 자본가들이 주로 거주한 대표적인 지역이 수기옥정 일대였다. 지금의 충장로 5가 및 금남로 5가 일대는 아직도 수기동이라는 행정 명칭이 유지되고 있고, 일본 전통가옥도 많이 남아 있는 등 과거의 흔적을 어렵지 않게 찾을 수 있다.

1910년 말 국권 피탈 당시 광주군 호구 수는 16,778호 81,171명이었는데 일본인은 이미 416호, 1326명이었고, 99%가 광주면에 집중되어 있었다. 3·1운동이 일어난 1919년 말 광주군 전체 호수는 16,608호, 85,432명으로 10년 전과 큰 차이가 없으나 일본인은 1,017호 3,939명으로 거의 3배나 늘어났다. 일본인의 74%가 광주면에, 12%는 송정리에 거주하였는데, 광주면과 송정리 전체 호수의 28%, 37%가 일본인이었다.[19]

일본인은 침투 초기에는 주로 광주 중심부인 광주면에서 활동했

---

18) 『광주시사』, 1980, 187쪽.

19) 이애숙, 「1920년대 전남 광주지방의 청년운동」, 『한국근현대청년운동사』, 1995, 235쪽.

으나 점차 교통요지인 송정리와 대촌면·서방면 등 농산물 생산지로 파고들었다. 이들은 주로 식민통치기구, 농업 및 상업 부문에 종사하면서 식민지 수탈의 첨병으로 활동했다. 행정권을 장악한 일본인은 광주면과 송정리를 중심으로 상권을 확대해나가면서 광주군 일대의 다른 지역도 차츰 종속시켜가고 있었다.

1896년 광주가 전남의 행정구역의 중심지가 되면서 새롭게 성장하고 있던 재래시장 중심의 조선인과 일제강점기 이후 새로 형성된 시가지의 일본인 사이에 광주의 상권을 둘러싼 치열한 경쟁이 1910년 국권 피탈 이후 본격화되고 있었다. 당시 광주에는 정기시장인 장시가 6개소에서 열리고 있었다.[20] 그중에서도 큰 장·작은 장의 두 장시가 번갈아 열렸던 광주읍성 밖 광주천변 주변에는 상인들이 몰려 있었다. 특히 1920년대 후반까지도 큰 장과 인접한 수기옥 상권은 일본인이 아예 침투하지 못할 정도로 조선인이 장악하고 있었다. 1940년 인구 통계만 보더라도 수기옥정은 조선인이 638명이었는데, 일본인은 137명으로 조선인의 비중이 크다.

김범수가 결혼하여 분가하였을 때 주소가 광주 수기옥 311번지, 곧 금남로 4가 37번지였다. 그곳에서 김범수가 분가 이전부터 정착하여 생활한 것으로 볼 때 김범수 부친도 지주 자본을 바탕으로 도회지로 진출하고자 하여 조선인 상권이 밀집된 곳에 주택을 매입하였을 가능성도 있다. 막내인 언수가 1926년에 광주에서 최초로 설립한 남선양말을 설립한 것도 이러한 추정을 하는 근거이다.

20) 『광주읍지』에 보면 당시 광주에는 읍시(大,小), 극락시, 용산시, 선암시, 이산시 등 6개의 장시가 있었다. 시내에는 큰장, 작은 장 두 개의 장시가 있었다.

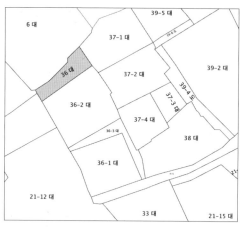

남선양말은 1935년에 세워져 일제강점기 평양양말과 함께 우리나라 양말산업을 양분한 '무등양말'보다 10여 년 앞서 세워졌다.[21] 후술하겠지만 언수는 형인 범수와 함께 광주 3·1운동을 성공하는 데 공

김범수(37-1, 2는 김범수 작은형, 37-3, 4, 38번지가 김범수 집), 김언수(36-1, 2는 김언수 자택) 지적등본

을 세웠고, 해방 후에는 민전에도 참여하여 형의 통일운동을 도왔다. 그는 민족자본가라고 할 수 있다. 그의 이념 성향을 보여주는 증거의 하나로 해방 후 결성된 광주상의 재건 창립의원(1946.7~1949.6) 사진에 그의 모습이 보이지 않는다.[22] 이 사진에는 고광표, 천보배 등 우파 실업가의 모습이 보인다. 말하자면 김언수는 이들과 일부러 거리를 두고 있었던 것은 아닌가 한다.

그런데 특이한 것은, 손녀의 증언에 따르면, 그의 할아버지 3형

---

21) 박선홍은 무등양말공장을 설명하며 "종방과 그 계열회사 이외에 주목을 끌었던 이 지방의 섬유업체로는 1926년에 창업한 김언수의 남선양말공장과 순수한 민족자본에 의해 1935년 5월 10일 창립한 무등양말 공장을 들 수 있다."고 하였다(『광주 1백년』, 2012, 284쪽). 여기에 나오는 남선양말 공장을 세운 김언수는 형인 범수가 1924년에 세운 '남선의원'과 같은 '남선'이라는 상호를 쓴 것으로 보아 김범수 아우임이 분명하다.

22) 박선홍, 앞의 책, 242쪽.

제 가운데 김범수 집이 가장 작고 초라하였다 한다. 두 집터의 규모는 토지대장으로는 큰 차이가 없지만, 실제로는 차이가 있었다. 김범수의 집으로 나와 있는 금남로 4가 37번지를 차남과 분할하여 주었기 때문이 아닌가 한다. 같은 37번지 안에 차남과 3남 범수가 서로 작은 울타리를 경계로 하여 거주하고 있었으며, 작은할머니가 늘 범수 집 쪽으로 경계를 밀고 왔다고 하는 손녀의 증언은 이를 짐작하게 한다. 언수 집이 기와집이었던 반면 김범수 집은 1950년 한국전쟁 당시까지도 초가집을 벗어나지 못하고 있었다.

왜 김범수 집은 초라한 모습을 벗어나지 못하고 주택 규모도 동생 언수보다 못하였을까? 이는 손녀의 증언처럼 김범수가 경성으로 유학하여 공부하였기 때문에 상대적으로 다른 형제의 집보다 더 허름한 집을 증여하지 않았을까 생각할 수 있다. 1913년이면 아직 범수가 경성의학전문학교를 들어가기 이전이어서 그렇게 꼭 볼 수만은 없다. 1913년 결혼을 하고 상급학교 진학을 위해 경성으로 올라갔을 가능성은 크다. 손녀의 얘기대로 범수에게는 더 작은 집을 증여하였을 가능성은 얼마든지 있다.

국권 피탈과 민족의식 자각

:

김범수가 11세 되던 1910년 8월 22일 한일병합이 체결되고, 그로부터 1주일 후인 1910년 8월 29일 조선의 국권이 일본에 예속되었다. 조선은 일본의 식민지가 되었다. 조선 학생들은 우리 말 대신 일본어로 된 교과서로 공부를 해야 해 일본어를 새롭게 공부해야

하고 우리의 빛나는 역사 대신 왜곡된 역사를 공부하지 않으면 안되었다. 이때의 상황을 전후 일본 동경대학 총장을 역임한 야나이바라(矢內原忠雄)의 다음과 같은 글에서 짐작할 수 있다.

"조선의 보통학교 교과에는 조선의 지리·역사에 관한 독립된 교과서는 없고 일본의 지리·역사교과서 속에 단편적으로 삽입되어 있을 뿐이다. 나는 조선인 보통학교의 수업을 참관했는데 조선인 교사가 조선인 아동에게 일본말로 일본역사를 가르치는 것을 보고 마음속으로 눈물을 흘리지 않을 수 없었다."[23]

이 글은 약간 시대가 뒤떨어지기는 하나 한일병합 당시의 상황을 상상하는 데 부족하지 않음을 알 수 있다. 일본인조차 이러한 안타까움을 가졌을 정도이니, 아무리 나이가 어린 보통학교 학생들이라 할지라도 의식이 있는 조선 학생들에게는 견디기 힘든 일이었다. 특히 김범수와 같은 똑똑한 수재들이 느꼈던 상실감은 훨씬 컸을 것이다. 1912년부터 시작된 토지조사사업으로 경작권을 상실한 소작농민의 몰락이 가속화되고 있는 현실을 목격한 김범수가 느끼는 분노는 이루 말할 수 없었을 것이다.

이 당시 김범수와 같은 또래 학생들의 심경을 김범수보다 1년 앞서 1916년 경성의학전문학교 1회로 입학한 이미륵 글을 통해 살필 수 있다. 이미륵은 경성의학전문학교 3학년 재학 중 3·1 독립 만세

---

23) 박선홍, 앞의 책, 140쪽 재인용.

운동에 참여하였다가 독일로 망명하
여 그곳에서 의사로서, 문학가로서 명
성을 높였던 인물이다. 그는 독일에서
공부하며 『압록강은 흐른다』는 유명한
자전소설을 남긴 주인공이다.[24] 이 자
서전의 내용은 10여 년 전 TV 드라마
로 제작되어 일반 대중들에게 소개된
바도 있다.[25]

이미륵(서울대학교병원 의학역사
문화원 사진제공)

　이미륵의 자서전은 같이 경성의학

---

24) 이미륵, 전혜린역, 『압록강은 흐른다』, 범우사, 1973. 이미륵은 본명이 이의
경으로, 후술되지만 3·1운동 때 시위에 적극적으로 참여하였고, 일본 경찰
에 쫓기자 압록강을 넘어 독일로 망명을 떠났다가 그곳에서 의사로, 작가로
이름을 날렸다. 그는 독일로 넘어가기 전 상해의 대한민국 임시정부가 주도
하여 결성한 대한민국 청년외교단에서 편집부장을 맡아 활약하였다. 이 단
체는 기관지 '외교시보' 등 선전물을 발간하였다.
　이미륵은 1919년 11월 말 상해임시정부에서 안창호 등이 중심이 되어 비밀
리에 국내와 연결된 청년외교단 조직이 일제에 노출되어 피검 대상에 올랐
으나 피체를 면하고(「청년외교단원 검거에 관한 건」, 『조선소요사건관계서
류』) 독일로 망명을 떠났다. 조선 소요사건 관계서류에는 이의경은 미체포
자로 분류되어 있다. 대구형무소에서 징역 2년의 궐석재판을 받았다. 그럼
에도 국가보훈처 공훈록에는 그가 징역 2년 투옥생활을 한 것으로 나와 있
고, 이를 근거로 사실로 받아들이는 연구도 있다(조규태, 「대한민국임시정
부와 의학도」, 『의학도, 3·1운동의 선두에 서다』, 허원북스, 2019, 257쪽).
이 기회에 잘못을 바로 잡고자 한다. 어쨌든 그의 자전소설에는 임시정부
활동이 생략된 채 바로 독일로 망명을 떠난 것으로 나와 있어 독자들은 혼
란스러울 수 있다. 이미륵에 대한 연구는 장근호·최규진, 「일제강점기 조선
인 의학도들의 삶과 활동」(『의학도, 3·1운동의 선두에 서다』, 2019)과 박수
영, 「독일에서 재발견한 이미륵」, 위의 책) 참조.

25) 1908년 11월 SBS에서 한·독수교 125년을 기념하여 『압록강을 흐른다』라는
제목으로 3부작으로 제작·방영하였다.

전문학교를 다녔던 김범수의 생애를 엿보는 데 중요한 시사점을 제공한다. 1910년 국권 피탈 당시 이미륵은 그의 심경을 다음과 같이 정리하였다.

"모든 교과서가 일본말로 바뀌었기 때문에 우리는 일본말을 배워야만 했다. 또한 우리들은 역사를 다시 배워야만 했다. 한국의 독립 시대에 일어났던 모든 사건을 깎아 없애 버렸던 것이다. 한국 민족은 이제부터 독자적인 역사를 지닌 민족으로 여겨지지 않았고, 다만 오래전부터 일본 제국에 공물을 바치는 변경 민족으로 여겨졌을 뿐이다."[26]

일제가 식민지 학생들에게 우리 역사를 철저히 왜곡하는 이른 바 식민사학을 강요하고 있음을 알 수 있다. 식민사학은 일제가 조선을 식민통치하는 것을 합리화하기 위해 내세운 역사학이다. 그 역사학은 우리 민족이 늘 외세의 눈치를 본다는 타율성, 그러다 보니 발전이 없다는 정체성, 따라서 끊임없이 내부에서 분열 갈등한다는 당파성 등을 강조하고 있다.

하지만 이미륵의 글에서 흥미로운 사실을 하나 발견할 수 있다. 비록 일본에 나라를 빼앗기고 왜곡된 식민사관으로 역사 교육을 받았지만, 당시 조선 학생들은 5천 년의 빛나는 역사에 대한 높은 자긍심을 가지고 있다는 점이다. 따라서 우리 조선 학생들은 어린 보

26) 이미륵, 위의 책, 104~105쪽.

통학교 학생이라 하지라도 식민통치에 대한 거부감이 적지 않았음을 알 수 있다. 3·1운동 때 전남지역을 비롯한 전국 각지에서 보통학교 학생들이 시위에 앞장섰던 것도 이러한 강한 민족의식의 발로였다. 어쨌든 이미륵의 이러한 분노에 찬 심경을 김범수도 마찬가지로 느꼈을 것이다. 이러한 분노와 민족적 자아가 남다른 김범수는 경성의학전문학교 재학 중 독립 만세 운동에 누구보다 앞장을 섰을 것이라고 믿어진다.

한편 어린 김범수에게 더욱 고통스럽게 다가온 것은 당시 전남지역의 대부분을 차지하는 백성들의 곤궁한 삶이었다. 전국에서 농민이 산업에서 차지하는 비중이 가장 컸던 전남지역은 다른 지역보다 소작인의 비율이 높고, 소작인 1인당 경작지 면적도 유난히 적어 소작인 계급의 경제적 기반이 취약하였다.[27] 따라서 경성의학전문학교 졸업생 비율도 인구대비로 가장 낮았다. 이러한 곤궁한 백성들의 삶을 목격한 김범수는 이들을 위해 무엇을 해야 할지 회의와 번민을 끝없이 하였다.

특히 당시 조선의 의료 환경은 열악하였다. 이제 갓 근대 의학은 태동기 단계라 의술의 발달은 미미한 데다 백성들의 경제적 사정은 병원에 갈 엄두를 아예 내지도 못하였다.[28] 따라서 질병, 특히 전염

---

27) 김점숙, 「1920년대 전남지방 농민운동」, 『한국근현대지역운동사』, 1993, 22~23쪽.

28) 이를 살필 수 있는 흥미 있는 통계가 있다. 1936년 광주지역 전염병 환자 통계표이다(『광주시사』, 1981, 103쪽).

병 등이 창궐하면 사망한 사람이 셀 수 없이 많았다. 그가 의사가 되어 많은 동포를 구해야겠다는 생각을 한 배경이 되었다.[29]

김범수가 가난한 백성들의 삶에 관심이 많았다고 하는 것은 1924년 총독부의원에서 인턴 의사를 마치자마자 광주로 귀향하여 병원을 개원하였던 데서 엿볼 수 있다. 다른 경성의학전문학교 출신 동문 의사들이 대부분 경성에 남거나 도립병원에 해당하는 자혜의원에 근무한 것과 달리 김범수는 학교를 마치자 고향으로 내려와 개업하여 가난한 환자 진료에 혼신을 기울였다. 뒤에서 자세히 다루겠지만, 그가 개업했을 때가 1924년 곧 25세의 젊은 나이였는데도, 개업 동기를 무산자 계급을 위한 의업을 수행하기 위해서라고 밝히고 있는 데서 알 수 있다. 당시 언론에 보도된 그의 개업과 관련된 내

병명	나병			장티푸스		
구분	발생	완치	사망	발생	완치	사망
한국인	5	2	2	6	5	1
일본인	29	19	10	33	27	6

1936년 자료이긴 하지만 당시의 상황을 이해하는 데 많은 시사를 준다. 일본인 환자가 한국인보다 훨씬 많은 것으로 나와 있다. 당시 인구수나 사회적 환경으로 보아 한국인이 일본인보다 적게 나와 있는 것은 이해가 가지 않는다. 이는 통계의 오류라기보다 병원에서 치료한 통계를 기준으로 작성했다는 점을 이해할 필요가 있다. 즉 병에 걸렸을 때 일본인들은 병원을 찾았지만, 한국인들은 병원치료를 받은 사람은 특수 부유층에 불과하였고 대부분은 병에 걸려도 고작 한약방을 찾거나 이도 어려우면 민간요법에 의지하였음을 보여준다.

29) 이미륵이 경성의전 면접시험 때 면접관의 다음의 말은 이러한 실정을 잘 말해주고 있다. "그렇지만 우리들은(일본당국은) 우선 많은 실무 의사를 양성해야 한다. 특히 너의 고향에 말이다. 왜냐하면 너희들은 아주 위생 관념이 적기 때문이다."

용은 이러한 사실을 잘 알려주고 있다.

> "광주시내 서성정(전 광산의원 자리)에 영업을 개시한 남선의원은 종
> 래에 총독부의원에 근무하던 의사 김범수 씨의 경영인 바 내외설비
> 와 입원실도 완비되었으므로 일반 환자에게 편의가 있을 뿐만 아니
> 라 씨는 특별히 무산환자를 위하여 실비 혹은 무료 진료에 응하겠
> 다고 한다(『동아일보』 1924.11.17).

그가 병원을 처음 개업할 때 무산환자를 위하여 실비 혹은 무료
진료를 하겠다고 하는 사실을 공표하고 있음을 알 수 있다. 이제 막
의학전문학교를 나온 젊은 의사의 강한 기개를 엿볼 수 있다. 그는
병원을 운영할 때 남자 조수, 지금으로 말하면 간호사에게 "환자의
신발에 황토흙이 묻어 있으면 십중팔구 가난한 농부들일 터이니 환
자에게는 치료비를 받아서도 안 되고, 또 일부러 접수를 거부해서
도 안 된다."라고 하는 사실을 강조하였다.[30] 김범수에게 중요한 것
은 가난한 환자들을 위해 인술을 베푸는 것일 뿐, 어떠한 경제적인
이득을 얻으려는 마음이 추호도 없었음을 말해준다. 그러했기 때문
에 의사 생활을 30년 가까이 하면서도 초가집을 벗어나지 못하였
다. 1942년 아들이 결혼하자 살던 초가집은 아들에게 주고 범수 내
외는 남선병원 입원실 한 칸을 내외의 거처로 삼을 정도였다.
　이처럼 오로지 환자들에 대한 인술을 실천하는 김범수의 진정한

---

30) 「그 함성 지금도」, 『광주일보』 1986.3.1. 그런데 이 기사의 출처는 김범수의
　　셋째 딸의 진술임이 이복순의 구슬 증언에서 확인되었다.

의사(醫師) 모습은 '인간미가 뛰어난 의사'로서 환자뿐 아니라 많은 광주 지역민에게도 인식되었다. 이러한 김범수의 가치관은 민족과 민중에 대한 한없는 사랑을 실천하려는 그의 정체성에서 나온 것임은 두말할 나위가 없다.

광주 수재 경성의학전문학교 입학
:

김범수가 경성의전을 입학하기 이전에 다녔던 학교는 어느 곳일까? 현재 그의 경성의전 이전의 행적을 전혀 찾지 못하고 있다. 다만 광주보통학교를 다니지 않았을까 추측되고 있다. 아우 언수가 광주보통학교 6회 졸업생이라는 점도 이러한 추정을 하는 근거이다. 광주보통학교는 수창초등학교와 함께 광주의 명문을 형성한 서석초등학교의 옛 이름이다.[31] 광주보통학교는 1896년 11월 6일 전라남도 관찰부 공립 소학교로 개교한 이래 1906년 조선통감부가 발표한 보통학교령에 따라 공립광주보통학교로 명칭이 바꾸어졌다. 1910년 다시 광주공립보통학교로 개칭된 서석초등학교는 1934년 광주제1보통학교로 교명이 변경되었다. 1921년 서방공립보통학교로 개교한 수창초등학교는 1934년 광주제2보통학교로 교명이 바꾸어지며 서석초등학교와 함께 경쟁하였다.

광주보통학교는 광주에서 최초로 설립된 관립학교로 수많은 인

---

31) 박선홍, 앞의 책, 136쪽

재가 이 학교를 거쳤다.[32] 특히 조선인 자본가들이 집중된 수기동과 멀리 떨어져 있지 않아 많은 조선인 부호 자제들이 다녀 명문 학교로 쉽게 발돋움할 수 있었다. 일제강점기 조선의 대표적 자본가의 한 사람인 현준호가 이 학교 출신이었다. 국무총리를 지내고 대통령 후보까지 되었던 이회창 대법관도 역시 이 학교 출신일 정도로 일제강점기는 물론 해방 후에도 호남의 대표적인 명문 보통학교였다.

그런데 졸업자 명부에 김범수의 이름이 확인되고 있지 않아 그가 광주보통학교를 졸업하였는지 자신할 수 없다. 그의 아우인 언수가 6회 졸업생인 것을 보면 김범수도 광주보통학교를 다녔을 가능성이 크다. 김범수와 3·1운동을 함께 주도한 박일구의 차남 승부의 증언에 따르면 김범수는 박일구와 함께 광주보통학교를 다녔다 한다.[33] 장성군 진원면의 천석군 지주 아들로 보통학교 때부터 광주로 유학을 왔던 박일구는 광주천 건너편 양림동에서 하숙 생활을 하였다.

박일구는 1898년생으로 1899년생인 김범수보다 한 살 더 많다. 그러나 3·1운동 판결문을 보면 두 사람은 함께 22세라고 나와 있어 동갑임을 알 수 있다. 어느 기록이 옳은지는 알 수 없으나 분명

---

32) 광주보통학교는 1906년 설립 당시 수업연한 4개년, 1학급 50명의 규모였던 것이 1914년에는 7학급 342명, 졸업생 84명으로 규모가 커졌고, 1922년 2차 조선교육령으로 수업연한이 6년으로 되었다(『광주시사』, 1981, 400쪽).

33) 박일구의 유복자인 박승부를 2020년 1월 20일 저자는 직접 만나 관련 진술을 들을 수 있었다.

한 것은 두 사람의 나이가 비슷하다는 점이다. 따라서 두 사람은 보통학교 시절부터 가깝게 지냈던 같다. 박일구는 광주보통학교 졸업생 명부에 6회, 1915년 졸업생으로 나와 있다. 김범수 아우 언수와 동기인 셈이다. 그렇다면 박일구는 김범수가 아닌 김언수와 친구 사이라고 보는 것이 합리적인 해석이다. 김범수는 친구 형인 셈이다. 동생과 친하게 지낸 박일구를 범수는 친동생처럼 아꼈을 것이다. 말하자면 박일구의 아들 승부가 그의 부친의 친구라고 알고 있는 사람은 김범수가 아니라 동생 김언수였다.

그런데 다음 장에서 자세히 다룰 김범수의 친구 김태열은 졸업생 명부에 4회 1913년에 졸업한 것으로 나와 있다. 4회 졸업생으로는 광주 3·1운동의 주역 정광호와 정상호가 있다. 이들 모두 김범수와 가까운 사이이다. 이렇게 보면 김범수는 6회보다는 4회 졸업생과 학교를 같이 다녔을 가능성이 크다. 김범수가 1913년 졸업하고, 이어 고등보통학교 4년을 마쳐야 1917년 경성의학전문학교를 입학할 수 있기 때문이다.

그럼에도 김범수의 이름이 졸업생 명단에 보이지 않는 까닭은 무엇일까? 김범수가 광주보통학교를 졸업하지 않았기 때문에 명단에 없다고 생각한다. 김범수가 워낙 공부가 뛰어나 월반을 하였다고 모친, 즉 범수 며느리가 늘 이야기 하였다고 손녀는 말하고 있다. 김범수가 광주의 수재라는 말을 들을 정도로 우수한 학생이었다는 점과 연결을 지으면 이해가 될 것이다. 광주의 수재라고 광주 바닥에 소문이 난 영재를 김범수 부친이 그냥 광주에 놔두었을 것 같지 않다. 아마 보통학교 때 경성으로 유학을 보냈지 않았을까 싶다.

김범수와 광주보통학교를 함께 다녔던 화순 능주 출신 정광호는 광주보통학교를 졸업하고 경성고등보통학교 부설 교원양성소를 졸업하고 고향인 능주보통학교 교사로 근무하다가 일본 메이지대학에 유학을 갔다. [34] 김범수도 정광호처럼 경성으로 유학 갈 가능성이 크다. 당시 경성에서의 보통학교 다음 단계의

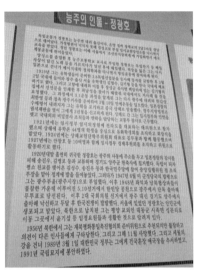

정광호 소개 글(능주초)

학교는 경성고등보통학교, 중앙학교 등 몇 안 되었다. 김범수도 정광호처럼 경성의 어느 고등보통학교를 다녔을 가능성이 있다. 따라서 둘은 자주 만났을 법하다.

이는 정광호가 일본에서 2·8독립선언 열기를 확산시키기 위해 경성으로 들어왔을 때 제일 먼저 김범수를 찾았다고 하는 데서 알 수 있다. 이렇게 같은 보통학교, 경성에서 함께 유학 생활 등 오랫동안 쌓인 신뢰가 정광호와 김범수가 의기투합하여 광주 3·1운동

---

34) 정광호가 한성사범학교를 졸업했다는 의견도 있다. 1900년 대한제국기에 관립중학교가 개교되었는데 1906년 9월 관립한성고등학교로, 그리고 1911년 11월 1일 경성고등보통학교로 학교 명칭이 각각 바꾸어졌다. 즉 한성사범학교는 한성고등학교 부설 교원양성소를 한성사범학교라고 흔히 불렀다. 정광호는 엄밀히 이야기하면 경성고등보통학교 부설 교원 양성소를 수료한 셈이다.

을 일으키는 원동력이 되었을 것이라 여겨진다. 그러나 중앙학교와 경성고등보통학교의 후신인 중앙고등학교와 경기고등학교에 김범수의 학적을 조회한 결과 졸업생 명단에 없다는 회신이 왔다. 김범수는 고등보통학교 과정을 마치지 않았을 가능성도 배제하지 못하겠다.

여하튼 광주에서 보통학교 4년 과정을 다 마치지 못하였지만 광주보통학교를 다닌 인연은 그가 광주보통학교 동문과 연계를 맺어 3·1운동이라는 거대한 민족운동을 일으키는 계기가 되었다는 점에서 주목할 필요가 있다.

다음 장에서 자세히 설명하겠지만, 김범수가 다녔던 경성의학전문학교는 비로소 1916년 의학전문학교 체제가 되어 본격적인 의료인을 양성하는 교육기관의 역할을 하였다. 당시 경성의학전문학교에 입학한 학생들을 보면, 일본인 학생들은 5년제 중학교 과정을 마치고 들어온 반면, 한국인 학생들은 4년제 고등보통학교를 졸업하고 들어왔다.[35]

김범수의 1년 선배인 이미륵처럼 독학으로 입학한 학생도 가끔 있었다.[36] 이미륵의 『압록강을 흐른다』에, 이미륵이 친구들의 도움을 받으며 독학으로 경성의학전문학교 입시를 준비하고 있는 장면이 자세히 설명되고 있다. 현재 확실한 근거가 없어 단정할 수 없지만, 광주의 수재라고 불릴 정도로 학업 성적이 뛰어났던 김범수는

---

35) 김상태, 「경성의학전문학교 학생들의 3·1운동 참여 양상」, 『의학도, 3·1운동의 선두에 서다』, 2019, 107쪽.

36) 이미륵, 앞의 책.

경성으로 전학을 와 경성의학전문학교에서 의학 공부를 하려 한 것으로 보인다.

그가 경성의 어느 보통학교를 졸업하고, 어느 고등보통학교를 졸업하고 경성의전을 입학했는지 확인되지 않고 있다. 이때 김범수와 매우 가깝게 지냈던 박일구의 유복자 아들 승부는 박일구와 김범수가 고창고등보통학교를 다녔다고 증언한 사실이 관심을 끈다. 이 얘기를 박승부로부터 직접 들은 저자는 김범수의 학력을 확인한 것 같아 순간 기뻐했으나 그의 증언을 그대로 받아들이기에는 망설여졌다. 고창고등보통학교가 1919년에 개교하였기 때문이다.[37] 1913년에 김범수가 고창고등보통학교에 입학하여 1917년 봄 졸업을 해야 해 서로 연결되지 않는다. 박일구 역시 고창고등보통학교 졸업생 명단에 보이지 않는다.

그렇다면 박일구의 아들은 왜 박일구와 김범수가 함께 고창고보

37) 고창고등학교의 略史에는 "1910년에 설립된 사립오산학교가 모태가 되었고, 이후 1920년 사립오산고등보통학교로 인가 설립되었다"고 되어 있다. 고창고등보통학교의 설립 역사에 대해서는 박선홍이 자세히 '민족교육의 선각자, 영태승'이라 하여 양태승 다루며 자세히 설명하였다(박선홍, 앞의 책, 120~126쪽). 박선홍에 따르면 1912년 고창군 부안면 오산리 흥덕에 세워진 흥덕학당이 모태라 하여 학교의 약사와 2년의 차이가 있다. 이 흥덕학당이 모체가 된 고창고보는 일제강점기 '북오산고보 남고창고보'라는 말이 있을 정도로 교육적 열의와 민족의식이 투철하였다. 일본인 교원 배척운동, 비밀 결사 조직 등 항일운동을 전개하였다. 수많은 민족 지사들이 고창고보를 다녔다. 김범수의 아들 용채 또한 고창고보를 졸업하였다. 이렇게 고창고보가 대표적인 민족학교가 될 수 있었던 데는 학교 교사로, 교장으로 학교를 운영한 양태승의 공이 절대적이다. 양태승은 화순 출신으로 조선 중기 호남사림을 대표한 학포 양팽손의 후손으로, 광주에 돌아온 후 1935년 일제강점기 대표적인 민족기업인 무등양말 공장을 설립하는 데도 참여하였다.

를 다녔다고 믿고 있을까? 이에 대한 어떤 근거도 없다. 다만 다음의 추론은 가능하리라 본다. 1910년에 전북 고창 흥덕에 세워진 오산학교는 정규 교육과정 학교는 아니었지만, 근대교육과 민족교육을 함께 하였기 때문에 인근의 애국지사들이 그들의 자제를 그 학교에 많이 보냈다고 하는 것과 관련이 깊다. 김범수나 박일구는 보통학교를 졸업한 후 짧은 기간일지라도 오산학교를 다녔을 가능성이 있다.

김범수 아들이 광주의 명문 광주고등보통학교를 다니지 않고 고창고등보통학교를 졸업한 것도 그냥 우연으로 보이지 않는다. 이처럼 오산학교에서 김범수가 잠시라도 수학하였다면 그것은 김범수 부친인 영관의 민족적 자아가 남다름을 알 수 있다. 김범수는 이곳에서 민족의식이 내면화되었다고 여겨진다. 김범수의 학력 조회가 나타나지 않은 까닭은 이 때문은 아닐까 하는 추측을 조심스럽게 한다.

1917년 이전에는 광주에 고등보통학교가 없었다. 보통학교 다음 교육과정이 개설된 학교로는 광주농업학교와 수피아여학교, 그리고 숭일학교 고등과 과정이 있을 뿐이었다.[38] 김범수는 광주농업학교나 숭일학교 고등과 과정 졸업생 명단에 없다. 따라서 김범수는 광주보통학교를 다니다가 중간에 고창의 오산학교에서 근대적 민족 교육을 학습한 것이 아닌가 짐작된다. 이후에 경성으로 올라가 경성 어느 학교에 진학하였다고 보는 것이 합리적인 추론이 아닌가

38) 『광주시사』, 1981, 387~394쪽.

생각된다. 이러한 추론이 가능하다면 김범수 이름이 광주보통학교 졸업생 명단에 보이지 않는 까닭이 이해가 된다.

그런데 경성고등보통학교 즉 현재 경기고등학교 학적부에도, 중앙학교 학적부에도 김범수의 이름은 보이지 않는다. 그의 흔적을 찾으려 온갖 노력을 기울여도 찾아지지 않는다. 혹 이미륵처럼 독학으로 고등보통학교나 중학교를 건너뛰고 경성의학전문학교에 진학하였을까 하는 의심이 든다. 김범수도 광주의 수재로 소문이 났고 월반하였다는 사실에서 이러할 가능성을 전혀 배제할 수 없다.

김범수가 1913년에 결혼했기 때문에 '원리 부자'인 처가에서 사위를 경성으로 보내 공부를 시켰을 가능성도 있다. 박동표의 장남 경조는 1900년생으로 범수보다 한 살 아래인데, 당시 중앙학교에서 공부하였다. 박동표의 다른 아들들은 곧 설명하겠지만 모두 일본에서 와세다 대학, 메이지 대학 등 명문대학을 마쳤다. 이는 박동표의 교육열이 높았음을 알려준다. 곧 광주의 수재인 사위를 그냥 광주에서 공부하도록 두지는 않았을 것이다.

다음 장에서 자세히 설명하겠지만 1916년 개교한 경성의학전문학교는, 세브란스의학전문학교와는 달리 총독부에서 세운 관립의학전문학교로 당시 조선의 수재들이 많이 다녔다.[39] 김범수가 1917년 입학하였으니 2회 입학생인 셈이다. 당시 학년별로 몇 명 입학하였는지 알 수 없으나 1918년 입학생이 57명인 점으로 미루어 약 60명

---

39) 경성의학전문학교 관련 서술은, 3·1운동 100주년을 맞아 서울대학교병원 의학역사문화원에서 펴낸 『의학도, 3·1운동의 선두에 서다』(2019, 허원북스)가 크게 도움이 되었다.

정도를 선발하지 않았을까 추측된다. 1918년 당시 재학생이 208명 정도였다고 한다. 경성의학전문학교는 4년제 과정이었다. 가정 형편 및 유급 등으로 중도 탈락한 학생을 고려하면 입학 인원이 60명 정도로 추정해도 잘못이 아니라 생각된다. 졸업생 수가 42~43명인 경우가 많았던 점도 이러한 생각을 가능하게 한다.

당시 경성의학전문학교 재학생들을 보면 주로 평안도 출신이 많았고, 전남지역은 인구에 비교해 입학생 비율이 낮았다. 이것은 전남 지역의 경제적 수준이 넉넉하지 않은 데다 아직 신문물에 대한 호기심이 평안도보다 상대적으로 낮은 것과 관련이 있다. 당시 2회 입학생들의 명단을 확인하지 못해 알 수 없으나 전남 출신은 김범수가 유일한 것으로 보인다. 1923년 졸업할 당시 졸업생 23명의 명단을 보면 전남 출신은 그 혼자였다.[40] 따라서 광주 수재 김범수의 경성의학전문학교 입학은 광주 지역민들의 자긍심을 키우는 일대 사건이었다. 신문 보도 내용은 이를 익히 알려 준다.

> "남선의원이라면 누구나 연상하는 바, ①'광주수재'라는 평판 받는 김범수군의 병원일 줄 안다. 군은 ②총독부 의전을 우수한 성적으로 마친 후에 남선의원의 ③외과의사로 근무한 의학적 기술보다도 ④기미운동의 희생에서 맛본 人間苦로서 묻어나온 인간미 그것이 ⑤범인의 追隨 못할 저력의 소유자인 만치 ⑥광주의 인기의 초점이 되는 것이다."(『중외일보』 1929.11.1)

---

40) 『조선총독부관보』 3186호(1923. 3. 28).

이 기사는 이미 인용한 바 있지만, 광주의 수재에다(①), 실력과 인성, 심지어 독립운동에 자신을 희생한 애국심 등 모든 것을 갖추었다는 사실을 알려주고 있다(②~⑥). 이 때문에 광주지역에서 비록 젊은 의사이지만 깊은 존경을 받고 있다고 하는 사실을 알 수 있다.

'원리 박부자' 사위가 되다

:

김범수는 화순 북면 원리 출신 박동표의 딸과 혼인한 것으로 제적등본에 나와 있다. 그의 처가 이력을 알아보려고 노력하였으나 역시 쉽지 않았다. 문득 역사가의 번득이는 느낌으로 '원리 박부자'라는 인물이 박동표가 아닐까 막연히 추측을 하며 추적에 나섰다.

'원리 박부자'를 김범수의 장인인 박동표와 연결을 짓는 데는 구체적인 자료가 없어 난관이 따랐다. 원리 노인당에 전화하여 박동표의 이름을 대며 후손들을 찾았으나 모두 흩어져 알 수 없다는 것이었다.

그러다 아주 우연한 기회에 이를 추적하는 실마리를 찾아냈다. 1980~90년대 민족 경제론을 주창한 유명한 박현채 교수의 평전에서 그가 김범수의 사위인 조주순을 삼촌이라고 부르고 있는 사실을 발견하였다. 조주순과 박현채와 인척 관계라면 혹 박현채와 원리 박부자는 어떤 관계가 있지 않을까 하는 생각이 문득 들었다. 박현채 교수 가족을 수소문한 끝에 아우 박승채를 만날 수 있었다.

박승채를 통해 박동표의 증손자 현종을 만났다. 박현종은 저자가 박동표 이름이 나온 김범수의 제적등본을 보여주자 본인의 증조부

박동표 후손과 손녀, 저자

가 틀림없다고 하며 감격에 겨워 눈물을 주체하지 못하였다. 생존
해 있는 거의 90에 가까운 박동표의 장손자 박규채를 비롯하여 박
동표 아우 박민표의 후손까지 모두 만날 수 있었다. 박민표의 장손
자인 박도채는 오랫동안 문중 일을 보고 있었다. 박도채와 박규채
내외를 비롯하여 김범수의 처조카들을 직접 만난 저자는 처가와 관
련된 역사적 사실을 어느 정도 복원해 낼 수 있었다. 박현채는 박동
표의 아우 박민표의 손자였다. 김범수의 부인 박옥은 박현채의 고
모, 김범수는 박현채의 고모부였다. 박동표의 가계도를 작성하면
다음과 같다.

범수가 '원리 박부자'로 소문난 박동표의 장녀와 혼인한 때는 언
제일까? 이에 대해서는 박동표의 제적등본에 잘 나타나 있다. 1913년
10월 무렵에 한 것으로 보인다. 그때 김범수 나이 15세, 그의 부인인
박옥은 16세였다. 그러니까 보통학교를 졸업하고 곧 결혼한 것이
아닌가 한다.

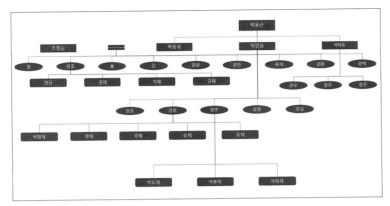

박동표 가계도

　잠시 김범수의 처가 집안을 살펴볼 필요가 있다. 그의 장인 박동 표는 본관이 밀양이고, 모친은 창녕 조순정이었다. 화순 명문거족 의 후예인 박용근의 장남으로 태어난 박동표는 화순 북면 원리에서 막대한 부를 일구어 호남 제일의 부자로 알려진 인물이다. 박동표 의 재력은 '원리 박부자'라는 전설이 1세기가 지났어도 남아 있다. 옥과에서 능주까지 박동표의 토지를 밟고 갔다는 말과 소의 풍경이 가마니 하나를 가득 채웠다는 데에서 그의 재력을 단적으로 짐작할 수 있다. 증손자인 현종은 동표의 집을 들어갈 때 대문을 7개를 지 났다고 증언하였다. 대궐 같은 그 집은 한국전쟁 때 불타고 덩그러 니 터만 남아 역사의 상흔을 전하고 있다.

　화순 북면은 물론 곡성, 승주 일대, 심지어 지금의 충장로 4가 옛 화니백화점 일대도 박동표의 소유 토지가 있었다 한다. 박동표 의 3남 경민이 1935년 분가하여 광주 서동에 터를 잡고 사업을 하 였다. 화니 백화점 일대도 그의 토지가 있다는 얘기의 신빙성을 높여준다. 김범수 집을 개보수하기 위해 원리에서 목재를 가져왔다는 사실은 당시 임야도 소유하고 있음을 알려 준다. 원리 일대에 박동표가 소유한 임야를 후손들은 아직 가지고 있다.[41]

박동표는 화순 원리−옥과−승주로 이어지는 도로와 화순 갈전에서 담양 문재를 잇는 도로 개설에 토지를 기부하는 등 지역사회의 발전에 사재를 많이 희사하였다. 증손자인 박현종은 박동표가 백범 김구에게도 독립운동 자금을 보냈다고 증언하고 있으나 확인할 길 없다. 박동표의 행적으로 보아 그러하였을 가능성도 없지 않아 있다. '원리 박부자'에 대해 부정적 평가가 전하지 않고 있는 것도 이러한 선행 때문이 아닌가 한다.

박동표는 근대 교육에 관심도 높았다. 5남 4녀의 자녀를 두었는데, 큰아들만 경성의 명문 중앙학교만 보냈을 뿐 4남 경문이 메이지대 경제학과, 5남 경택은 와세다대 영문학과를 졸업하는 등 나머지 다섯 아들 모두 일본 유학을 보냈다 한다.

자녀 가운데 맏이 김범수 부인인 옥이고, 장남 경조는 바로 옥 밑이었다. 특히 경성의 중앙학교를 졸업한 경조는 4학년 졸업 직전에 일어난 경성 3·1운동에 만세를 외치며 참여하다 구속되기도 하였다.[42] 이때는 그의 누이가 김범수와 혼인한 이후였기 때문에 경

---

41) 박동표 후손들은 1949년 토지개혁 때 토지를 대부분 상실하였다 한다. 그리고 박동표의 아들들이 모두 일제 말기부터 한국전쟁을 거치는 시기에 모두 사망하였다. 박동표는 그토록 자랑했던 경성의전 나온 자랑스런 큰 사위 범수를 비롯하여 다섯 아들을 본인 생전에 떠나보낸 아픔을 겪었다.

42) 판결문(예심종결결정. 대정 8년 형공 941).

성에서 하숙하며 경성의전을 다니던 매형 과 자주 만났을 가능성이 있다. 처남과 매형이 함께 3·1운동에 앞장섰음을 알 수 있겠다.

박옥

박경조는 메이지대 등 일본의 명문대학 을 마친 아우들과는 달리 중앙학교를 마 친 후 곧장 고향에 내려왔다. 장남은 고 향을 지켜야 한다는 부친의 바람 때문이 었다. 경조는 고향에 내려와 1934년부터 1937년까지 고향인 북면 면장을 지냈다.

그가 면장직을 맡은 것은 일제의 주구가 되기 위함이 아니라 누 군가는 해야 한다면 본인이 나서서 주민들에게 도움을 주어야겠다 는 일념에서였다. 그는 면장직을 수행하면서 봉급을 한 푼도 받지 않고 봉사하였다. 훗날 역사는 그에게 친일의 딱지를 붙여주었지 만, 결코 그는 이러한 주홍글씨가 새겨지는 것을 두려워하지 않았 다. 민족을 사랑하는 마음이 더 컸기 때문이었다. 그가 면장직에서 물러났을 때, 면 주민들이 공적비를 세워 그의 공을 기렸다.[43]

43) 박경조의 공적비는 원래 북면 면사무소 앞에 세워져 있었다 한다. 한국전쟁 때 빨치산과 토벌대와의 치열한 교전으로 비석 한쪽이 파손되어 있다. 2003년 후손과 주민들이 기존 공적비 옆에 별도의 공적비를 세웠는데 여기 에는 면장 월급을 한 푼도 받지 않았다는 사실도 언급되어 있다. 그런데 국가보훈처 공훈록에 보면 원리 출신 정병의(1905~1954)는 1936년 2월 5일 화순북면사무소에서 면장 박경조가 도로공사비의 면민 부담을 위 해 면내 유지들을 소집하여 개최한 간담회에 참석하여 "책상에서만 예산을 말하니 이해하기 어렵다. 천황도 인민보다 못한 점이 있고, 인민보다 나은

박경조 공덕기념비　　　　　박동표 묘를 향해 절하는 행자

　박동표의 3남 경민이 있다. 1908년생인 그는 1935년 매형인 김
범수가 광주 전남 자본가들과 함께 세운 광주물산창고회사 발기인
으로 참여하였다. 1928년 결혼한 후 1935년 4월 29일 분가할 때
광주 서동 158번지로 이사를 왔다. 박경민은 이때 물려받은 재산을
바탕으로 광주에서 사업을 하지 않았을까 한다. 박현채의 진술에
따르면 그는 사회주의자들과도 자주 어울렸다고 한다.
　1913년 결혼한 김범수는 혼자 경성에서 하숙하며 의사의 꿈을 키

점도 있는 것이므로 마땅히 예산의 내용을 상세히 발표하라"고 하며 예산
내역의 상세한 설명을 요구하다 체포되어 징역 6월 옥고를 치러 독립유공자
로 선정되었다는 내용이 있다. 이때 정병의가 투옥된 것이 박경조의 고발에
의한 것인지는 분명하지는 않다. 어쩌면 도로공사에 필요한 토지를 박경조
가 기부하고 거기에 소용되는 비용마련을 위한 회의에서 일어난 갈등이 있
었음을 알려주는 증거라고 여겨진다.

웠다. 김범수는 막대한 재산을 가진 처가로부터 직·간접의 도움을 받았을 것이라 믿어진다. 김범수가 경성의전 다닐 때 하숙을 한 경성 송현동 지역은 부호들이 많이 거주한 곳이었다. 이곳과 경성의학전문학교가 있는 이화동과는 약 2km 정도 거리에 있다. 그가 하숙한 송현동은 지금의 경복궁 근처로 북촌 한옥지구와 덕성여자중고등학교가 있다.

이곳에는 원래 순조의 부마인 김병주의 宮이 있었다. 여기에 살던 김병주의 손자이자 영의정을 지낸 김석진은 1910년 국권 피탈에 항거해 아편을 먹고 자결하였다 한다. 일제 강점기에는 친일파 윤덕영, 윤택영 형제의 집터로 사용됐고 1920년엔 조선식산은행의 사택, 해방 후에는 미국 대사관의 숙소로 사용되었다. 이렇게 보면 그가 하숙한 송현동은 슬픈 역사를 안고 있음을 알 수 있다. 이렇듯 송현동은 상당히 지위가 있는 인물들이 살았다.

그가 이렇게 부촌에서 하숙할 수 있었던 것도 처가의 도움이 있었기에 가능하지 않았을까 하는 추측을 하게 한다. 이는 1950년 6월 한국전쟁 직전에 광주의 김범수 안집을 보수하기 위해 원리 처가에서 목재를 가지고 왔다는 손녀 행자의 증언도 참고가 된다.[44]

그런데 처가가 있는 백아산은 한국전쟁 때 빨치산 전남도당 사령부가 있던 곳이다. 특히 원리는 광주에서 후퇴한 빨치산 부대인 광주부대가 있었다.[45] 김범수는 후술하겠지만, 한국전쟁이 일어나자

---

44) 원리에서 집을 짓기 위해 가져온 목재를 한국전쟁이 일어나자 방공호를 만드는 데 이용하였다고 행자는 증언하고 있다.

45) 화순 백아산은 광양 백운산·지리산과 더불어 빨치산의 3대 성지였다. 특히

처가가 있는 원리로 피신을 하였다. 그는 뒤에 해방 후 인민위원회에서 간부를 지냈다는 이유로 보도연맹에 강제 가입되고, 이 때문에 한국전쟁이 일어나자 예비검속 대상이 되어 광주형무소에 투옥되었다가 구사일생으로 살아났다.[46] 죽음의 문턱에서 살아남은 김범수는 1950년 7월 23일 북한군이 광주에 들어오자 곧장 아우와 함께 원리로 피난 갔다.

그러나 불과 두 달 후 광주에서 후퇴한 인민군이 원리로 밀려들었다. 김범수에게는 난감한 상황이었다. 그는 두문불출한 채 상황을 주시할 수밖에 없었다. 그러다가 이듬해인 1951년 1월 원리에 훌륭한 의사가 있다는 소문을 들은 인민군 전남도사령부에 소환된 그는 인민군 부상병 치료에 심혈을 기울였다. 그에게는 같은 민족이고 죽어가는 환자일 뿐, 이념에는 관심이 없었다. 백아산에 있는 인민군 사령부가 1951년 8월 광양 백운산으로 이동하였는데 그곳에 그는 없었다. 형을 따라간 동생 언수만 있었다. 이는 김범수가 백운산에 오기 이전에 사망하였음을 짐작하게 한다. 1951년 4월에 있은 국군 토벌대의 백아산 공격 때 환자 비트에 있던 부상병들이 토벌대에 의해 모두 죽임을 당했다. 김범수는 이들 환자를 끝까지

백아산은 지리적으로도 광주, 전남의 중심지이고 산세도 사방팔방 이어져 유격 활동의 최적지였다. 1950년 9월 28일 광주에서 인민군이 백아산으로 후퇴하면서 그곳은 전남 도당사령부로 요새화되었다. 백아면 용곡2구 약수마을에는 빨치산 총수인 전남도당 위원장 박영발이, 용촌 마을에는 전남도당부가 있었으며 수리에는 전남 유격대 총사령부가, 원리에는 광주부대와 북면당이, 송단3구 평지마을에는 곡성군당부가, 송단2구 강례마을에는 전남도당학교가 있었다.

46) 김명기, 『이기홍 평전』, 선인, 2019, 281쪽

돌보다 최후를 맞이한 것으로 짐작된다. 역사의 아이러니가 아닐
수 없다.[47]

김범수의 가족관계

:

김범수는 박옥과 사이에 1남 4녀, 후술되는 또 다른 여인에게서
1남 1녀, 모두 2남 5녀를 두었다(가족 관계도 참조). 1913년 결혼한
김범수는 자식을 늦게 얻었다. 애타게 기다리던 장남 용채가 1919년
9월 22일 태어났다. 전남여자고등학교 역사관장 행자의 부친이다.
용채가 태어났을 때 김범수는 3·1운동 주동자로 체포되어 징역 3년
형을 받고 대구형무소에 수감 중이었다. 김범수는 옥중에서 아들이

박옥 장례식 후 모인 가족(1961)

47) 이 부분은 본서 6장에서 상세히 서술하겠다.

태어난 얘기를 들었다. 그때 범수는 아들에게는 결코 나라 없는 설움을 넘겨주지는 않겠다고 다짐을 하였다.

용채는 고창중학교를 졸업하고 일본 메이지 대학을 나왔다. 당시 고창중학교는 민족의식이 강한 사람들이 다닌 호남의 명문 학교였다. 김범수가 그의 아들을 광주에 있는 광주고등보통학교를 보내지 않고 고창중학교로 보낸 것만 보더라도 민족의식이 얼마나 강하였는가 하는가를 알 수 있다.

특히 일본으로 유학을 보낼 때도 메이지 대학을 선택한 것은 정광호와 박일구로 영향 때문이라 믿어진다. 김범수와 함께 광주 3·1운동의 핵심인물인 이들은 모두 메이지대학을 나왔다. 김용채 역시 민족의식을 강조한 부친의 영향과 메이지대 조선 유학생들의 독립정신을 이어받아 민족의식이 남달랐다. 용채는 해방 후 1949년 10월 광주상업학교 교사로 채용되어 근무하다 한국전쟁 때 행방불명되었다.

용채 아내이자 김범수의 며느리인 박용숙은, 일제강점기 말 욱고녀(旭高女; 現전남여자고등학교)와 공주사범학교를 졸업한 후 서석소학교에서 교사로 근무하다 용채와 혼인하였다. 박용숙의 부친은 박의언[48]으로 경성고등보통학교(6회)를 나온 지식인이었다. 그는 광주에 내려와 사립 호남소학교 교장을 지냈다. 김용채와 박용숙이 혼인하는 데에 당시 지참봉이라 불린 광주의 제일 부호인 지응현이 중매를 하였다. 양인의 밀접한 관계를 엿볼 수 있다. 특히 지응현의

---

48) 행자는 외조부를 박세병으로 알고 있는데 김범수의 제적등본에는 의언으로 나와 있어 의언을 따르기로 한다.

셋째인 정선은 김범수가 주동이 되어 설립한 광주물산창고회사 발
기인이었다. 그의 가족들의 자세한 얘기는 별도로 다루겠다.[49]

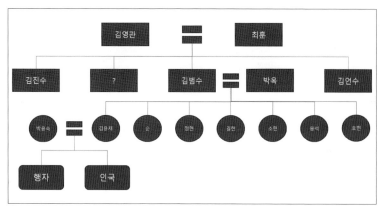

김범수 가계도

2장

2장
광주 3·1운동을 주도한 의학도

정광호와 만세 운동을 모의하다

:

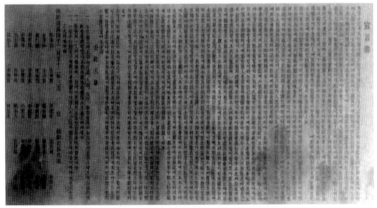

기미독립선언서 원문

"오등은 자에 아 조선의 독립국임과 조선인의 자주민임을 선언하노
라. 차로써 세계만방에 고(告)하야 인류 평등의 대의를 극명하며 차
로써 자손만대에 고(誥)하야 민족자존의 정권을 영유케 하노라."

1919년 3월 1일 발표된 감격스러운 독립선언서의 첫 구절이다. 이 구절을 읽을 때마다 고등학교 3학년 국어 교과서에 수록된 기미 독립선언서 원문을 공부하던 기억이 생생하다. '告'와 '誥'를 구별해야 한다는 국어 선생님의 말씀이 아직도 귓전에 맴돈다.

1910년 일제에 나라를 빼앗긴 우리 민족은 악랄한 무단통치 아래서 거의 절멸(絶滅) 상태에 있었던 일부 의병들의 저항과 독립의군부와 같은 비밀 결사 투쟁을 제외하고는 조직적이고 전면적인 투쟁이 불가능한 상태로 암울한 시기를 보내고 있었다.

그런 우리 민족이 1919년 3월 1일 전면적인 항일 독립운동을 전개함으로써 우리 스스로 주체적인 독립 쟁취에 대한 자신감을 지니게 되었고, 전 세계인들에게 한민족의 자주독립 의지와 역량을 확인시켜 주었다. 이 운동에 종교계와 학생, 농민·노동자, 지식인들, 심지어 걸인과 기생들까지 참여함으로써 독립운동의 참여 주체가 특정 계층이 아닌 전 민족으로 넓혀졌다. 나아가 우리 역사상 최초의 민주 공화정부인 대한민국임시정부가 탄생하여 독립운동의 구심점이 되는 결정적 계기가 되었다.

1919년 3월 21일 연해주 블라디보스토크에서 대한국민의회, 4월 11일 상해에서 대한민국임시정부, 그리고 4월 23일 국내의 한성 정부 등 여러 임시정부가 동시다발적으로 조직되었다.

이들이 마침내 1919년 9월 17일 중국 상해에서 하나로 통합됨으로써 일시적으로 단절된 우리 민족사를 계승하고 정통성을 지닌 정부로서 역할을 하게 되었다. 우리 대한민국이 임시정부의 법통을 계

승하고 있다는 점에서 3·1운동의 의의는 실로 대단하다 하겠다.[1]

3·1운동은 1920년 상해에서 출판된 박은식 선생의 『한국독립운동지혈사(韓國獨立運動之血史)』에 의하면, 3월 1일부터 5월 말까지 전국 218개 군 단위 이상 지역 가운데 무려 211개 지역에서 1,542회 이상의 만세 시위가 전개되었고, 참가인원은 202만 308명에 이르렀다고 한다. 같은 책에 실린 시위 때 일본 경찰에 입은 피해 상황을 보면 사망 7,509명, 부상 1만 5,961명, 체포된 사람 4만 6,948명에 달하고 있다. 일제 측 자료에도 1919년 3월 1일부터 1년간 살해 745명, 부상 4만 5,562명, 피체 4만 9,811명으로 나와 있다. 일본 측 자료가 실제보다 상황을 훨씬 축소하였을 것을 고려하더라도 당시 우리 민족의 저항이 얼마나 강렬하였는지 확인할 수 있겠다.[2]

그러나 1919년 2월 28일 밤 서울 시내에 독립선언서가 뿌려지고, 이튿날 아침 여러 곳의 대문 앞에 뿌려져 있는 고종황제의 독살설을 알리는 격문을 발견한 일제 경찰도, 이를 추진한 민족 독립운동 진영에서도 이 운동이 어디까지 파급되어 갈지 아무도 예측하지 못했다.

일제의 폭압적인 지배로 3·1운동의 한계로 지적되고 있는 조직적인 투쟁이 사실상 불가능하였기 때문이다. 그러함에도 불구하고 이렇게 '전 민족이', '전국에서', '국외에서' 광범위하게 '지속적으로'

---

1) 박해현, 「박해현의 새로 쓰는 광주·전남 3·1운동사」, 『무등일보』 2019.1.2, 14면.

2) 박해현, 「박해현의 새로 쓰는 광주·전남 3·1운동사」, 『무등일보』 2019.1.3, 14면.

참여한 투쟁이 이루어졌다.

이제껏 3·1운동을 서울에서 대도시로, 도시에서 농촌으로 단계적으로 확산이 되었다 하여 지방의 만세 운동을 중앙 운동의 부속물로 인식하는 경향이 많았다. 이를테면 서울에서 독립선언서가 전달되면 지방에서 이에 호응하여 자연 발생적으로 일어난 운동으로 생각하였다. 그러나 3·1운동의 대부분은 지방의 만세 시위가 차지하고 있다. 이른바 민족대표들이 3월 1일 당일 일본 경찰에게 체포되는 등 주도층이 붕괴된 상황에서 종교인, 학생층이 불을 지핀 만세운동이 농민층을 중심으로 한 지방 민중 운동으로 발전되어갔다.

실제 지방의 3·1운동은 그 지역 인사들의 목숨을 건 결의와 의지가 있었기에 가능하였다. 그들은 지역의 자원과 네트워크를 총동원하여 운동을 조직화하여, 그 지역 여건에 맞는 방식으로 운동을 전개하였다. 동네와 장터에서 시위, 야간 산상 봉화 시위, 면사무소나 헌병 주재소를 압박하거나 일본 관헌과 충돌하는 등 다양한 형태로 전개되었다. 이러한 지방민들의 적극적인 참여가 있었기에 3·1운동이 대규모 민족운동으로 오랫동안 전개될 수 있었다.

광주·전남 대부분 지역에서도 3·1운동이 동시다발적으로 일어났다. 3월 3일 '독립선언서'가 배포되고 3월 10일 숭일학교·수피아여학교 등 학생, 종교인, 일반 시민을 중심으로 대규모가 시위가 전개된 것은 그 시작을 알리는 것이었다.

1919년 3월 10일 광주·전남 지역에서 최초로 일어난 광주 3·1운동은 전남의 다른 지역의 3·1운동에 영향을 주었다는 점에서 그 의미가 남다르다. 광주 3·1운동 기념탑은 광주광역시 남구 양림동 소재 수피아여자고등학교에 세워져 있다. 이처럼 지역의 대표성을 상징하는 기념탑이 특정 학교에 세워져 있는 경우가 이례적이다. 이는 광주·전남 지방의 독립 만세 운동을 학생들이 주도하였음을 알려주는 예이다. 3월 10일 광주에서 일어난 시위로 재판에 넘겨진 숫자가 103명이다. 이 가운데 숭일학교 학생이 24명, 수피아여학교 학생 20여 명, 광주농

광주 3.1운동 기념탑(수피아여고, 광주역사민속박물관 사진제공)

업학교 6명, 광주보통학교 학생 1명 등 학생들이 대부분이다. 그런데 이들 학생 가운데 4년제 대학생도 2명이나 포함되어 있어 눈길을 끈다.

일본 유학생인 메이지대학 재학생 정광호와 경성의학전문학교 재학생 김범수가 그들이다. 일본에서 유학 중이거나 경성에서 의학전문학교를 다니고 있는 최고 엘리트들이 광주시위에 참여하고 있다는 것은 간단히 평가할 수 없다. 더구나 김범수나 정광호 모두 당시 일본 당국이 판결을 내릴 수 있는 최대치인 3년형을 받았다는 점에서 이들이 광주 3·1운동 전개 과정에서 단순 가담자가 아니 주동세력임을 짐작할 수 있다. 당시 우리나라 최고 의과대학인 경성의학전문학교 3학년 진급을 눈앞에 둔 김범수가 어떻게 3·1운동의 핵심 주모자가 되었는지 살펴볼 필요가 있다. 우선 당시 재판기록을 살펴보자.

"피고 정광호는 동경 메이지대학 유학 중 조선독립을 꿈꾸어 1919년 1월 최팔용 등이 작성한 조선독립선언서(일본어, 조선어 각 1통)와 서고문을 휴대하고 경성으로 들어와 1919년 2월 2일 무렵 경성부 송현동 피고 김범수 집에서 김범수와 함께 하숙하던 피고 박일구를 만나 선언서와 포고문을 보여주며 일본 유학생들이 독립운동을 주창함을 설명하고 국내의 조선 청년들도 호응하여 독립 기세를 높였으면 좋겠다고 하였다.

그러면서 이를 비밀리에 추진하여 이 문서를 등사하여 널리 반포하는 것이 좋은데, 다만 경성은 관청의 경계가 삼엄하므로 발각될 염려가 있으므로 시골에서 인쇄하는 것이 어떠냐 하며 찬동을 구하니 모두 동의하였다. 박일구는 그의 처가가 있는 장성군 북이면 백암리 김기형 집을 소개하여 그곳에서 인쇄하기로 하였다.

또한, 피고 정광호는 피고 최정두를 만나 같이 참여할 것을 권유하여 승낙을 얻어냈다. 2월 4일 피고 김범수·박일구는 함께 경성을 출발하여 광주로 내려왔는데, 박일구는 같은 날 피고 김기형의 집으로 가고, 김범수는 광주 자기 집에서 김태열을 만나 사정을 설명하며 참여를 권유하여 찬성을 얻어냈다.

다음날 5일 김범수는 김태열과 함께 피고 김기형의 집으로 가서 같은 날 등사판과 인쇄용지를 휴대하고 온 정광호와 최정두를 만났다. 이에 정광호 등 5인은 피고 김기형의 집에서 경성에서 가지고 온 최팔용 등이 작성한 조선독립선언서를 함께 인쇄하였다. 이들은 등사판을 가지고 비밀리에 최팔용 등이 작성한 선언서 가운데 조선어로 600부 일본어로 50부를 등사하였다. 당시 피고 김태열은 불법 출판물 55부를 휴대하고 광주로 와서 유인물을 뿌릴 기회를 기다리고 있었다.

3월 9일 피고 최한영 집에서 피고 김강은 최병준 등에게 다음날 10일 광주 독립운동 시위에 사용할 독립선언서를 교부를 하였다. 이 유인물을 숭일학교 생도들에게 사용하고 나머지는 광주읍내의 일반인들에게 사용하려 하였다. 이때 출판물은 당시 피고 정광호와 박일구 등이 경성에서 가지고 온 것이다.

피고 김태열은 3월 10일 광주시위에 유인물을 사용하고, 3월 12일 광주 남문 피고 박경주 후처 집에서 3월 10일 사용하였던 독립선언서를 다시 인쇄하였다."[3]

광주 3·1운동 핵심 주모자들에 대한 판결문의 일부이다. 판결문은 3·1운동사를 연구하는 데 가장 객관적인 자료의 하나이다. 이를 당시 인사들의 증언과 같은 방증 자료를 유기적으로 엮을 때 생생한 역사가 복원된다. 그러나 그동안 3·1운동사를 포함하여 여러 독립운동사가 생존 인사들의 기억에 의존하여 정리되다 보니 역사적 실체와 맞지 않는 경우가 적지 않았다. 특히 증언은 오랜 세월이 흘러 증언하기 때문에 정확성이 떨어진 데다, 증언하는 이의 관점에서 이야기하는 경우가 많다는 점을 항상 유념해야 한다.

위 판결문을 토대로 다음과 같이 광주 3·1운동을 정리하고 있다. 일본 메이지대 유학생 정광호가 2·8독립선언서를 1월 말 가지고

---

3) 김복현 외 21인 판결문(대정 8년 형 제403, 737호).

귀국하여 경성에서 하숙하던 김범수를 2월 2일 만나서 광주에서 시위하기로 하였다. 이에 등사기를 구입한 김범수 등은 장성 박일구의 처가인 김기형 집에서 2·8독립선언서를 인쇄하고 독자적인 시위를 준비하였는데 정광호와 김복현(후에 김철로 개명)이 연결되면서 광주 3·1운동이 추진되었다고 살피고 있다. 일본 유학생들이 일으킨 2·8독립선언이 광주 3·1운동의 배경이 되었다고 보고 있다.

이러한 설명은 당시 상황을 큰 틀에서 이해하고 있다고 본다. 그러나 이제까지의 연구들이 2·8독립선언서를 인쇄하며 시위 계획을 구체적으로 세우고, 이후 3·1운동의 전개 과정까지 중요한 역할을 담당한 김범수의 존재를 거의 주목하지 않았다. 시위 주역 김범수를 빠뜨리고 광주 3·1운동을 설명한다는 것은 있을 수 없다. 이제 김범수와 광주 3·1운동으로 들어가 보려 한다.

김범수는 1917년 4월 경성의학전문학교에 입학하였다. 그는 의전에서 하루라도 빨리 의학 공부를 마치고 고향에 내려와 가난한 민족을 위해 인술을 베풀 꿈을 실현하기 위해 열심히 공부하였다. 그가 경성의학전문학교를 우수한 성적으로 마쳤다는 앞의 기사는 이러한 사정을 잘 말해준다.

그러나 그의 내면에는 보통학교 입학할 무렵 국권 피탈로 민족사가 왜곡되는 것에 대한 회한이 한없이 쌓여갔다. 경성의학전문학교 입학시험에서 내선일체를 강조하는 면접관의 태도는 김범수와 같이 의식이 있는 학생들의 항일의식을 더욱 부채질하였다. 조선 학생을 차별대우하는 경성의학전문학교의 교육과정 역시 김범수의 강한 민족적 자아를 일깨우고 있었다.

그런데 1918년 제1차 세계대전이 끝나면서 정의와 평화, 인도주의와 민족주의를 부르짖는 새로운 사조가 세계사에 새롭게 등장했다. 1918년 1월 미국의 윌슨 대통령은 정의와 인도주의를 바탕으로 민족자결주의 원칙을 발표했고, 10월에는 독일의 지배를 받던 체코가 독립되었다. 민족자결주의 원칙 발표는 아시아, 아프리카의 식민지 민족에게도 감격스러운 소식이었다.

민족자결주의 물결이 전 세계로 퍼지자 국외의 독립운동세력이 움직이기 시작했다. 중국 상해의 신한청년당은 김규식을 파리강화회의에 파견해 조선의 독립을 호소하기로 하였다. 미국에서는 이승만 등이 조선 대표로 파리강화회의에 참석하려 하였다.

일본 동경 한국 유학생들도 이 기회를 이용하여 독립운동을 추진하려 하였다. 1919년 2월 8일 추진된 2·8독립선언이 그것이다. 최팔용·김도연·김철수 등 11명이 중심이 되어 1월부터 독립선언 계획을 본격적으로 추진하였다. 이들은 2·8독립선언을 본국과 일본 양국에서 동시에 추진하는 것이 효과적이라고 생각하였다. 이에 1월 중순 송계백·정광호·김안식 등 2·8독립선언을 준비했던 주요인물들은 2·8독립선언서 초안을 품에 숨기고 귀국하였다. 경성에서 송계백으로부터 시위 계획을 들은 정노식은 田畓을 팔아 마련한 돈을 모두 내주었다. 그 돈을 일본에 가져간 송계백은 2·8독립선언을 치르는 데 요긴하게 사용하였다.

경성과 고향인 광주에서 2·8독립선언서를 동시에 뿌려 독립 의지를 널리 알릴 계획으로 귀국한 메이지대 정광호는 김범수를 찾아갔다. 김범수와 정광호는 앞서 살핀 바처럼 광주보통학교 때부터 가깝게 지낸 사이였고, 경성에서 학교를 같이 다녀 깊은 신뢰가 형성되어 있었다. 1919년 2월 2일 일요일 정광호는, 경성 송현동 근처에서 하숙하고 있었던 김범수를 찾아가 일본에서의 만세 운동 계획을 설명하며 경성과 광주에서 동시에 독립선언서를 배포하자고 하니 김범수가 흔쾌히 찬동하였다.

이때 김범수 집에는 김범수의 동생 언수 친구인 박일구가 광주에서 올라와 있었다. 판결문에는 박일구가 김범수 집에 오래 머물러 있는 것처럼 설명되어 있다. 박일구가 경성으로 유학 갔다는 얘기도 있다. 하지만 이는 사실과 다르다. 박일구의 아들 승부의 증언에 따르면 장성군 진원면의 천석군 아들 박일구는 경성에 거주할 집을 매입하기 위해 올라갔었다고 한다. 박일구는 친구 형 하숙집에서 잠시 유숙하며 매입할 집을 물색하다 정광호를 만났다고 승부가 증언하여 주었다.

정광호로부터 일본 유학생의 독립 만세 계획을 들은 박일구는 적극적으로 찬동하였다. 다량의 2·8독립선언서를 비밀리에 인쇄하기 위해서는 일본 당국의 감시가 미치지 않은 깊은 산골이 좋겠다는 정광호의 제의에 박일구는, 장성 백암의 그의 처가 집을 소개하였다. 김범수가 내놓은 돈으로 등사기를 산 정광호는, 이때 또 다른 고향 친구 최정두를 김범수 집에서 만났다. 최정두는 당시 중앙학교에 재학 중이었다.[4] 재경 유학생 최정두를 이 계획에 끌어들인

4) 서울 중앙고등학교 略史에 의하면 중앙학교의 뿌리는 1908년 애국계몽단체인 기호흥학회에서 세운 기호학교가 모태였다. 1910년 1909년 세워진 융희학교와 통합하여 중앙학교로 개칭되었다. 1915년 인촌 김성수 선생이 인수한

이는 김범수였다. 최정두 역시 이들의 계획에 흔쾌히 찬동하였다. 이들은 2월 5일 장성 백암 김기형의 집에서 만나자고 하며 헤어졌다. 정광호와 최정두는 등사기를 들고 장성으로 내려왔다.

　김범수와 박일구는 이들보다 하루 먼저 2월 4일 화요일 광주로 함께 내려왔다. 박일구는 곧장 장성 처가 집인 김기형의 집으로 가고 김범수는 수기옥정 본인 집으로 향하였다. 수기옥정 자택에서 김범수는 고향 친구이자 광주보통학교 동창인 김태열을 만나 만세운동에 동참할 것을 권유하였다. 당시 김태열은 광주보통학교 교사였다. 김범수의 제의에 김태열이 찬동하자 김범수는 2월 5일 장성 김기형 집으로 김태열을 데리고 갔다. 김태열의 가담은 이들의 시위 계획에 중요한 전기가 마련되었다. 광주 출신인 그는 광주보통학교를 나오고 그 보통학교 교사를 지내는 등 광주지역의 젊은 청년들과 튼튼한 네트워크가 마련되어 있었다. 특히 신문잡지종람소 회원이라는 점도 김범수는 주목한 것 같다.

　장성 김기형 집에 모인 김기형과 정광호·김범수·박일구·김태열·최정두 등 6인이 시위에 필요한 2·8독립선언서를 인쇄하기 시작하였다. 이때 인쇄된 2·8독립선언서의 내용 일부이다.

후 1921년 사립중앙고등보통학교로 개칭되었다. 1918년 11월부터 중앙학교 교장 사택에서 3·1운동이 구체적으로 논의되었다.
최정두는 대부분 판결문에는 광주군 본촌면 양산리에 주소를 둔 농민으로 나와 있으나, 또 다른 판결문에는 중앙학교 생도라고 나와 있다. 이로 보면 최정두가 중앙학교 재학생이거나 졸업반 학생이지 않았을까 한다. 즉 재판 중에 졸업을 하여 농업으로 직업을 말했을 가능성이 있다.

"조선청년독립단은 아 3천만 민족을 대표하여 정의와 자유의 승리를 득한 세계 만국의 전에 독립을 기성하기를 선언하노라. 4천 3백년의 장구한 역사를 有한 吾族은 실로 세계 古民族의 일이라. 비록 유시 호 중국의 정삭을 봉한 사는 유하였으나, 차는 양국 왕실의 형식적 외교 관계에 불과하였고 조선은 창상 오족의 조선이고 일차도 통일한 국가를 실하고 이족의 실질적 지배를 수한 사 무하도다.

일본은 조선이 일본과 순치의 관계가 유(有)함을 자각함이라 칭하여 1894년 청일전쟁의 결과로 한국의 독립을 솔선 승인하였고 미·영·법·아 등 제국(諸國)도 독립을 승인할뿐더러 차를 보전하기를 약속하였도다. 한국은 그 사의를 감여 예의로 제반 개혁과 국력의 충실을 도하였도다. (하략)

최팔용·윤창석·김도연·이종근·이광수·송계백·김철수·최근우·백관수·김상덕·서춘"

정광호 등은 이러한 내용의 2·8독립선언문을 5,700여 매를 인쇄하였다. 그런데 정광호·김범수 등이 2월 초에 독립선언서를 인쇄하며 동경 유학생과 동시에 경성·광주 등지에서 시위 계획을 세우고 있을 때, 송계백을 통해 일본 유학생의 움직임을 전달받은 국내의 종교계 및 학생들도 각기 별도의 독립 만세 운동을 준비하고 있었다.

정광호는 장성으로 내려가기 전인 2월 3일 송진우, 정노식을 만나 동경에서 2월 8일 독립선언을 발표한다는 얘기를 전하며 시위

동참을 촉구하였다. 송진우 등은 준비가 아직 되어 있지 않으므로 2월 20일로 독립선언을 연기할 것을 제의하기도 하였으나 동경에서는 더 늦추면 비밀유지가 어렵다고 하여 그대로 2월 8일 독립선언을 발표하였다.

경성의전 출신 최초의 독립운동가

:

광주를 중심으로 김범수, 정광호 등이 만세 운동을 계획하고 있을 즈음, 경성에서는 독립 만세 계획이 본격적으로 추진되고 있었다. 학생과 종교계 두 갈래로 추진되던 만세 운동이 하나로 결집되고 있었다. 학생들이 추진하던 시위 계획을 종교계가 추진한 시위로 끌어들인 이는 박희도였다.[5]

당시 YMCA 간사였던 박희도는 1월 하순 경성 시내 전문학교 재학생과 졸업생 중 대표가 될 만한 청년들을 관수동에 있는 음식점 대관원으로 초청했다. 연희전문학교 김원벽, 보성법률상업전문학교 강기덕, 경성의학전문학교 김형기·한위건, 경성공업전문학교 주종의, 경성전수학교 이공후, 졸업생 주익, 윤화정 등 참석자들은 학생들의 독립운동 방안을 협의하였다.[6]

이갑성은 2월 12일과 14일에 세브란스병원 구내 자택에서 음악회 명목으로 김원벽·김형기·한위건·윤자영 등 전문학교 학생들을

5) 김상태, 「경성의학전문학교 학생들의 3·1운동 참여양상」, 『의학도, 3·1운동의 선두에 서다』, 2019, 110~111쪽.

6) 김상태, 위의 논문, 112~113쪽

불러 모아 학생들의 결속과 독립운동을 독려하였다. 김원벽, 강기덕, 윤자영, 김형기, 한위건 등은 동경 유학생의 선언서 발표를 본받아 청년, 학생들을 규합하여 독립선언을 발표하기로 하였다. 강기덕 등은 각 전문학교에서 대표적 인물을 물색하여 2월 20일경 예배당에서 학생 간부 회의를 개최하였다. 그들은 학교별로 1명씩만 대표자로 내세워 체포에 대비하기로 하였다.

이에 따라 경성전수학교 전성득, 경성의학전문학교 김형기, 세브란스연합의학전문학교 김문진, 경성공업전문학교 김대우, 보성법률상업전문학교 강기덕, 연희전문학교 김원벽이 각 학교의 대표자로 나서고, 한위건·윤자영·이용설·한창환은 학생들을 규합하고 후사를 처리하기로 하였다. 강기덕, 김원벽 등은 각 중등학교에서 대표적 인물을 물색하여 박쾌인, 김백평, 박노영, 이규송, 장채극 등을 학교별 대표자로 삼았다.[7]

경성의 학생들이 시위 준비를 하고 있다는 소식을 들은 박희도는 2월 23일경 학생 대표들에게 손병희 등 종교계에서 추진하고 있는 독립운동에 합류하여 시위운동의 전면에 나서 달라고 제안하였다. 학생들이 그 제안을 수락함으로써 종교계와 학생들의 대연합이 성사되었다. 그동안 여러 계통으로 추진되던 독립선언 준비는 하나로 추진될 수 있었다.

그런데 장성에서 2·8독립선언서를 인쇄하여 광주와 경성에서 시위할 계획을 수립하던 김범수와 정광호는 경성에서 학생과 종교계

---

7) 김상태, 위의 논문, 113~114쪽.

가 중심이 되어 거족적인 시위 계획을 추진하는 것을 보고 그들이 독자적으로 추진하려 한 시위 계획을 보류한 채 상황을 주시하고 있었다.

김범수와 정광호 등이 광주와 경성에서 계획한 시위는 비록 실행 단계에서 멈추었지만, 3·1운동은 물론 2·8독립선언보다 먼저 독립선언서를 인쇄하고 구체적인 실행 계획을 수립하였다는 점에서 그 의의를 높이 평가할 수 있다. 경성의학전문학교 학생 가운데 시위 계획을 수립하고 유인물을 인쇄하는 등 행동으로 실천한 이는 김범수였다.

한편 김범수처럼 경성의학전문학교 출신으로 시위 계획을 구상하고 이를 조직화하는 데 앞장선 이는 4학년 재학 중인 김형기와 김범수와 같은 학번인 2학년 한위건이었다. 특히 시위 준비 초기 국면에서 경성의학전문학교 대표로 활약한 학생은 4학년 김형기였다. 평소 YMCA의 복음회에 다니던 김형기는 YMCA 간사 박희도에게 직접 1차 학생모임 건을 들었고, 같은 경상도 출신의 경성전수학교 학생 윤자영에게 학생대표 모임 참석을 권유했다.[8]

경성의학전문학교 학생대표로 인상적인 활약을 펼친 학생은 김범수와 동급생인 2학년 한위건이다. 그는 3월 1일 파고다 공원에서 행해진 시위 때 학생대표로 독립선언문을 낭독하였다. 훗날 조선공산당 재건 운동에 앞장섰던 인물로 유명한 한위건은,[9] 1월 하순부

8) 김상태. 위의 논문, 113~114쪽.

9) 김준엽·김창순, 『한국공산주의운동사』 3, 1986, 197~198쪽.

터 3월4일까지 열린 여러 차례의 학생대표 모임 때마다 거의 참석했다. 박희도의 주선으로 모인 1차 모임 때 다른 학교 학생대표의 참여를 독려했는데, 특히 경성공업전문학교 학생 주종의에게 직접 참석을 권했다. 1차 모임에 참석하여 신문, 잡지 등에 보도된 민족 자결주의와 파리강화회의 및 해외 조선인들의 독립운동 소식을 소개하고, 참석자들에게 조선 민족이 자결하여 독립할 시기인지 아닌지 의견을 물었다.

한위건은 김형기, 윤자영과 함께 지금이 독립할 좋은 시기라면서 독립운동의 필요성을 제기했다. 2월 중순의 학생대표 모임에서도 이갑성이 해외 독립운동에 호응하여 국내에서도 독립운동을 하는 것이 어떠냐고 질문했을 때 곧바로 찬성 의사를 밝힌 유일한 사람이 한위건이었다. 그는 2월 중순 학생들의 독자적 독립운동의 필요성을 강조하고 학생 측 독립선언서의 제작 논의를 주도했으며, 전문학교별, 중등학교별 학생대표 선정에도 깊숙이 간여했다.[10] 이렇게 보면 2월 중순에 이르러서야 경성에서 학생들의 시위 준비가 차츰 구체적인 윤곽이 드러나고 있음을 알 수 있겠다. 하지만 이 무렵 김범수는 이미 5,700매 이상 되는 2·8독립선언서를 인쇄하여 경성과 광주에 옮겨놓고 시위 기회를 엿보고 있었다. 이로 미루어보면 1919년 3월 독립만세의 서막은 김범수와 정광호로부터 비롯되었다고 하겠다.

그런데 3·1운동이 일어나던 당시 경성의학전문학교의 학사 일정을

10)『한국독립운동사』, 국사편찬위원회, 1983, 159~160쪽.

보면 학기가 4월 1일에 시작되어 이듬해 3월 31일에 끝난다. 3월 하순에 졸업식과 봄방학이 있었고, 3월 초~중순에 학생들은 학년 말 시험을 치렀다. 1919년 2월 경성의학전문학교는 학년 말 시험을 치르기 직전 상황이었다. 2월 25일부터 예비시험이 계획되어 있었다. 교수에 따라서는 이미 시험을 치르고 있는 과목도 있었다. 1학년 학생들의 경우 3월 1일 오후에 조직학 시험이 예정되어 있었다. 따라서 학생들은 2월 초부터 시험에 대비하여 과목별 복습이 한창이었다.[11] 따라서 학생들이 만세 시위에 적극적으로 가담하기에는 상황이 녹록하지 못하였다.

그러함에도 불구하고 김범수를 비롯하여 경성의학전문학교의 많은 학생은 시험 준비보다는 시위 준비에 심혈을 기울였다. 이들에게는 공부보다 민족의 독립 문제가 더 소중하게 다가왔다. 다음 장에서 자세히 다루겠지만, 경성의학전문학교 학생 대부분이 3·1만세 시위에 연결되어 있었다.

김범수가 경성에서 3·1운동 지도부와 어떻게 연결되어 있는지 알 수 없다. 그러나 정광호가 김범수를 찾아와 2·8독립선언서 인쇄 및 시위 문제를 상의하였다고 하는 것은 김범수가 적어도 민족의 독립 문제에 대해 평소에 관심이 많았음을 말해준다. 그리고 그의 하숙집에 와 있는 박일구를 시위 계획에 끌어들이고, 박일구의 장성 처남 집에서 인쇄하게 하고, 등사기 구매 비용을 부담하고, 광주 청년의 구심점인 김태열을 독립선언서 인쇄 작업하는 데에 참여

---

11) 김상태, 「경성의학전문학교 학생들의 3·1운동 참여 양상」, 『의학도, 3·1운동의 선두에 서다』, 2019, 109쪽.

시키는 것으로 볼 때 동경에서 있었던 학생들의 독립 만세 계획을 국내와 연결을 시키는 데 깊숙이 개입되어 있다 해도 전혀 잘못은 아닐 것이다. 이러한 점에서 김범수는 경성의학전문학교 출신으로 2·8독립선언의 열기를 국내로 확산시키는 데 앞장선, 나아가 만세 시위 계획을 구체적으로 실천에 옮긴 최초의 인물이라 할 것이다.

광주 3·1운동을 계획하다
:

경성에서의 3·1운동에 참여했다 재판에 넘겨진 김범수와 동급생인 경성의학전문학교 2학년생은 8명이나 된다. 김범수는 이들과 어떤 형태로든지 연결되어 있었다고 보는 것이 순리이겠다. 그러나 다른 경성의학전문학교 학생들이 경성의 3·1운동 준비에 관심을 가졌을 때 김범수는 광주시위를 어떻게 성공리에 추진할 것인가에 더 많은 고민을 하였을 법하다. 다시 판결문으로 돌아가 보기로 하겠다.

"원심 재판 중에 김범수가 진술한 나와 김태열이 함께 김기형의 집에서 정광호·최정두·박일구 등이 경성에서 등사판을 가져와 동경에서 가져온 독립선언서를 등사하였다. 다음날 일본어로 된 선언서 5,000통, 조선어로 선언서 700통을 인쇄하였다. 그 등사판과 용지는 정광호, 최정두가 경성에서 가져왔다. 조선어로 된 6매 1부 씩 약 600부를 인쇄하였다. 대부분은 정광호가 서울로 가져가고 나머지는 김태열이 광주로 가져갔다고 진술하였다."[12]

"1919년 1월 최팔용 외 10인이 연명한 선언서와 경고문을 가지고 경
성으로 온 동경 명치대학생 정광호는 김범수, 박일구, 김태열 등과
협력하여 1919년 2월 5일~6일 전라남도 장성군 북이면 백암리 김
기형 집에서 최팔용 등의 선언서 약 650매를 등사 인쇄하였다."[13]

1919년 2월 5일, 6일 양일간 장성에서 2·8독립선언서를 인쇄하
는 과정을 언급한 각기 다른 판결문이다. 두 판결문을 비교하여 보면

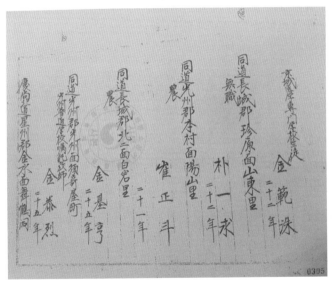

판결문

12) 판결문(대정 8년 형 제558·910호).

13) 판결문(대정 8년 제403·737호).

당시 선언서 인쇄과정이 비교적 정확히 구성된다. 이들이 2월 5일, 6일 양일간에 걸쳐 인쇄한 유인물 가운데 600부는 정광호와 최정두가 경성으로 가지고 올라갔고, 나머지 유인물 55부는 김태열이 광주로 가져왔다. 말하자면 김범수와 정광호는 경성과 광주 두 지역에서 동시다발적으로 시위할 계획을 수립하였다. 김태열은 이를 시민들에게 언제 어떻게 뿌릴 것인가 기회를 엿보고 있었음을 알 수 있다.

그런데 박일구의 아들 승부의 증언에 따르면 김태열이 유인물을 가지고 올 때 포대에 담아 말(馬)에 싣고 왔는데 여섯 포대였다고 한다. 이를 연결하면 아마 수레에 싣고 왔을 가능성이 크다. 그렇다면 실제 유인물은 55부보다 훨씬 많았음을 알 수 있다. 경찰 신문 조서나 재판정에서는 일부러 유인물 매수를 줄여서 말했을 가능성은 얼마든지 있기 때문이다. 당시 출판물법 위반 형량이 가장 높았다는 점을 고려하면 이해가 될 것이다.[14]

장성에서 인쇄된 2·8독립선언서는 3월 10일 광주시위에서 사용되었는데, 상당수는 숭일학교 학생에게, 그리고 나머지는 일반 시민에게 사용되었다고 판결문에 나와 있다. 판결문을 따른다 해도 김태열이 장성에서 가져온 유인물이 적지 않음을 알 수 있겠다.

장성에서의 2·8독립선언 유인물 인쇄는 광주 3·1운동의 시작단계였다고 말할 수 있다. 유인물을 광주로 운반한 김태열은 3월 10일

---

14) 후술하겠지만 3월 10일 광주시위에 사용된 유인물도 광주에서 제작하였지만, 심문과정에서 경성에서 유인물을 가져왔다고 거짓 진술하였다. 이는 출판법 형량이 최고 3년이나 되는 등 보안법 위반보다 무겁기 때문이다.

광주시위를 논의하는 첫 모임에 참여하는 등 광주 3·1운동의 핵심 인물이었다. 김태열을 처음 장성 인쇄 작업에 참여하게 한 역할을 김범수가 하였다. 이러한 점에서 김범수가 광주 3·1운동에도 어떤 형태로든지 개입하고 있었다고 여겨진다. 광주 3·1운동은 이미 한 달 전인 2월 5일 시작되고 있었다.

장성 김기형 집에서 2월 5일, 6일 인쇄된 2·8독립선언서가 김태열을 통해 광주로 들어온 것은 2월 6일 밤 내지는 7일 무렵이라고 생각된다. 그런데 인쇄물을 김태열이 말에 싣고 왔다고 한 것으로 보아 등사기도 함께 가지고 왔다고 생각할 수 있다. 김태열이 광주에 돌아올 때 김범수도 동행하였을 것이다.

이때 등사기를 가지고 다시 경성으로 올라갔다는 얘기는 없다. 반면 최정두가 가지고 온 등사기를 이용하여 광주시위에 필요한 유인물을 인쇄하였다고 판결문에 나와 있다. 그렇다면 광주시위 때 사용된 유인물 인쇄에 사용된 등사기는 김기형 집에서 2·8독립선언서를 인쇄하였던 그 등사기임을 알 수 있겠다. 최정두가 가지고 왔다고 하는 것은, 경성에서 장성으로 가져왔다는 얘기이고, 장성에서 인쇄가 끝난 다음에는 김태열이 수레에 싣고 광주로 가져온 것임이 분명하다.

이들은 등사기와 유인물을 수기옥정의 김범수 동생인 언수 집에 보관한 것으로 보인다. 3월 7일 김언수 집에서 3월 10일[15] 시위에 필요한 유인물을 인쇄하기 시작한 데서 살필 수 있다.

15) 김언수 집에서 유인물을 인쇄할 때는 시위 예정일이 3월 8일이었다. 그러다 인쇄하는 데 시간이 걸려 3월 10일로 변경되었다.

광주에서 일어난 3월 10일 시위와 관련된 판결 기록은 한, 둘이 아니다.[16] 이들 판결문은 1심인 광주지방법원, 2심에 해당하는 대구 복심법원, 3심에 해당하는 고등법원형사부 판결문 등으로 구성되어 있는데 피고에 따라 각각 다르게 편성되어 있다. 동일 피고의 같은 사실을 다룬 판결문이지만 판결문에 따라 사실들이 약간씩 다르게 되어 있다. 따라서 각 판결문을 펼쳐놓고 유기적으로 엮어놓고 보면 당시 상황에 대한 새로운 접근이 가능해진다. 다음을 보자.

"피고 김종삼은 당 법정에서 (1919년, 저자) 3월 7일 ①김언수 집에서 피고 최정두·김용규 외 1명 등과 함께 ②국기에 깃봉을 부착하였으며 당시 피고 김용규가 ③선언서에 인쇄할 원지에 기재할 내용을 생각하다가 ④관헌에게 탐지될 것을 염려하여 중지하고 ⑤9일 피고 최한영의 집에서 피고 한길상·범윤두·최정두·김용규·최한영

---

16) 광주 3·1운동과 관련된 판결 기록은 여러 부가 있다.

① 가장 대표적인 것이 김복현 외 21명을 다룬 판결문인데, 1심에 해당하는 광주지방법원(大正 8年 刑 第558·910號)과 2심에 해당하는 대구복심법원(大正 8年 刑控 第403·737號), 3심에 해당하는 고등법원 형사부(大正 8年 刑上 第980號) 판결문

② 최정두의 광주지방법원(大正 8年 刑 第591號) 판결문

③ 박애순외 76명의 광주지방법원(大正 8年 刑 第558號) 판결문

④ 황상호 외 2인의 광주지방법원(大正 8年 刑 第620號), 2심 대구복심법원(大正 8年 刑 第537號), 3심 고등법원형사부(大正 8年 刑上 第505號) 판결문

⑤ 이달근외 45인의 2심인 대구복심법원(大正 8년 刑控 第738號)과 3심인 고등법원형사부(大正 8年 刑上 第979號)

⑥ 최흥종외 31명, 1심인 경성지방법원 판결문

이 함께 인쇄하였는데 약 1천 통이었다."[17]

위 판결문은 광주 3·1운동 때 사용된 유인물을 인쇄하는 과정을 설명하고 있다. 이 판결문을 내용에 따라 편의상 저자가 다섯 항목으로 나누었다. 여기에 보면 3월 10일 사용될 유인물을 김언수 집에서 인쇄 작업을 시작하다가 관헌에게 탐지될까 염려하여 최한영 집으로 옮겼음을 알 수 있다. 김언수 집으로 들어가는 대로변 건너편은 광주지방법원이 있어 인쇄하는 데 여간 신경이 곤두설 수밖에 없었다. 이제껏 최한영의 집에서 인쇄 작업이 이루어졌다고 알고 있을 뿐 김언수 집에서 태극기를 만들었고 독립선언서 등 유인물을 인쇄하려고 하였다는 사실을 주목하지 않았다.

인쇄용지 1만 매를 불과 하루에 강석봉이 준비하였다.[18] 정말 상상할 수 없는 일을 강석봉이 해냈다. 3월 6일 저녁 남궁혁의 집에 모인 시위 주도세력이 인쇄 장소로 김언수 집을 지정하였다는 것은

---

17) 판결문(대정 8년 형 제558, 910호).

18) 강석봉은 당시 서방면에 막대한 토지를 지닌 대지주였다고 손자 강양진이 증언하여 주었다. 재산이 많은 그를 판결문에 직업을 '被雇人(피고인)' 즉 '고용된 사람'이라 하여 의아하게 생각하였는데, 최근 강석봉의 조카 강태진으로부터 강석봉 부친 강호일이 광주에서 유기공장을 경영하였고, 강석봉은 그곳에서 부친 일을 도와주었다는 귀중한 증언을 들었다. 곧 담배대 제작에 필요한 유기를 제작하였다. 강호일은 수기옥정에서 강호일 유기공장을 경영하였음이 확인되고 있어 강태진의 진술이 설득력이 있음을 알려준다. 그렇다면 강석봉은 재판과정에서 직업을 '고용인'이라 진술하였을 가능성이 있다. 그의 부친 강호일은 광주 서방 및 비아 일대에 많은 토지를 지닌 대지주였다. 그럼에도 강석봉은 1920년대 초 광주에서 소작인 지위 향상을 위한 모임을 주도하는 등 사회주의 운동에 앞장섰던 선각자였다.

김언수와 시위 주도세력이 밀접한 관련이 있음을 알려준다. 김언수가 누구인지에 대하여 이제껏 아무도 관심을 보이지 않았다. 그것은 이후 김언수의 행적이 나와 있지 않기 때문이기도 하지만, 독립선언서를 마지막으로 인쇄한 최한영의 집에 관심이 집중된 탓이다.

저자는 3·1운동 재판기록을 꼼꼼히 분석하다가 김언수 집에서 최초에 태극기가 제작되고 인쇄 작업이 이루어졌다고 하는 사실을 발견하였다. 김언수는 광주보통학교 6회 졸업생으로 박일구와 동창이었다. 그러나 이후 행적이 없어 김언수 집이 어디이며, 왜 그의 집을 인쇄 장소로 삼았는지, 그리고 다시 최한영의 집으로 장소를 옮긴 것인지 그 까닭을 찾기란 쉽지 않았다. 그러던 차에 김범수의 형 진수 제적등본에서 김언수가 김범수 친동생임을 확인한 것이다. 언수와 범수는 금남로 4가 36, 37번지에서 이웃하며 살고 있었다.

김언수 집이 인쇄 장소로 결정된 것은 김범수 뜻이 반영된 것이 분명하다. 김범수와 언수 집은 붙어 있는데 김언수의 집은 골목 안으로 들어가 있어 외부로부터 쉽게 보이지 않는다는 손녀 행자의 진술이 있다. 김언수 집은 대로에서 골목길을 따라 50m 정도 떨어져 있다. 김범수는 장성에서 인쇄한 2·8독립선언서와 등사기를 동생 집에 보관하였을 가능성이 크다. 2학년 말 시험과 경성에서의 시위 준비를 위해 상경한 김범수로서는 본인이 없이 아내 혼자만 있는 집에 보관한다는 것은 쉽지 않은 결정이었다. 그래서 외부에서 잘 보이지는 않는 골목에 있는 동생 집에 보관한 것으로 생각된다.

3월 8일 사용될 유인물 인쇄를 김언수 집에서 처음부터 하려 한 것은 등사기가 그의 집에 있었음을 시사해준다. 김언수는 김범수의 동생으로 누구보다 가장 믿을 수 있는 사람이다. 김언수는 김범수와 김태열, 박일구 등이 장성에서 2·8독립선언서를 인쇄하고 있는 사실을 이미 알고 있었다. 형의 부탁으로 2·8독립선언서와 등사기를 보관하고 있던 언수는 3월 8일 시위에 필요한 유인물 인쇄 공간으로 그의 집을 제공하였다. 이렇게 보면 3월 10일 광주시위에 김범수가 깊이 개입하고 있다는 또 다른 근거를 찾는 셈이다.

김범수가 또한 광주 3·1운동에 개입하고 있었다는 근거로 저자는 김태열의 역할을 주목하고자 한다. 김태열이 광주 3·1운동에 참여하는 계기는 김범수의 제의를 받아 2월 5일 장성 김기형 집에서 유인물을 인쇄하는 작업에 합류하면서이다. 김태열은 인쇄된 유인물을 광주로 가져와 시위 기회를 노리고 있었다고 판결문에 나와 있다. 말하자면 김범수가 할 역할을 김태열이 거의 수행하고 있음을 알 수 있다. 김범수와 김태열은 단순한 친구라기보다 피를 나눈 동지나 다름이 없었다.

김범수가 김태열을 장성 김기형의 집으로 데리고 가서 인쇄 작업에 동참시킨 데는 그럴만한 이유가 있었다. 김태열과 김범수는 보통학교 때부터 가깝게 지낸 친구였다. 하지만 김범수는 광주보통학교를 다니다가 전학 간 관계로 광주를 떠나 있었다. 특히 1917년 경성의학전문학교에 입학한 후에는 광주에 내려올 기회도 거의 없어 광주 친구들과 소통에 일정한 한계가 있었다. 반면 김태열은 광주보통학교와 광주농업학교를 졸업하고 광주보통학교 교사[19]로 재

19) 판결문에 김태열의 직업을 광주보통학교 교사라 하였다.

직하고 있어 광주지역에 넓은 인맥을 가지고 있었다. 따라서 광주에서의 시위를 전개하는 데 있어 김태열의 역할이 절대적으로 필요하였다. 이를 잘 알고 있는 김범수는 광주에서의 시위를 처음 계획하였을 때 김태열의 도움을 받는 것이 중요하다고 생각하여 장성에 갈 때 김태열을 참여시켰던 것이다. 김태열은 3월 6일 광주시위 준비 첫 모임 때 참여하고 있었다. 김태열이 광주시위 주도세력과 김범수 사이에서 연락을 맡고 있었다고 생각된다.

국사편찬위원회에서 발행한 『국사관논총』에서도 광주 3·1운동이 일어나는 데는 김범수가 주도적인 역할을 하였음을 밝히고 있다. 해당 부분을 인용해보기로 한다.

"그러던 가운데 2월 하순 서울에서 김범수 등이 함께 거사하자고 제안해왔다. 이에 정광호 등은 선언서 등을 가마니에 담아서 광주로 돌아와 최한영 집에 숨겨두는 등 준비에 박차를 가하였다. 같은 시기 이들과 교유하였던 김필수 목사와 김철(김복현), 최흥종 등은 국기열의 주선으로 김범수 등과 만나 운동 계획을 세웠다."

광주 3·1운동을 김범수가 처음 제안하였다는 것이다. 이는 김범수가 2·8독립선언을 광주시위로 발전시키려는 계획을 실천에 옮기고 있음을 알 수 있다. 이러한 상황은 최한영의 진술을 통해서도 확인할 수 있다.

이때의 상황을 최한영은 다음과 같이 구술하고 있다. "2월 하순이라고 기억되는데 서울에 있던 김필수 목사가 독립운동 준비회의 밀령을 받고 광주에 내려와 최흥종 장로와 김철(본명 복현) 등을 만나 광주 운동을 교섭하고 올라갔고, 최흥종 장로와 김철도 즉시 상경하여 국상이 진행되는 동안 담양 출신으로 일본 유학생이었던 국기열 주선으로 청량리 근처의 산기슭에서 광주 출신 유학생 김범수 등 여러 청년과 만나 3·1운동 광주 행사를 협의한 끝에 최흥종 장로와 김철이 책임을 맡기로 하였다."[20]

최한영의 진술에서도 광주시위 주체들이 광주시위의 구체적 내용을 김범수와 상의하고 있음이 확인되고 있다. 김범수 등이 청량리 근처 산기슭에서 만났다고 하는 것은 이미 김범수 등이 감시의 대상에 올랐음을 의미한다. 김범수가 경성과 광주의 시위 전개에 결정적 고리 역할을 하였음을 짐작하게 한다.

국사관의 언급 가운데 정광호 등이 광주에 2·8독립선언서를 가져왔다고 하였으나 사실과 다르다. 정광호가 아닌 김태열이 광주에 가져왔다. 정광호는 경성으로 유인물을 가지고 상경하였다. 김범수와 김태열은 장성 김기형 집에서 인쇄한 유인물을 광주 김언수 집에 보관하여 놓고 시위를 준비하고 있었다. 김범수는 2월 2일 정광호를 처음 만난 이후 1개월 가까이 광주시위 준비에 정성을 기울였다. 김언수 집에 보관되어 있던 유인물을 3월 10일 시위를 앞두고 최한영 집으로 옮기었음을 알 수 있다.

20) 3·1동지회, 『3·1독립운동실록』, 1985, 512쪽.

광주에서는 일본 도쿄에서 2월 8일 유학생들에 의해 독립선언서가 발표되기 직전에 이미 그 선언서가 비밀리에 알려졌다. 정광호·김범수·김태열·박일구·최정두·김기형 등 인쇄에 참여한 이들에 의해 전파되고 있었다. 특히 김태열이 회원으로 있는 신문잡지종람소 회원들은 김태열을 통해 이 소식을 들었다.[21]

광주지역 청년들은 1917년 일종의 비밀 독서회인 신문잡지종람소를 결성하였다. 신문잡지종람소란 신문이나 책 등을 열람하는 공간을 말한다. 광주의 신문잡지종람소는 단순히 신문과 잡지를 함께 보기 위해 생긴 곳은 아니었다. 이 모임이 열렸던 곳은 불로동의 옛 측량학교 건물로 당시 광주의 부호였던 정낙교[22] 소유 건물이었다. 정낙교의 아들 정상호가 부친 소유 건물을 종람소 사무실로 쓰도록 하였다. 정상호는 김태열과 같은 광주보통학교 동기동창이었다. 신문잡지종람소 회원들은 정상호를 비롯하여 김복수, 김용규, 한길상, 최한영, 강석봉, 김태열, 강생기 등 10여 명이었다. 한길상(2회) 김복수(3회) 정광호·정상호·김태열(4회), 김용규·최한영(5회), 강석봉·박일구(6회), 강생기(7회) 등이 광주보통학교 졸업생이었고, 김용규·김태열·최한영·강생기는 광주농업학교를 졸업했거나 재학

---

21) 2·8독립선언서가 광주에는 다른 계통으로도 전해지고 있었다는 얘기도 있다. 즉 김마리아가 도쿄에서 몰래 휴대하고 들어와 고모인 김필례에게 전달하였고, 김필례는 그것을 남편 최영욱이 운영하는 서석병원 지하실에서 복사하였다 한다(『광주제일교회 110년의 발자취』, 2006). 김마리아가 광주에 2·8독립선언서를 가지고 왔다고 하는 것은 사실이라 생각된다. 그러나 이보다 훨씬 빨리 광주에는 2·8독립선언서가 유포되었다고 본다.

22) 정낙교는 지금의 농업협동조합 격인 광주지방금융조합의 조합장이었다(『광주시사』, 1980, 210쪽).

중이었다. 이처럼 신문잡지종람소 회원들은 대부분 광주보통학교 및 광주농업학교를 졸업한 이 지역의 젊은 지식인이었다.

광주농업학교로 사용될 시절의 신문잡지종람소 건물(광주역사민속박물관 사진제공)

이들은 신문, 잡지를 윤독하고 역사 공부를 하며 경성이나 일본에 유학 간 학생들과 접촉을 통해 국내·외 소식을 접하고 있었다. 이들 모임이 1년 넘게 지속 되면서 일본 경찰의 주목을 받았다. 일본 경찰은 이들을 해산할 법적 근거가 없어 건물주인 정낙교를 압박하였다. 이에 회원들이 어쩔 수 없이 건물을 나와 지금의 충장로 4가에 있는 한옥으로 옮겼다. 그곳에서 '삼합양조장'이라는 간판을 내걸고 모임을 계속하였다.[23] 이들은 낮부터 술을 마시며 노는 척하며 일본 경찰의 감시의 시선을 바깥으로 돌리고, 밤에는 시국 전반을 토론하며 민족의식을 심화시켰다.

마침 일본에 유학 중이던 광주 출신의 최원순·정광호·이이규 등을 통해 일본 요코하마에서 발행된 영자통신을 보며 독일의 패전

23) 현재 NC웨이브 충장점 자리이다.

소식과 미국 윌슨 대통령이 주창한 민족자결주의 내용을 접하게 되었다. 이는 신문잡지종람소 회원들의 독립 의지를 강화하는 계기가 되었다.

　장성 김기형 집에서 인쇄한 2·8독립선언서 유인물 내용이 이들 회원에게 비밀리에 전파되었던 때가 이 무렵이다. 같은 신문잡지종람소 회원인 김태열을 통해 선언서 내용이 접하게 되었을 것이라 생각된다. 신문잡지종람소 회원들은 조만간 만세시위가 있으리라는 생각을 하게 되었다. 김범수는 이들을 중심으로 시위를 계획하고 있었다. 김범수는 광주에서의 시위를 독자적으로 준비하고 있었다. 이는 3월 1일 광주에서 시위를 구체적으로 논의할 때 최흥종·김복현 등 광주 지도부가 상경하여 김범수를 만나고 있는 데서 분명히 알 수 있다.

　이렇게 광주에서의 시위 준비를 하던 김범수는 2월 중순 경성의 학전문학교 및 다른 학교 학생들이 별도의 시위 계획을 수립하고 있음을 알았다. 곧 학생·종교계가 결합한 대규모 운동을 준비한 측에서 광주에서의 독자적 시위를 연기하는 것이 좋겠다는 의견이 있었다.[24] 이에 공감한 김범수는 이러한 뜻을 김태열을 통해 신문잡

24) 『광주시사』(1966)에 의하면, "거족적으로 일어서야 할 독립운동에 광주의 어린 학생들이 섣불리 일어나 큰 거사를 그르칠까 걱정하고 동일보조를 취하자고 연락을 해왔다."(55쪽) 『광주시사』가 1966년 편찬되었는데 이때는 판결문보다 최한영 등 당시 생존한 광주 3·1운동 참여자들의 증언에 의해 서술이 이루어졌다. 판결문과 비교할 때 약간씩 설명이 다른 경우도 없지 않으나, 3·1운동 당시의 상황을 이해하는데 적지 않은 도움을 주고 있다. 이후 서술된 광주 3·1운동 얘기들은 대부분 1966년 편찬된 『광주시사』를 저본으로 한 경우가 많다. 경성과 광주를 연결하는 끈은 김범수였다고 살피는

지종람소 회원에게 전달하였다. 그리하여 신문잡지종람소 회원들 중심으로 추진되던 시위 계획도 일정이 다시 조정되게 되었다. 그들은 비밀을 유지하며 시기를 살피고 있었다.

이렇게 광주지역 청년들이 김범수와 김태열을 중심으로 시위 계획을 수립하고 있을 때, 2월 하순 경성에 있던 김필수 목사가 경성의 기독교 단체로부터 광주에서의 독립 만세 운동 추진을 부탁받았다. 김필수 목사는 양림교회 장로인 최흥종과 같은 양림교회 신도인 김복현(異名 김철)을 만나 시위 계획을 논의하고 상경하였다.[25] 최흥종과 김복현은 경성에서의 상황을 살핀 후 광주 시위를 결정하는 게 낫다고 판단하여 상경하였다.[26] 이들이 상경한 것은 경성에서의 시위 준비 상황을 확인하려는 목적도 있었지만, 김범수를 만나 구체적인 계획을 논의하기 위해서였다.

이는 경성에 올라간 최흥종·김복현이 담양 출신으로 동경 2·8독립선언에 참여하고 귀국한 국기열의 안내로 청량리 산기슭에서 김범수를 만났다고 하는 데서 알 수 있다.[27] 최흥종 등을 국기열이 김범수에게 안내하였다는 것은 국기열과 김범수가 그 당시 자주 만나 광주시위를 상의하였음을 짐작하게 한다. 최흥종 등이 경성에 올라

것이 합리적이라 하겠다.

25) 『광주시사』, 1966, 55쪽.

26) 판결문(대정 8년 광주지방법원 형제 558, 910호 및 경성지방법원 대정 8년 형공 제941호) 그런데 최흥종의 판결문에는 최흥종이 3월 2일 상경한 것으로 되어 있다.

27) 최한영의 진술(『3·1독립운동실록』, 1985, 512쪽).

가자마자 김범수를 만났다고 하는 것은 김범수가 광주 만세 운동의 실질적 배후 주동자임을 짐작하게 하는 증거라 하겠다.

김범수는 경성에서의 준비 상황을 설명하며 3월 1일 시위와 더불어 3월 5일 경성 학생들 중심의 2차 대규모가 시위가 준비되어 있음을 알려주었다. 김범수는 최흥종과 김복현 등에게 광주의 시위를 김태열 등 신문잡지종람소 회원과 함께 추진하면 좋겠다고 방향을 제시한 것으로 보인다. 이는 김복현이 광주에 내려오자마자 신문잡지종람소 회원들을 먼저 만났다고 하는 데서 짐작할 수 있다.[28] 광주 3·1운동의 사실상의 지휘부 역할을 김범수가 하였음이 자연스럽게 드러난다.

3월 5일 경성에서 경성의학전문학교를 비롯하여 여러 학교의 학생들이 3월 1일 시위와 별도로 대규모 시위를 조직적으로 전개하였다. 이 시위를 살피러 나갔던 최흥종 장로는 그만 시위 열기에 흥분하여 남대문 역전에서 인력거 위에 올라가 '신조선신문'이라는 유인물 수십 부를 나누어주며 '민족자결주의'에 대해 연설을 하였다. 그리고 대한문 앞 인력거 위에서 '조선독립'이라고 쓰인 깃발을 높이

---

28) 『광주시사』에는 "최흥종 장로와 김철(복현) 씨도 즉시 상경하여 담양 출신으로 일본 유학생이었던 국기열 씨의 주선으로 청량리 근처의 산기슭에서 광주 출신 유학생 김범수 등 여러 청년들과 만나 3·1운동 광주거사를 협의한 끝에 최흥종 장로와 김철 씨가 책임을 맡기로 했다."고 되어 있다(55쪽). 시사의 이 기록은 최한영의 진술을 통해 이루어진 것이다. 최한영의 진술은 수십 년이 지나고 본인의 관점에서 이루어진 것이기 때문에 사실관계를 살피며 이해하는 것이 필요하다. 그렇다 하더라도 그의 진술의 맥락을 통해 당시 사정을 유추해낼 수 있다. 분명한 것은, 광주 3·1운동의 전개 과정에 김범수가 깊숙이 개입되어 있다는 사실이다.

흔들며 시위를 선동하다 체포되어 종로경찰서로 연행되었다.[29] 시위 열기에 흥분한 최흥종은 광주 시위를 성공리에 치러야 한다는 책무를 수행하지 못한 채 구속되고 말았다.

경성부 봉래정 신행여관에 투숙 중이던 김복현은[30] 3월 5일 최흥종 장로가 체포된 것을 확인하고서 3월 6일 광주로 내려왔다. 이때 그는 손병희 등 33명이 서명한 독립선언서와 '경고 우리 2천만 동포'라는 제목의 격문, 최팔용 등 11인이 서명한 2·8독립선언서, 조선의 독립을 노래한 독립가, 2·8독립선언서의 요지를 관철하기 위해 일본의회와 일본 정부에 대해 조선민족대회를 소집하고 그 결의로써 우리 민족의 운명을 결정할 기회를 줄 것을 청원하는 국민대소집의 인쇄물 등 다섯 종 인쇄물을 휴대하고 내려왔다.

울부짖는 무등산과 광주 3·1운동
:

경성에서 내려온 6일, 김복현은 김강을 만났다. 김강은 김복현과 같은 양림교회 교우이자 가까운 친구로, 김복현의 결혼식에 최흥종과 김강이 함께 참석하여 사진을 찍을 정도로 막역한 관계였다. 김복현은 김강에게 경성의 시위 상황과 최흥종 장로의 체포 사실을 알리며 광주에서의 시위를 빨리 진행하자고 하였다.

김복현은 나주 출신이기에 광주의 사정에 밝지 못해 주요한 연락

---

29) 판결문(경성성지방법원 대정 8년 형공 제941호).

30) 판결문(대정 8년 형 제403, 737호).

은 김강이 맡았다. 김철이 경성에서 내려온 6일 밤 김강의 연락을 받고 효천면 양림리 즉 지금의 양림동 남궁혁 집에 여러 사람이 모였다. 남궁혁은 당시 평양장로회 신학교 학생이었다. 남궁혁 집을 모임 장소로 정한 것은 사람들의 시선을 피하기에 유리하였기 때문이다. 그러나 남궁혁이 후에 재판 과정에서 무죄 판결을 받았는데, 이는 그가 평양장로회 신학생으로 평양에 있어 그날 모임에 참석하지 않았기 때문이 아닌가 추측된다.

3월 6일 밤 첫 모임에 김강을 비롯하여 김철, 최병준, 송흥진, 최정두, 한길상, 김용규, 김태열, 강석봉, 손인식 등 10명이 참석하였다. 이 가운데 김철, 김강, 최병준, 강석봉, 한길상, 최정두, 김태열은 양림교회 교인이었다. 김태열, 한길상, 김용규, 강석봉은 삼합양조회 회원 곧 신문잡지종람소 회원이었다. 최병준과 손인식은 숭일학교 교사였다. 광주보통학교 교사인 김태열은 김용규, 강석봉과 광주보통학교 선후배 사이였다. 6일 밤 회동한 사람들은 학교 선후배, 교회 신도, 신문잡지종람소 회원 등으로 관계들이 서로 겹치고 있었다. 이른 시일 내에 조직적인 거사가 가능했던 중요한 까닭이라 하겠다.

그런데 이 모임에서 주목되는 점은 김태열과 최정두가 포함되어 있다는 점이다. 이들은 2월 5일, 6일 양일간에 걸쳐 김범수와 함께 장성 김기형 집에서 2·8 독립선언서를 5,700매나 인쇄했던 인물들이다. 경성의 중앙학교 재학생 최정두는 경성에서 유학 생활하며 김범수와 자주 어울렸던 사이로, 김범수 집에서 정광호를 만나 장성으로 등사기를 운반한 인물이다. 그리고 장성에서 인쇄된 유인물을 정광호와 함께 경성으로 가지고 올라갔다. 광주 시위 준비에 처음부터 참여한 셈이다.

김태열은 김범수와 같은 광주보통학교 친구 사이로, 김범수의 소개로 장성의 김기형 집에서 독립선언서를 인쇄하는 데 참여하였고, 유인물 5500통을 광주로 가져와 김범수의 동생 언수 집에 숨겨놓고 김범수와 연락을 하며 시위 기회를 엿보고 있었다.[31]

최정두와 김태열은 모두 김범수를 중심으로 이미 2월 초부터 독립 만세 운동을 실질적으로 준비한 인물이었다. 이들이 3월 6일 밤 처음 있었던 광주 시위 모임에 참여하였다는 것은 김범수를 중심으로 준비되었던 시위 계획이 구체적인 실행 단계에 들어섰음을 말해 준다.

6일 저녁 10인 모임에서 김복현은 3·1독립선언서 등 경성에서 가져온 유인물을 보여주며 구체적인 계획을 논의하였다. 이 자리에서 참석자들은 다음과 같은 결정을 하였다. 시위는 이틀 후인 8일 광주 큰 장날을 이용하여 전개하자고 결의하였다.[32] 인쇄는 신문잡

---

31) 판결문(대정 8년 형 제558, 910호) 그런데 최한영은 그가 장성 박일구의 처 가에서 인쇄하였다고 증언하였으나 사실과 다르다(『3·1독립운동실록』, 1985, 511쪽의 최한영 진술).

32) 1919년 3월 10일 광주시위의 준비 과정 및 전개 과정에 대해서는 당시 시위 주동자 및 가담자에 대한 다음의 판결문을 참고하였다.

　① 광주지방법원 대정 8년 형 제558, 910호 김복현외 21인(대정 8년 6월 16일)

　② 대구복심법원 대정 8년 형 제403 737호 김복현 외 15인(대정 8년 9월 15일)

　③ 고등법원 대정 8년 형 제980호 김복현·서정희(대정 8년 10월 20일)

지종람소 회원들이 맡고, 인쇄용지는 강석봉이 구매하여 조달하기로 하는 등 역할을 나누었다. 그래서 대지주 아들이었던 강석봉은 다음 날 아침부터 광주 시내의 조창상점·대강상점 등 지물상을 전부 돌아다니며 용지 1만 장을 3천 원에 사들여 한길상에게 전달하여 인쇄 작업에 차질이 빚어지지 않도록 하였다.[33] 최병준과 손인식은 숭일학교, 김태열은 광주보통학교 학생을 시위 당일 동원하는 일을 맡았다.

시위를 준비하는 데 가장 중요한 일은 독립선언서 등 유인물 인쇄 작업이었다. 이미 경성에서 3월 1일과 5일 대규모 시위가 있었고 시위 열기가 전국으로 전파되는 상황에서 일본 경찰의 감시는 한층 강화되고 있었다. 이때 들키지 않고 다량의 유인물을 인쇄한다는 것은 정말 위험하고 힘든 일이었다. 당시 그들이 가지고 있는 등사기는 경성에서 가져와 김기형의 집에서 2·8독립선언서를 인쇄하고 김언수 집에 보관되어 있던 한 대뿐이었다.[34] 등사기 한 대를

위 판결문을 유기적으로 엮으면 당시의 상황이 상당히 구체적으로 복원되고 있다. 그동안 3월 10일 시위에 대한 일반적인 이해는 판결문보다 시위에 참여한 몇몇 인사들의 증언에 의한 경우가 많았다. 판결문도 위의 세 판결문을 함께 분석하지 않고 각각의 판결문만 가지고 하다 보니 전체 윤곽을 그리는 데 한계가 적지 않았다.
3월 10일 광주 시위를 서술하는 데 있어 판결문을 이용하였던 경우는, 딱히 각주를 달 필요성이 없으면 생략하겠다.

33) 판결문(대정 8년 형 제558, 910호).

34) 판결문에 보면 최정두 소유 등사기라고 하는 부분이 있다(판결문, 대정 8년 제403. 737호). 이 설명은 매우 의미가 있는데, 최정두가 소유하였다는 인쇄기는 최정두가 경성에서 가지고 내려와 장성 김기형 집에서 2·8독립선언서를 인쇄하는 데 사용된 인쇄기가 분명하다. 그 역사적인 인쇄기는 김범수

가지고 유인물 1만 장을 인쇄하기는 사실상 불가능하였다.

이때 송홍진이 숭일학교 인쇄기를 추가로 이용하자고 제안하여 숭일학교 교사 손인식이 학교에서 몰래 등사기를 가져왔다. 손인식 선생이 인쇄기를 가져오지 않았다면 8천 명 넘게 참여한 3월 10일 시위에 필요한 유인물을 제작할 수 없었을 것이다. 이 점에서 손 교사의 공이 크다는 점을 분명히 하고 싶다. 송홍진이 등사기를 가지러 손인식과 함께 학교에 갔기 때문에 일부에서는 숭일학교 교사라고 오인하기도 한다. 그러나 그는 판결문에 농업으로 직업이 나와 있어 숭일학교 교사라고 단정하기에는 무리가 있다.[35]

인쇄는 두 곳에서 진행되었다. 숭일학교에서 가져온 등사기는 남궁혁의 집에서 사용되었고, 김언수 집에 보관되어 있던 등사기로 7일 독립가, 구한국 국기 등을 인쇄하였다.[36] 김언수 집은 광주지방법원 맞은편 골목 안에 있어 시위 지도부가 담대한 결정을 하였으나 아무래도 일본 관헌의 감시망에 걸릴 염려가 있어 8일 향사리 최한영 집으로 등사기를 옮겼다. 그의 집은 현 사동 KBC 뒤로 시내에서 떨어져 있었다. 이곳에서 8일부터 9일 밤늦게까지 최한영, 김용

가 경성에서 구입하였다. 김태열이 김언수 집에 보관하여 놓은 인쇄기를 3월 7일 저녁에 태극기 등을 제작하는 데 사용하다 시내에 위치하여 일본 경찰에 노출될까 염려하여 3월 8일 최한영 집으로 옮겨 광주시위에 필요한 유인물을 인쇄하는 데에 사용한 것이다.

35) 판결문(대정 8년 제558, 910호).

36) 3월 6일 처음 모였을 때 인쇄는 김언수 집에서 하기로 하였다고 판결문에 나와 있다(대정 8년 제558, 910호). 그러나 최한영은 그의 집에서 태극기 등을 인쇄하기로 하였다고 증언하였다(『3·1독립운동실록』, 1985, 512쪽의 최한영 진술).

규, 최정두, 범윤두, 김종삼, 한길상 등이 방문을 이불로 가려놓고 밤낮을 가리지 않고 인쇄를 하였다.[37] 남궁혁과 최한영 집 등에서 인쇄된 유인물은 8,000여 장에 달한다.

이때 인쇄된 유인물 가운데 애국가를 소개하면 다음과 같다.[38]

1. 알루의 물(압록강) 홍안의 뫼(흥안령) 발해에 달해/

   길이길이 발 뻗은 그때 그리움/

   우리 속에 흐르는 피 나름이요./

   그 손발 물림이 내 것이로다.

   (후렴) 길 나도다. 빛나도다. 뛰고 굳거라./

   앞바람에 넓음이 내 것이로다.

2. 억천만 년 변함없이 새 목숨 품고/

   범 눈인 듯 흘긴 지 얼마나 오랜가./

   새겨 먹고 잘 새겨라. 풀밤이나마.

   몸부림할 새벽 이것이로다.

한편 3월 8일 큰 장에서의 거사 진행 상황을 점검하기 위해 3월 7일 지도부가 서정희 집에 모였다. 서정희, 김강, 김태열, 범윤두

---

37) 최한영의 집으로 옮겨 인쇄한 시점을 3월 9일이라 한 판결문(대정 8년 제 558, 910호)과 3월 8일부터 9일까지 이틀간 인쇄를 하였다는 판결문(대정 8년 403, 737호)이 있다. 그러니까 김언수 집에서 하루, 또는 이틀 인쇄를 한 셈인데, 전체적인 상황으로 보면 3월 8일 최한영의 집으로 옮겼을 가능성이 더 크다.

38) 『신동아』 최한영 회고록(1966년 3월호).

등 13명이 독립선언서 인쇄 상황을 확인하고 배포 책임자 등을 다시 결정하였다. 그러나 독립선언서 인쇄가 7일 밤 안으로 마무리하는 것이 도저히 불가능함을 깨닫고 3월 8일 큰 장에서의 시위를 연기하기로 하였다.

3월 9일 이기호 집에 김복현, 김강, 서정희, 송흥진 등이 다시 모였는데, 이곳에서 인쇄물이 그날 밤 안으로 마무리된다는 이야기를 듣고 10일 오후 3시 30분 큰 장터[39]에서 시위를 전개하기로 하였다. 그러니까 작은 장날 큰 장터에서 만세시위를 하기로 한 것이다.

이들은 구체적으로 시위 전개 방법을 논의하였다. 김강과 최병준은 숭일학교를, 한길상은 농업학교 및 누문리 일대를, 김종삼은 동문통 및 작은 시장, 김용규는 서문 및 남문 밖, 최한영은 큰 시장 및 광주교 부근에서 독립선언서를 배포하고 일반 시민들에게 운동 참가를 권유하기로 하였다.

이때 이들이 준비한 유인물은 7일부터 9일 사이에 인쇄된 기미독립선언서와 '경고 아 2천만 동포'라는 격문, 애국가 및 독립가, 그리고 2월 5일, 6일 장성 김기형 집에서 인쇄된 2·8독립선언서

---

39) 당시 광주의 시장은 대소(大小) 2개소로 나누어져 있었다. 큰(大)장은 광주교 하류 하천가에서 '구력(舊曆) 2'의 날에 3회 열렸다. 작은(小)장은 부동정 밖 하천가에서 '구력(舊曆) 7'의 날에 3회 열렸다. 큰 장의 규모가 작은 장보다 10여 배 정도 컸다. 두 시장에서 가장 많이 거래되었던 품목은 미곡류였다(『광주시사』, 1980, 187쪽). 이렇게 큰 장, 작은 장으로 나누어 있던 광주 천변의 시장은 1928년 광주천변의 물길을 바로 잡고 둑을 쌓는 하천 정비 사업을 하며 큰 장인 공수방장과 작은 장인 부동방장을 합쳐 구태평극장 앞 광주천 건너편 사동의 매립지에 사정시장을 개설하였다(박선홍, 『광주 1백년』, 1994, 173쪽).

5,500장 등이었다. 2·8독립선언서는 숭일학교 학생들과 일반 시민들에게 주로 배포되었다.

동료인 손인식 교사를 모임에 소개하는 등 김복현과 함께 시위 준비의 중요 역할을 담당한 숭일학교 최병준 교사는 김강과 함께 독립선언서 1천 매와 김태열로부터 받은 2·8독립선언서를 숭일학교로 가지고 가서 보통과·고등과 학년 대표인 정두범, 김성민, 김철주 등을 시켜 학생 1인당 20매씩 나누어 주도록 하였다. 최병준은 학생들과 함께 선언서, 포고문, 독립가, 태극기 등을 동문, 남문, 서문 거리에서 시민들에게 나누어 주고 만세를 선창하는 등 학생·시민들의 시위를 이끌었다. 참가인원 수천 명이 넘는 대규모 시위로 발전하는 데 결정적 역할을 최 교사가 한 셈이다. 그가 당시 김범수, 김복현 등 주동자급들이 받은 최고형인 징역 3년형을 받은 것은 이 때문이다.

최병준과 함께 유인물을 학교에 가져간 김강을 일부에서는 숭일학교 교사로 설명하기도 하나 판결문에 농업으로 나와 있어 사실로 받아들이기 어렵다. 한편 김강은 수피아학교 교사 박애순에게 독립선언서 50매를 나누어 주며 독립운동 개시 시각을 알려 주었다. 이미 신문에 보도된 파리강화회의 내용을 학생들에게 소개하며 독립의지를 높이는데 앞장섰던 박애순은 전달받은 유인물을 학생들에게 나누어 주며 시위 참여를 독려하였다.

그런데 수피아여학교 학생들은 이미 3월 7, 8일 무렵부터 수피아 홀 지하에서 박영자, 홍순남, 최경애, 양태원 등이 중심이 되어 교복 치마를 잘라 구 대한국기를 제작하고 있었다. 광주 수피아여

광주 작은 장터(1920년대, 광주역사민속박물관 사진제공)

자고등학교에는 지금도 구한국기를 제작한 수피아홀이 보존되어 그날의 역사를 알려주고 있다. 이처럼 사전에 수피아여학교 학생들이 주도적으로 만세 운동을 준비하고 있었기에 시위 참여가 조직적으로 이루어질 수 있었다.

역사적인 1919년 3월 10일 오후 3시 30분. 수백의 군중들이 큰 장터에서 모여 김복현, 김강, 서정희의 선창에 따라 조선독립만세를 외치며 시위를 시작하였다. 이들은 옛 대한국기(태극기)를 흔들며 작은 장터를 향해 출발하였다. 양림리 방면에서는 숭일학교 학생 100여 명과 수피아여학교 학생 30여 명이 달려오고 있었다. 이렇게 해서 작은 장터에는 순식간에 수천의 인파가 몰려들었다. 이들이 외치는 만세 소리는 광주천에 흐르는 물을 용솟음치게 하였고, 무등산에 메아리쳤다.

작은 장터를 출발한 시위대는 서문통을 지나 본정통으로 좌회전한 후 충장로 4가에서 광주농교 학생 등 군중과 합세하였다. 그리고 다시 충장로를 따라 우체국 앞으로 되돌아온 후 광주경찰서로 행진하였다.

광주 큰장(1910년대, 광주역사민속박물관 사진 제공)

이때 시위대를 진압하기 위해 경찰들이 출동하였으나 처음에는 당황하여 시위대를 따라올 따름이었다. 그러다 시위대가 우체국 앞에 이르렀을 때 기마 헌병대가 출동하여 선두에 선 주동자들을 체포하기 시작하였다. 시위대는 해산하기는커녕 인근의 광주경찰서로 몰려들며 자신을 먼저 체포하라는 구호를 외치며 물러서지 않았다. 이때 수피아여학교 윤형숙은 일본 헌병이 휘두르는 칼에 팔이 잘리는 중상을 입었지만 흔들림 없이 더욱 맹렬한 기세로 달려들었다. 이를 본 시위대도 더욱 격렬한 기세로 앞으로 나섰다. 여수 출신 윤형숙은 재판정에서 재판장이 이름을 묻자 '윤혈녀'라고 대답하였다고 판결문에 나와 있다.

조직적으로 실행된 광주 3·1운동

:

3월 10일 광주시위가 청년 학생들이 조직적으로 준비하여 대규모 군중이 참여하는 뜨거운 시위로 발전할 수 있었던 데는 김범수의 용의주도한 역할이 크게 작용하였다. 2월 초부터 거의 1개월 동안 광주와 경성의 시위 주체 간의 연결 고리를 하며 광주시위의 구심점 역할을 했다. 김태열을 중심으로 잘 조직된 신문잡지종람소 회원들은 시위 핵심 인물이 되었고, 경성에서 김범수가 사들인 인쇄기는 광주시위에 필요한 유인물 제작에 이용되었고, 김범수의 동생 언수 집이 인쇄 장소로 제공되었다. 이는 광주 3·1운동에 김범수가 깊이 개입되어 있음을 알려준다. 그를 위대한 독립운동가라고 평가해도 좋을 것이다.

일제 강점기 광주시민들은, 광주를 자발적으로 '제2수도'라고 부를 정도로 자존심이 강하였다. 이것은 이미 3월 10일 크게 폭발한 광주시위 열기가 사회주의 항일운동, 신간회 활동, 광주학생독립운동 등으로 이어졌기 때문에 붙여진 호칭이라 여겨진다. 따라서 1919년 3월 10일 있었던 광주시위는 어느 지역의 만세 운동과 비교될 수 없는 대규모 시위였다. 이러한 광주시민들의 내면에 흐르는 항일의 에너지는 3월 6일 밤부터 불과 3, 4일 짧은 기간 준비하였음에도 불구하고 광주시민의 힘을 총동원하는 대규모 시위를 엮어 낸 것이다. 표면상으로는 준비 기간이 3, 4일에 불과하였지만, 광주시위는 2월 2일 경성에서 정광호와 김범수가 만나고, 2월 5일 장성에서 2·8독립선언서가 인쇄되면서 시작된 것이니 거의 한 달 넘게 준비되었다고 하겠다.

3월 10일 이후에도 광주에서 시위 열기는 뜨겁게 타오르고 있었다. 이때도 김범수 등이 경성에서 가지고 온 등사기가 역할을 하고 있었다. 다음의 판결문을 보도록 하자.

> "피고 박경주는 범윤두와 김용규, 김태열의 부추김을 받고 3월 17일,
> 18일 양일간 송정면 선암리 피고 박경주 집에서 등사판을 사용하여
> 독립선언서 1500통과 독립가 500매를 인쇄하였다."[40]

3월 10일 시위를 성공리에 이끈 김태열은 광주의 새로운 중심지로 떠오른 송정면에서 대규모 시위를 계획하였다. 그는 송정리에서 박경주를 만나 시위 열기를 확산시키자고 하였다. 박경주는 3월 16일 그가 구입한 백지 6천 장을 가지고 송정면 선암리 그의 집에서 독립선언서를 인쇄하였는데, 이때 사용된 등사기가 "최정두가 가져온 것이다"라고 판결문에 나와 있는 것으로 보아, 김범수 등이 경성에서 가져온 것이 분명하다. 김기형 집에서 2·8독립선언서를, 그리고 김언수·최한영 집에서 3·1독립선언서 등을 인쇄하는 데 사용되었던 등사기를 이용하여[41] 박경주, 범윤두, 김용구 등은 독립선언서 1,500통, 경고문 1,500장, 독립가 500장을 인쇄하였다.

이렇게 송정면에서 전개된 대규모 시위에 김범수가 구입한 등사기가 중요한 역할을 하였음을 알 수 있다. 물론 그 중심에는 김태열이 있었다. 송정면 시위의 보이지 않는 배후 인물 역시 김범수가 아닐까 하는 생각이 드는 것도 큰 잘못은 아닐 것이다.

---

40) 판결문(대정 8년 형 제558·910호).

41) 판결문(대정 8년 형 제403·737호).

김범수가 광주시위에 있어 중요한 역할을 하였다고 하는 것은 그가 받은 형량에서도 알 수 있다. 3월 10일 광주 시위와 관련하여 구속된 사람은 103명이다. 판결문을 보면 김복현 외 21인, 박애순 외 76인, 황상호 외 2인, 그리고 광주보통학교 학생 최영섭 1인으로 구분되어 있다. 이들 판결문을 분석하면 김복현 외 21인은 주동자급, 박애순 외 26인은 시위 적극 가담자, 황상호는 조선독립광주신문 발행, 최영섭은 3월 10일 광주시위와 별건이다. 따라서 각 판결문은 나름대로 일정하게 성격을 구분하고 있음을 알 수 있다.

주동자급인 김범수와 김복현 등 22명은 광주 3·1운동을 모의하고, 독립선언서와 태극기 등을 인쇄한 후 시위 군중을 이끌었던 핵심 인물이다. 이들에게 보안법과 출판법 위반이 적용되었다. 광주지방법원에서 1919년 9월 15일 결정된 형량을 살펴보면 다음과 같다.

징역 3년(14명): 김복현, 김 강, 최병준, 한길상, 김종삼, 최한영, 김
　　　　　　　　용규, 김범수, 박일구, 최정두, 김태열, 정광호, 범
　　　　　　　　윤두, 박경주
징역 2년(3명): 서정희, 송흥진, 김기형
징역 1년 6월(2명): 손인식, 강석봉
무죄(3명): 남궁혁, 이기호, 최기순

이 판결에 대하여 김복현, 김 강, 최병준, 최한영, 한길상, 김종삼, 김범수, 박일구, 최정두, 김태열, 서정희, 송흥진, 박경주, 김기형, 손인식, 강석봉 등 16인은 대구 복심법원에 항소하였다. 그러

나 박경주 징역 2년, 김기형 징역 1년 6월, 강석봉 징역 1년 등으로 각 6월이 감형되었을 뿐 나머지는 광주지방법원 형량이 그대로 적용되었다.

대구 복심법원에 항소하지 않은 사람은 당시 피신하여 궐석 재판으로 3년을 선고받은 김용규, 정광호, 범윤두와 무죄를 선고받은 남궁혁이다.

그런데 위 형량을 받은 사람들 가운데 1920년 3년형을 받은 한길상, 최한영, 최병준, 김 강, 김태열, 최정두, 박일구, 김범수, 김종삼 등은 징역 1년 6월로, 1년 6월을 받은 손인식, 김기형은 9월로, 2년을 받은 송흥진은 1년으로 각각 감형되어 출소하였다.[42] 이

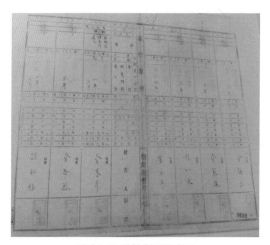

김범수 등 감형 형집행 원부

42) 대구복심법원 형집행원부(1919-829호, 0698~0699쪽). 여기에 보면 대정 9년 즉, 1920년 9월 ○일 감형처분이 내려졌다. 유감스럽게도 감형을 확인한 도장인주가 희미하여 날짜를 분명히 하지 못하였다.

들이 감형을 받은 것은 문화정책을 폈던 일제의 회유책에서 비롯된 것이다. 그런데 여태껏 광주 3·1운동을 다룬 적지 않은 자료들을 보면 이들이 감형을 받은 사실을 모르고 있다. 이 기회를 통해 바로 잡아야 한다.

한편 당시 시위로 재판을 받은 103명을 판결문에 나와 있는 직업 별로 구분하면 학생이 53명으로 가장 많다. 이를 학교별로 살펴보면 숭일학교 24명, 수피아여학교 20명, 농업학교 6명, 보통학교 1명이다. 전문학교 이상 학생은 2명이 있다. 경성의학전문학교 재학생 김범수와 일본 메이지대 유학생 정광호가 그들이다. 정광호는 2·8독립선언의 열기를 국내와 연결 지으려 하였으며, 김범수는 정광호와 더불어 이를 구체적으로 실천하여 광주 3·1운동이 성공적으로 일어나는 데 결정적 역할을 하였다.

경성 3·1운동을 이끈 경성의전 의학도

:

3·1운동 당시 김범수가 재학하였던 경성의학전문학교 학생들이 경성의 3·1운동을 이끌었다.[43] 이를 살핌으로써 3·1운동과 관련된 김범수 독립운동이 지니는 의미를 새롭게 조명할 수 있으리라 믿는다.

당시 경성에 있는 의학전문학교로는 기독교 계통인 세브란스의

---

43) 앞서 인용한 김상태의 다음의 글이 많은 도움이 되었다(「경성의학전문학교 학생들의 3·1운동 참여양상」, 『의학도, 3·1운동의 선두에 서다』, 허원북스, 2019).

학전문학교와 조선총독부에서 세운 경성의학전문학교가 있었다. 두 학교 가운데 어느 학교가 더 많이 3·1운동에 참여하였을까? 흔히 3·1운동에 기독교계의 역할이 있다고 알고 있어 세브란스 의전 학생들이 많이 참여하였을 것이라고 여기기 쉽다. 그러나 총독부에서 설립한 경성의학전문학교 학생들이 세브란스 의전보다 비교되지 않을 정도로 훨씬 많이 3·1운동에 참여하였다고 한다면 일반 대중들은 적잖이 놀랄 것이다.

3월 1일 서울의 1차 시위에 참여한 경성의학전문학교 학생은 적어도 28명 이상이었다. 특히 김탁원은 파고다 공원 앞에서, 김형기는 종로 '십자가'에서, 최경하는 동아연초회사 앞에서 시위대를 이끌었다. 이익종은 창덕궁 ~ 종로 지역에서 시위를 선도했으며, 군중 앞에서 연설을 통해 독립의 정당성을 강조했다.[44] 이렇게 3월 1일 첫날 경성시위 때 경성의학전문학교 학생들이 시위의 전면에 나서고 있었다.

3월 5일 경성의 학생들이 주도한 2차 시위 역시 장세구, 이강, 이형원, 전진극, 김창식 등 경성의학전문학교 학생들이 시위를 이끌었다. 장세구는 김범수와 동기생으로 뒤에 같이 복학하여 졸업한 인물이다. 서울의 1차, 2차 시위는 대대적인 등교 거부, 지방 학생들의 궐기 의지 제고, 농민, 상인, 노동자계층의 시위 참여 등을 촉발함으로써 3·1운동이 전국으로 확산하는 데 영향을 끼쳤다.[45]

44) 김상태, 위의 논문, 122~126쪽.
45) 김상태, 위의 논문, 127~129쪽.

1919년 3~4월 시위 현장이나 하숙집 등에서 체포된 경성의학전문학교 학생은 40명이 훨씬 넘었고, 8월 예심 종결과 함께 32명이 공식 공판에 회부 되었다. 3·1운동이 일어나기 1년 전인 1918년 경성의학전문학교에 다니던 조선인 학생 수는 208명이었다. 이 가운데 재판에 넘겨진 사람이 32명으로 무려 15.4%나 차지하고 있다.[46] 이 통계는 경성에서 있었던 3월 초의 시위에 참여하다 재판에 넘겨진 학생들만을 다룬 것이다. 김범수처럼 지방 시위와 관련하여 재판에 넘겨진 사람들은 제외되어 있어 실제는 이보다 더 많았을 것이다. 이들 명단을 통해 3·1운동에 참여한 경성의학전문학교 학생들의 구체적인 실상을 이해할 수 있다. 당시 2학년 재학생인 김범수의 모습도 쉽게 상상이 된다.

재판에 넘겨진 경성의학전문학교 학생(32명)[47]

성명	본적	생몰 연대	당시 연령	3·1운동 당시 학년	졸업 연도
김형기	경남 양산	1896~1950	24	4학년	1921
김탁원	경북 대구	1898~1940	22	4학년	1921
최경하	함남 문천	1894~1989	26	4학년	1921
김중익	평북 강계	1896~미상	24	4학년	1920
송영찬	황해 안악	1898~1966	22	4학년	1920
이규준	함남 장진	1890~미상	30	4학년	1920
허영조	경남 부산	1897~1929	23	4학년	1920
강학용	평북 정주	1893~미상	27	3학년	1921

46) 판결문(대정 8년 형 제941호).

47) 김상태, 위의 논문, 136~137쪽의 〈표 3〉공식 공판 회부자 중 경성의학전문학교 학생 32명 명단〉 인용.

성명	본적	생몰 연대	당시 연령	3·1운동 당시 학년	졸업 연도
김영진	경기 수원	1893~미상	27	3학년	1921
백인제	평북 정주	1898~미상	22	3학년	1921
허익원	평북 용천	1896~미상	24	3학년	1921
이익종	경기 진위	1898~1950	22	2학년	중퇴
나창헌	평북 회천	1896~1936	24	2학년	중퇴
김양수	평남 평원	1900~미상	20	2학년	중퇴
장세구	경기 김포	1898~1931	22	2학년	1923
이강	함남 북청	1900~미상	20	2학년	1923
채정흠	함북 경원	1892~미상	28	2학년	1922
한병만	함남 함흥	1898~미상	22	2학년	1922
함태홍	함남 함흥	1893~1929	27	2학년	1922
길영희	평북 회천	1900~1984	20	1학년	중퇴
김병조	평남 대동	1899~미상	21	1학년	중퇴
김종하	함남 함흥	1900~미상	20	1학년	1924
김창식	평남 순천	1896~1970	24	1학년	1923
명용천	평북 철산	1902~1931	18	1학년	1923
명태영	함남 정평	1895~미상	25	1학년	중퇴
유완영	평남 평원	1899~미상	21	1학년	1923
이형원	함남 북청	1899~1969	21	1학년	1924
전진극	함남 북청	1893~미상	27	1학년	1923
정인철	황해 재령	1899~미상	21	1학년	중퇴
현창연	함남 함흥	1900~미상	20	1학년	1923
황용주	경남 동래	1898~미상	22	1학년	중퇴
함병승	경기 경성	1896~미상	24	1학년	1922

　재판에 넘겨진 인물들의 연령이 눈에 들어온다. 20대 초반 이상
이 많다. 김범수는 당시 20세로 가장 어린 축에 속하였다. 말하자
면 김범수가 학교를 중퇴하고 독학으로 입학하였을 가능성을 알려
준다. 재판에 넘겨진 경성의학전문학교 학생 32명 중에 평안도와

함경도 출신 학생이 유난히 많음을 알 수 있다. 앞서 언급한 바처럼 평안도와 함경도 출신이 재학생의 대부분을 차지하였지만, 독립 만세 운동 관련 수감자 수도 이들 지역 출신이 많은 수를 차지하였다. 그런데 경성 낙원동 159번지의 같은 집에서 함흥 출신 함태홍(2년), 김종하(1년), 현창연(1년)이 함께 하숙하고 있었다. 2월 28일 밤 경성의학전문학교 학생대표 한위건이 하숙집으로 찾아와 3월 1일 시위 소식을 전하였다. 이에 같은 집에서 하숙하던 학생들이 모두 시위에 참여하게 되었다. 경성의학전문학교 주변의 '하숙 네트워크'가 경성의학전문학교 학생들이 3·1운동에 대폭 참여하는 기폭제가 되었다.[48]

경성의학전문학교 학생들이 시위에 참여하는 동기를 당시 심문조서 등을 통해 알 수 있다. 거기에서 윌슨이 제창한 민족자결주의가 기폭제였음을 짐작할 수 있다. 그들은 독립선언과 만세시위를 통해 조선에도 민족자결주의의 원칙이 적용될 것이라 기대했다. 아울러 일본 정부도 '이성'에 의해 조선독립을 허용할 것이라고 믿었다. 그러나 일회성 시위만으로는 독립을 얻을 수 없다는 판단 아래 주체적 역량을 길러 중장기적으로 독립운동을 준비해야 한다고 주장한 사람도 있었다.[49]

경성의학전문학교 학생들이 3·1운동에 참여하게 된 궁극적인 동기는 조선이 독립국이기를 바라는 마음에서였다. 10여 년간 이어진

48) 김상태, 위의 논문, 138쪽.

49) 김상태, 위의 논문, 142~144쪽.

일제의 민족차별과 경제적 수탈 등을 목격하면서 그들은 이러한 마음을 더욱 간절하게 가졌다. 특히 1918년 대유행한 독감으로 한국인 환자들이 일본인 환자보다 치료를 받지 못하고, 많이 사망한 것에 대한 경성의전생들의 자괴감은 매우 컸다.[50] 3·1운동 당시 경성의학전문학교 학생들이 가졌던 이러한 내면의식과 적극적인 항일운동 참여는 일제 강점기 내내 조선인의 희망을 실현하기 위해 선두에서 고민하고 행동했던 학생층의 모습 그대로였다. 아마도 김범수가 느꼈던 시대의 아픔도 이러한 모습이었을 것이다.

1919년 1월부터 경성 학생들이 독립운동을 준비하기 시작하였을 때부터 김형기, 한위건은 경성의학전문학교 학생대표로, 전문학교 대표 모임에 참여했다. 특히 2학년 재학생으로 김범수와 같은 학년인 한위건은 독립운동의 필요성 제기, 각 학교 학생대표 선정, 학생들만의 2차 시위 제안, 독립선언서 배부 등을 주도하며 학생운동진영의 최고 지도부의 일원으로 활약했다.[51] 김형기, 유상규, 한위건 등 경성의학전문학교 학년별 대표들은 학생들에게 3·1운동 계획을 전하며 시위 참여를 독려했고, 신문과 소문 등을 통해 민족자결주

---

50) 황상익, 「감염병과 국가와 인간」, 『역사와 현실』 116, 2020, 15쪽.

51) 한위건은 3·1운동 때 1선이 무너지면, 다시 시위를 일으킬 2선 대표였다. 그는 경성의학전문학교 2학년의 리더이자 경성의학전문학교 전체 학생대표로 활약하였다. 시위 당시 체포를 면한 그는 4월에 중국으로 망명을 하여 상해 대한민국 임시정부에서 활동하였다. 후에 그는 와세다대학을 졸업한 후 동아일보 기자로 활동하면서 공산주의 재건 운동을 하였다. 1929년 다시 중국으로 망명하여 항일 투쟁을 하였다(전명혁, 「철부(鐵夫)노선의 주창자, 한위건과 사회주의 운동」, 『내일을 여는 역사』 22, 2005 참조). 건국훈장 독립장이 2005년 추서되었다.

의와 해외의 독립운동을 알고 있던 학생들은 3·1운동에 참여하게 되었다.

3·1운동이 진행 중이던 1919년 5월, 경성의전 학생 정화기는 일본에서 파견된 외무성 관리에게 경성의전 조선인 학생들의 불만 사항을 다음과 같이 언급했다.[52]

"1. 일본인 학생들은 조선인 학생들을 '여보'라고 부르면서 쌀쌀맞게 대한다.

2. 학교 당국자들은 교실 안팎에서 조선인 학생들을 차별한다.

3. 해부학 교수는 조선인 학생들에게 조선인들이 생물학적 구성에서부터 일본인들보다 열등하다는 식의 얘기를 끊임없이 상기시킨다.

4. 수신시간에 일본인 교수는 조선은 일본에 병합되고 나서야 비로소 선정(善政)의 은혜를 입게 되었으며, 조선인들은 일본 천황이 막대한 액수의 돈을 투여한 데 대해 고맙게 여겨야 한다고 끊임없이 상기시킨다."

경성의학전문학교의 이와 같은 분위기는 김동익의 회고록에도 잘 나타나 있다.

"경성의학전문학교는 절반이 일본인 학생이었고, 절반이 한국인 학

52) 김상태, 앞의 논문, 145~146쪽.

생이었다. 일제가 세운 학교인 데다 교수는 모두 일본인이고 학생
수도 일본인이 반수여서 학교생활도 자연히 그들 위주였다. 우리에
대한 차별이 심했다. (중략) 우리는 그래서 더욱 열심히 공부했고 단
결이 잘 되었다. 민족정기가 대단했다. 나이나 선후배 차이 없이 호
흡이 일치했다."[53]

　　경성의학전문학교에서 조선인 학생들과 일본인 학생들 사이에
민족적 갈등은 대단히 심각했고, 그에 따라 조선인 학생들의 응집
력과 민족의식이 매우 높았음을 알 수 있다. 이런 분위기가 경성의
학전문학교의 조선인 학생들이 항일운동에 적극적으로 나설 수 있
는 중요한 동력이 되었다.

　　이러한 시대 분위기 및 학내 분위기를 김범수 역시 누구보다 잘
알고 있었다. 2월 말에 있을 학년말 시험을 앞둔 터라 마음의 여유
가 없는 상황이었지만 그에게는 민족의 독립 문제가 무엇보다 중요
하게 다가왔다. 정광호가 일본에서 가져온 2·8독립선언서를 보자
마자 조금도 망설임 없이 고향 후배 박일구, 고향 친구 김태열, 경
성에서 함께 공부한 고향 친구 최정두 등과 함께 광주에서 만세 운
동을 준비한 것이 대표적인 예라 하겠다.

　　한편 조선이 독립해야 하는 이유를 경성의학전문학교 학생들은
다음과 같이 말하고 있었다. 심문조서에 따르면 김영진은, "조선은
원래 독립국이었으므로 독립을 희망한다."라고 진술했고, 김창식은

53) 김상태, 위의 논문, 146~147쪽.

"조선은 예로부터 역사가 있는 나라이므로 독립을 하고자 한다."라고 진술했다. 전진극도 "조선은 수천 년 역사를 갖고 있어서 도저히 일본과 동화될 수 없으므로 독립을 희망한다."라고 강조했다. 이규선은 "독립국 국민이 되고 싶다."라고 간결하게 진술했고, 허익원은 "문명국은 모두 독립을 하고 있으므로, 조선도 독립을 희망한다."라고 강조했다. 함태홍은 "민족자결주의에 의해 약소민족이라 할지라도 독립이 이루어진다고 하므로, 조선도 독립하고 싶은 것이다"라고 강조했다.[54] 곧 경성의학전문학교 모든 조선인 학생들은 우리나라는 유구한 역사를 가진 독립국으로 식민국가가 될 이유가 없다는 생각을 지녔다. 이들이 한결같이 주체적인 역사의식을 지녔음을 알 수 있다.

경성의학전문학교 학생들은 식민지 조선의 현실을 총체적으로 날카롭게 지적했다. 황용주는 "일본의 조선에 대한 정치는 만족스럽지 못하다. 정신적으로 조선을 압박하고 자유를 제한하고 있다"고 비판했다. 김탁원도 "총독부의 정치는 참정권도 없고, 언론 집회 결사의 자유도 인정하고 있지 않으며, 학교 교육도 일본인보다 낮은 수준의 교육을 하고 있다"고 비판했다.[55]

이강은 경제 문제를 포함하여 포괄적으로 일제의 식민통치를 다음과 같이 비판했다.

---

54) 김상태, 위의 논문, 147쪽.

55) 김상태, 위의 논문, 148~149쪽.

"민족이 스스로 나라를 다스려 가는 것을 희망하는 것은 더 말할 필요가 없는 것이다. 또 현재 조선의 상황을 보면, 교육에 관한 것에도 조선인들의 교육에 대해서는 별로 말이 없고, 산업방면도 한 예를 들면 조선의 좋은 토지는 동척회사 등이 매점을 하고 조선인은 눈물을 머금고 만주 등지로 이주를 하고 있다. 그런 점 등에 대해 불만이 있으므로 독립을 희망한다."[56)

경성의학전문학교 학생들이 3·1운동에 적극적으로 참여하게 된 직접적 계기는 윌슨의 민족자결주의와 이에 호응한 해외의 독립운동 소식이었지만, 그들이 3·1운동에 참여하게 된 궁극적인 동기는 조선이 독립국이기를 염원하는 마음과 일제의 혹독한 조선 통치에 대한 비판적 사고에 있음을 알 수 있겠다. 이러한 분위기는 김범수에게도 마찬가지였다.

김범수, 감옥에서 안재홍 만나다
:

한편 광주 3·1운동으로 대구형무소에서 수감생활을 하던 김범수는 본인의 진로와 관련된 중요한 인물을 만난다. 대구형무소에는 3·1운동과 관련하여 재판을 받은 많은 조선의 독립운동가가 투옥되어 있었다. 이 가운데 1945년 해방이 되었을 때 여운형과 함께 건국준비위원회를 조직하였던 민세 안재홍도 있었다. 건국준비위

---

56) 김상태, 위의 논문, 148~149쪽.

원회 결성 당시 여운형이 위원장, 안재홍이 부위원장을 맡았었다.

안재홍은 1919년 4월 12일 상해에서 조직된 대한민국임시 정부의 지령에 따라 경성에서 청년들을 규합하여 조직한 대한민국청년외교단이라는 비밀 결사체의 총무로 활동하였다. 이 조직을 배달청년단이라고 명칭을 바꾸고 전국적인 조직으로 확대 개편하려다 1919년 11월 체포되어[57] 대구지방법원

안재홍(1927, 민세안재홍선생 기념사업회 사진제공)

에서 1920년 6월 29일 징역 3년형이 확정되어 대구형무소에서 수감생활을 하였다.[58] 이때 안재홍 나이 30세였다.

일본 와세다 대학 정경학부를 나온 안재홍은 수감생활을 하는 과정에서 경성의학전문학교 출신으로 2·8독립선언서를 인쇄하고, 나아가 광주 3·1운동 주역이 수감 중이라는 사실을 알았다.[59] 안재홍

---

57) 「청년외교단원 검거에 관한 건」(대정 8년 12월 3일 고경 제34301호), 『조선총독부민정휘보』.

58) 『매일신보』 1920.6.30. 대구지방법원에서 6월 29일 대한청년외교단 및 대한애국부인회 결성 건으로 안재홍 외에 이병철, 조용주, 연병호, 이순이, 정낙륜, 임득산, 나창헌, 김태규, 김마리아, 황애스터, 송세호 등이 함께 3년형이 내려졌다. 김마리아는 고문으로 병이 악화되어 궐석 판결이 내려졌다. 곧 대구형무소에는 당시 조선을 대표하는 젊은 지식인들이 독립운동을 꾀하다 체포되어 수감되어 있었다.

59) 김석학 외, 『광복 30년』 1, 전남일보사, 1975, 30쪽. 이 책은 전남일보에 연

은 김범수를 형무소에서 만나 민족의 장래에 관한 많은 얘기를 나누었을 것이다. 이때 김범수는 안재홍으로부터 많은 감화를 받았던 것으로 짐작된다.[60]

신간회 나주지회 참석(1927, 민세안재홍선생 기념사업회 사진제공)

김범수가 안재홍과 옥중에서 가깝게 지냈음을 알려주는 중요한 근거가 있다. 1929년 10월 6일 조선일보 부사장으로 있던 안재홍이 광주를 방문하여 쓴 기행문이 조선일보에 실려 있다. 기행문의

재된 글을 엮은 것으로, 저자는 최근 집필자인 김석학 선생을 직접 만나 글이 나오게 된 배경, 해당 부분에 대한 증언한 이들에 대해 상세히 들을 수 있었다.

60) 1919년 11월 안재홍이 대한민국청년외교단이라는 단체를 결성하는 등 빛나는 항일 운동을 하다 체포되었을 때 이를 보도한 총독부 기관지 매일신보에서 '필경 排日의 거괴(居魁)인 안재홍이 출동'했다라고 보도하였다(『매일신보』 1919.12.19). 안재홍을 일본 경찰에서 '거괴'라고 인식하고 있음을 알 수 있었다. 이러한 사실을 김범수 역시 잘 알고 있었을 것이다.

일부를 인용하여 본다.[61]

"三年枉作獄中人 臨別猶言壯 志新 古來南地多豪傑 此去 願成春
外春 己未辛酉 겨울. 대구 그곳에서 수많은 광주의 청년들을 만기
가 되어 작별할 때 덩달아 별시(別詩)를 짓는다고 구음(口吟)으로 불
러준 졸시(拙詩)이다 내 원래 시인이 못 되었고 더구나 한시(漢詩)에
소매(素昧)한지라. 지상(紙上)으로 피로(披露)할 바 못 된다. 다만 당
시 씩씩하게 작별하든 적의(赤衣)의 동무들이 이 땅에 십수인이 넘
고 전후에 친우가 적지 않음으로 이 땅이 나에게는 언제나 친숙미
가 있다."

안재홍이 대구형무소에서 3년간(기미, 경신, 신유) 복역하고 있는
동안 먼저 출소한 광주지역 독립운동가들에게 한시를 지어주었다
는 사실을 알 수 있다. 안재홍이 예부터 전남지역에는 호걸이 많았
다 하여 이들 광주 3·1운동 영웅들을 호걸에 비유하고 있음을 살필
수 있겠다. 민세는 씩씩하게 형무소에서 이별하였던 광주 청년들이
십수인이 넘고 이 가운데 친우가 된 이가 적지 않아 광주는 언제나
친숙미가 있다고 하였다. 이렇게 볼 때 김범수 등 대구형무소에 투
옥된 광주 청년들과 안재홍이 각별하게 지냈음을 알 수 있다. 1929년
10월 6일 광주 방문했을 때도 최한영을 만나고 있음을 기행문에서
이야기하고 있다.

61) 민세안재홍기념사업회에서 자료를 제공하여주었다.

김범수는 안재홍과 교류하며 격려하며 독립운동의 길을 모색하였다고 본다. 좌·우합작단체인 신간회 창립에 안재홍은 주도적 역할을 하였다. 위 사진은 신간회 나주 지회 때 안재홍이 참석하였음을 알려준다. 안재홍은 위에서 살핀 바처럼 여러 차례 광주를 방문하였다. 김범수와 안재홍이 자주 만났을 가능성이 크다.

한편 안재홍은 1917년 조선산직장려계 회원으로 활동하다 보안법 위반으로 구속된 것을 시작으로, 앞서 언급한 배달청년단을 조직한 죄로 징역 3년, 조선일보 주필로 있으면서 공산당 사건을 다룬 기사를 게재한 혐의로 금고 4월, 이어 일본의 중국 침공을 비난하는 사설로 금고 8월, 1929년 신간회 민중대회 사건으로 기소 유예, 안재홍을 통제하기 위하여 엮은 만주 동포 구호의연금 유용혐의로 금고 8월, 1936년 난징군관학교학생사건으로 지명 수배 중인 정세호 등을 숨겨준 죄로 징역 2년, 1942년 12월 조선어학회 사건으로 경찰서에서 5개월간 유치되어 있다가 불구속 기소로 이듬해 3월 석방 등 그의 전 생애는 일제와 끈질긴 투쟁의 연속이었다.[62]

그런데 안재홍은 1931년 만주사변 후 일제의 파시즘 정치체제가 더욱 강화되고 정치 활동이 불가능해지자 정약용과 관련된 논문을 발표하며 '조선학'에 대한 관심을 강조하였다. 조선학은 안재홍과 정인보가 주창한 것으로 민족주의 역사관을 바탕에 둔 것이다. 그는 "민족으로 세계에, 세계로 민족에, 교호(交互)되고 조합되는 민족적 국제주의─국제적 민족주의를 형성"하자는 이른바 민세주의

---

62) 안재홍, 『민세안재홍선집』 4, 안재홍선집간행위원회옮김, 지식산업사, 1992 참조

를 주창하였다.[63]

해방 후에는 여운형과 좌·우
합작운동 단체인 조선건국준비
위원회를 결성하였으나 지나치
게 좌편향 중심으로 단체가 운영
되는 것에 반발한 그는 민족주의
정당인 국민당을 결성하였다. 여
운형·김규식 등이 주도한 좌우
합작운동에 우파의 대표로 참여
하였다. 그는 프롤레타리아 민주

연설하는 안재홍(1945, 민세안재홍선
생기념사업회 사진제공)

주의와 부르주아 민주주의를 모
두 극복한 신민주주의를 기반으로 한 '초계급적 통합 민족국' 건설
을 목표로 삼았다. 그의 정치 이념은 오로지 민족에만 있었다.

그런데 김범수의 길을 추적하다 보면 안재홍과 비슷한 궤적이 보
임을 알 수 있다. 의사 김범수로서, 독립운동가 김범수로서 역사에
위대한 이름을 남긴 그의 다양한 이력 형성이 수감 중에 만난 안재
홍의 사상이 영향을 미쳤음을 짐작하게 한다.

그가 오랫동안 안재홍과 교류하였다고 하는 것은 다음에서 짐작
할 수 있다.

"1945년 8월 15일 해방이 되자마자 여운형과 안재홍 등은 좌파와

63) 안재홍의 사상을 이해하는 데 다음의 글 참고. 류시현, 「해방 후 안재홍의
일제강점기에 관한 기억과 감성」, 『민족문화연구』 54, 2011.

우파를 망라한 건국준비 단체를 결성하였다. 그러자 후술하겠지만 광주에서도 8월 17일 전남건국준비위원회가 결성되었다. 광주극장에서 결성된 전남건국준비위원회는 광주 3·1운동을 추진한 최흥종 목사를 위원장, 부위원장에 김시중·강해석, 치안부장 이덕우, 재무부장 고광표, 선전부장 최인식, 조직부장 김범수, 학무부장 신순언, 산업부장 한길상, 청년부장 주봉식 등을 각각 선출하였다.

결성식을 마친 전남건국준비위원회 간부들은 곧 전라남도청으로 가서 일본인 야기 지사를 만나 행정권 이양을 요구하였다. 그러자 야기는, 나도 빨리 행정권을 물려주고 고향으로 가고 싶다. 조선총독부에서도 중앙건준을 인정하고 있다니까 여러분께서 서울에 가 중앙건준의 신임장을 받아와라. 그럼 사무인계를 하겠다고 하였다.

이에 전남건국준비위원회에서는 5명의 대표단을 상경시켜 중앙 정세를 파악하고 중앙건준의 신임장을 받아오기로 하였다. 이때 선출된 5명의 대표단은 부위원장 김시중과 강해석, 조직부장 김범수, 재무부장 고광표, 선전부장 최인식 등이었다. 김시중은 인촌 김성수의 족숙이었고. 강해석[64]은 1930년대 초 3차 공산당(ML당) 사건으로 낭산 김준연과 친했고, 김범수는 3·1운동 후 안재홍과 대구형무소에서 옥고를 함께 치른 사이이고 고광표는 동아일보 주주로 고하 송진우, 김성수 등과 가깝게 지냈고, 최인식은 조선일보 기자로 활

64) 1919년 3월 10일 광주에서 일어난 3·1운동 때 필요한 인쇄용지 1만 장을 하루 만에 구입하여 시위가 성공리에 전개하는 데 결정적 기여를 한 강석봉의 친 아우이다.

약한 바 있기 때문이다."[65]

김범수가 중앙의 건국준비위원회 부위원장 안재홍과 관계가 있어 상경 대표단이 될 수 있었다는 설명은 김범수와 안재홍이 1945년 해방 당시까지도 연락이 이어지고 있음을 알게 한다. 이는 대구형무소에서 만난 인연이 삼십 년 가까이 지속되었음을 알려주는 중요한 근거라 하겠다. 따라서 김범수의 활동에는 민세의 이념이 어떤 형태로든지 영향을 주었을 것이다.

꺾이지 않는 저항정신
:

대구형무소에서 3년형이 확정되어 복역하던 김범수는 1년 6개월이 감형되어 1920년 9월 말 출옥하였다. 그때 김범수와 함께 3년형을 받은 다른 3·1운동 주동자들도 역시 1년 6월이 감형되어 같이

대구 달성공원(박일구의 유복자 박승부 사진제공)

65) 김석학 외, 『광복 30년』 1, 전남일보사, 1975.

출옥하였다. 이때 출옥된 독립지사들이 김범수를 비롯하여 김태열, 최한영, 김기형, 최정도, 서정희, 박일구, 최병준, 김복현 등이다. 이들은 대구형무소에서 출옥 직후 대구달성 공원에서 서로의 독립 의지를 맹세하며 기념사진을 찍었다.

사진 좌측으로부터 김태열, 최한영, 김범수, 김기형, 최정두, 서 정희, 박일구, 최병준, 김복현 애국지사이다. 이들은 불과 갓 20을 넘은 젊은 청년들이었지만 나라의 독립을 되찾기 위해 온몸을 내던 졌다. 이들은 투옥 중에도 서로를 격려하며 독립 의지를 불태웠다.

무려 36년 가까운 악랄한 일제강점기 시대에 민족의 독립을 위 해 희생한 애국지사들이 셀 수 없이 많다. 안재홍처럼 감옥을 집안 드나들 듯이 한 사람도 부지기수다. 그러나 빛나는 독립운동을 하 였지만, 안타깝게도 오랜 일제강점기 동안 일제의 회유 협박을 이 겨내지 못한 채 지조를 굽히고 친일의 길을 간 사람도 적지 않다. 춘원 이광수 같은 사람이 대표적인 예이다.

이광수는 친일인명사전에서 가장 많은 분량을 차지하고 있는 인물 가운데 한사람이다.[66] 하지만 이광수는 3·1운동을 촉발한 2·8독립 선언서를 기초하여 투옥되는 등 독립운동에 앞장서다 여러 차례 투 옥된 경력이 있다. 어쩌면 우리 독립운동사를 빛낼 위대한 인물 가 운데 한사람이라도 해도 좋을 것이다. 그러나 1937년 이후 일제의 집요한 회유 협박을 이기지 못한 채 적극적인 친일의 길로 들어서 자손만대에 부끄러운 '친일파 ○○○'라는 여섯 글자를 남겨놓았

---

66) 민족문화연구소, 『친일인명사전』(2010)에 이광수는 12쪽 분량 서술되어 있다.

다.[67] 젊어서 '조선의 천재'라는 말을 들었던 위대한 지식인의 변절은 나약한 역사의식의 소산이라고 하지 않을 수 없다. 이러한 변절의 역사는 광주에서도 적지 않게 찾을 수 있다.

3월 10일 광주 3·1운동이 일어나자 '조선독립신문'이라는 신문을 발행하여 시위 사실을 크게 보도하여 광주의 시위 열기를 다른 지역으로 전파한 제중병원의 ○○○의 기여는 높이 평가되고 있다. 그러나 그는 국가보훈처의 독립운동가 공훈록에 이름을 올리지 못하고 있다. 그가 훗날 일제의 사주로 조직된 친일 기독교 단체에서 간부를 역임한 까닭이다.[68]

당시 광주보통학교 학생으로 담양 출신 ○○○은 17세의 어린 나이로 1919년 4월 7일 학교 운동장에 급우들을 모아 놓고 "내일 아침 조선 독립운동을 일으켜 만세를 외치겠으니 모두 학교에 가지 말고 자혜의원(지금 전남대병원) 앞으로 집결하라"고 선동하였다 하여 징역 1년 집행유예 2년을 선고받았다. 그는 뚜렷한 독립운동의 공적이 있음에도 독립유공자 명단에 이름을 올리지 못하였다. 그 또한 총독부 산하기관인 전매국에 근무한 이력 때문이다.[69]

저자가 일제강점기 독립운동을 한 인물들을 추적하다 보면 뜻밖에 친일의 굴레로 인해 빛나는 독립운동의 역사가 빛바랜 경우가

---

67) 박해현, 「박해현의 새로 쓰는 광주·전남 3·1운동사」, 『무등일보』 2019. 2.20, 14면.

68) 박해현, 「박해현의 새로 쓰는 광주·전남 3·1운동사」, 『무등일보』 2019. 2.20, 14면.

69) 박해현, 「박해현의 새로 쓰는 광주·전남 3·1운동사」, 『무등일보』 2019. 2.20, 14면.

많다. 물론 친일파에 대한 단죄는 엄히 하여야 한다. 그래야만 민족 정체성이 훼손되지 않는다. 그러나 친일의 굴레를 씌울 때 정말 유의해야 할 점이 있다는 것은 재론의 여지가 없다. 영암 구림 3·1운동을 이끈 핵심 인물 최민섭 같은 경우가 대표적인 예인데, 그는 당시 면사무소직원임에도 불구하고 시위를 계획하고 시위에 사용되는 유인물을 면사무소 인쇄기를 이용하여 인쇄하는 등 구림 3·1운동을 성공리에 이끌고 3년간 옥고를 치른 영웅이었다. 저자는 최민섭의 공적은 여타 독립운동가들과 견주어 높이 평가하여야 한다고 믿는다. 그는 요즘으로 말하면 현직 공무원이 시위를 주도하고 면사무소에 있는 복사기를 이용하여 시위용품을 제작한 것이나 다름없다. 실로 죽음을 각오하지 않고는 할 수 없는 일이다. 3년간 수감 생활을 하다 출옥하였다.

그런데 논란은 그가 면사무소에 재채용되어 일제의 식민지 정책에 협조하였다는 것인데 후손들은 이를 부인하고 있다. 이 문제는 앞으로 차분히 검토할 계획이지만, 시위로 투옥된 전과자를 일제가 면사무소직원으로 왜 다시 채용하였을까 하는 의문은 있다.

광주학생독립운동의 주역 이기홍도 마찬가지이다. 그가 전향서를 썼다는 한 줄의 기록 때문에 유공자 서훈을 받지 못하고 있다. 물론 이기홍 본인은 생전에 이를 인정하지 않았다. 그가 전향하였다는 단 한 줄의 내용이 유일한 전향 근거인데 당시 전후 사정을 충분히 살펴야 한다. 그가 협박 또는 심신 미약으로 한 것인지, 일제가 본인의 의지와 무관하게 그렇게 적어 놓았는지 알 수 없다.

최민섭과 이기홍은 그들의 친일 흔적이 소명되지 않는다는 이유로 독립유공자 서훈에서 제외되어 있다. 이제 국가에서 이들의 빛나는 독립운동에 대해 객관적으로 평가를 해야 한다. 그리고 친일 여부를 후손에게 맡길 것이 아니라 전문가에게 용역을 주어 정확히 판단하도록 하여야 할 것이다. 언제까지 후손들의 몫으로 남겨놓을 것인가! 후손이 똑똑하면 독립유공자가 되고, 그렇지 못하면 서훈을 받는 것이 어려운 현실을 언제까지 반복할 것인지 안타까운 마음이다. 특히 유공자를 서훈할 때 그 시대의 눈으로 살펴보아야 한다. 오늘의 시각으로 살펴버리면 역사의 진실은 변조되어 버린다.

이광수를 포함하여 광주 제중원 ○○○ 또는 담양의 ○○○처럼 독립운동을 하다 친일의 굴레에 빠져버린 경우가 뜻밖에 많다. 따라서 특정 시기·특정 지역에서 일어난 독립운동에 가담한 一群의 사람들 가운데 참여한 전원이 끝까지 변절하지 않고 독립운동의 명예를 지킨 경우를 찾기란 쉽지 않다. 그러한 점에서 광주 3·1운동의 핵심 지도부를 구성하여 징역 3년형을 받고 대구형무소에서 투옥된 사진 속의 주인공들을 주목하는 것이다.

이들 광주 3·1운동의 영웅들은 친일의 굴레와는 전혀 무관하였다. 그들은 하나같이 지조를 지키며 출옥 후에도 독립을 위해 그들의 길을 끝까지 갔다. 이 가운데 김범수와 서정희를 제외한 나머지 인물들은 모두 독립유공자 서훈을 받았다. 서정희는 을사오적을 암살하려는 계획을 수립하다 유배 갔고, 그리고 다시 3·1운동을 주도하다 투옥되었으며, 출옥 후에는 소작 농민운동에 헌신하다 한국전쟁 때 납북되었다. 그의 사회주의적 행동과 납북된 것을 둘러싼 논란 때문에 아직 서훈이 되지 않고 있다. 김범수 역시 뒤에 다시 자세히 다루겠지만, 친일파와 공산주의자 낙인, 한국전쟁 때 부역이라는 잘못 알고 있거나 확인되지 않은 사실 때문에 독립유공자 서훈에서 제외되고 있다.

저자는 이들에게 독립유공자 서훈을 해야 한다고 주장하지는 않는다. 그들이 비록 서훈에서 비켜서 있다 하여 그들의 빛나는 항일운동이 빛바랜 것은 아니다. 광주 3·1운동의 주역 9명이 조국이 해방될 때까지 26년 가까이 끝까지 조국 독립을 위해 온 몸을 던졌다는 것은 이들의 독립운동의 의지가 군건함을 보여주는 것이라 하겠다. 그 무엇으로도 보상해줄 수 없는 이들의 강건한 독립정신을 기억하는 것이 무엇보다 중요하다.

3장

3장
민족을 사랑한 경성의전 출신 의사

항일의식을 자극한 경성의전 교육과정
:

김범수는 1917년 4월 경성의학전문학교에 입학하였다. 경성의학
전문학교는 오늘날 서울대학교 의과대학 전신이다. 지금도 서울대
학교 의과대학이라 하면 전국의 수재 중의 수재들이 입학하는 우리
나라 최고 고등교육기관이다.

일제강점기에도 경성의학전문학교에 입학하기는 지금처럼 쉽지
않았던 것 같다. 김범수보다 1년 앞서 경성의학전문학교에 입학한
『압록강을 흐른다』의 저자 이미륵은 다음과 같이 언급하고 있다.

"이 학교의 입학시험엔 너무도 많은 응모자가 모여 전부터 가장 어
려운 학교로 알려져 있었다. 중학교를 좋은 성적으로 졸업한 수험
생 중의 십 분의 일이 합격하였다"[1]

---

1) 이미륵, 『압록강을 흐른다』, 130쪽.

이미륵의 글을 통해 당시 경성의전 입학이 얼마나 어려운지 살필 수 있다. 경성의학전문학교에는 중학교 또는 고등보통학교를 우수한 성적으로 졸업한 학생들이 지원하였다. 그 경쟁률이 무려 1/10 정도였으니 얼마나 치열하였는지 상상하고도 남음이 있다. 1916년에 비로소 전문학교 과정으로 의학교를 개편하여 학생들을 선발하였으니 더욱 많은 우수 인재들이 전국에서 몰렸을 것이다.

김범수가 다닐 때 경성의학전문학교 재학생은 평안도와 함경도 출신이 대부분이었다. 전남 출신은 없거나 겨우 한 명 정도였다. 김범수도 전남 출신으로 유일하였기에 경성의학전문학교에 합격하였다는 것은 큰 사건이었을 것이다. 사람들이 그를 광주의 수재라고 칭찬할 수밖에 없었을 것이다.

김범수가 다녔던 경성의학전문학교의 역사는 한국 근대 의학의 부침과 우여곡절을 고스란히 담고 있다. 경성의학전문학교의 역사를 살펴보는 것도 김범수 개인을 이해하는 데 많은 단서를 제공해 주리라 믿는다. 경성의학전문학교의 모태는 1899년 대한제국이 세운 관립 '의학교'였다. 자주적 근대 의학 도입의 결정체이자 추진체였던 '의학교'는 일제의 통감부를 거치며 대한의원에 딸린 '의육부'로 전락하였다. 그리고 일제강점기 이후에는 '조선총독부의원 부속 의학강습소'로 격하되었다.[2]

그러나 조선 사람의 뜨거운 교육열을 마냥 억제할 수만은 없었던 일제는 1914년 당시 법률, 의료, 기술교육을 맡아 오던 전수학교,

---

2) 의학교에 대해서는 황상익, 『한국 최초의 근대식 의사 교육기관, 의학교와 그 사람들』, 여백, 2015 참조.

의학강습소, 공업전습소에 각각 위원회를 구성해 전문학교로의 승격을 논의하였다.[3] 마침내 1916년 '경성의학전문학교관제'와 '경성의학전문학교규정'이 반포되어 경성전수학교(경성법학전문학교), 경성공업전문학교와 함께 경성의학전문학교가 관립학교로 개교하였다. 경성의학전문학교는 '경성의학교'와 '대한의원 부속 의학교'를 계승한 '조선총독부의원 부속의학강습소'를 인계받아 개교했는데, 강습소에서 전문학교로 최소 두 계단 정도 격상한 셈이다.

이처럼 일제가 의학전문학교를 설립하려 한 데는 몇 가지 이유가 있었다. 우선 조선에서 중학교를 졸업한 일본인 학생들이 증가함에 따라 이들을 받아들일 상급 교육기관이 필요한 점, 그리고 일본인과 조선인을 함께 섞어 교육함으로써 융화에 도움이 되고 나아가 조선 통치의 안정화를 이룰 수 있다는 점, 마지막으로 조선 내에서 일본인 의료인을 양성함으로써 조선의 관립 병원에 근무할 일본인 의사를 공급하려는 의도 등이 복합적으로 작용하였다.

이에 총독부는 1915년에 의학강습소를 의학전문학교로 승격하여 개교하려 하였으나 예산 부족으로 1년 미루어져 1916년 4월에서야 문을 열게 되었다.[4] 따라서 1917년에 입학한 김범수는 전문학교 체제로 정비된 이후 입학한 두 번째 학년으로 사실상 경성의학전문학교 2기 입학생이라고 할 수 있다.

김범수가 입학하였을 때 경성의학전문학교 입학시험은 무려 닷

3) 박윤재, 『한국근대의학의 기원』, 혜안, 2005, 288~289쪽.
4) 기창덕, 『한국근대의학교육사』, 아카데미아, 1995, 143쪽.

새 동안 시험을 치렀다. 시험 과목은 수학, 화학, 물리학, 일본어, 한문의 필기시험과 구술 면접이었다. 필기시험으로 5배수를 뽑고 면접 점수까지 합산하여 선발하였다.[5)]

일제는 신입생을 뽑을 때부터 식민지 교육의 의도를 노골적으로 드러내고 있었다. 당시 면접시험 문제를 통해 이를 짐작할 수 있다. 이미륵이 면접시험 볼 때 면접관이 당부하였다는 다음의 구절이 눈에 들어온다.

> "네가 우리나라라고 말할 때는 언제나 한국뿐만 아니라 일본 제국까지를 통틀어 말하고, 우리 동포라고 말할 때도 한국 사람뿐만 아니라 일본 제국에 있는 전 국민을 말한다는 것을 잊지 말아야 한다."[6)]

면접시험은 내선일체 곧 조선과 일본이 하나라는 사실을 강조하고 있음을 알 수 있다. 김범수를 비롯한 다른 수험생도 역시 같은 질문을 받았을 것이다. 이러한 질문을 받으면서 김범수는 피가 거꾸로 솟구치는 분노를 억누를 수 없었다. 보통학교 때 나라를 빼앗기는 아픔을 겪었던 김범수는 면접에서도 같은 슬픔을 맛보았다. 그러나 그는 이를 악물고 더욱 의학 공부에 매진하는 것만이 민족의 역량을 키우는 데 무엇보다 중요함을 깨닫고 더욱 공부에 매진

5) 이미륵, 앞의 책, 130~132쪽. 당시 입시 과정이 상세히 설명되어 있다.

6) 이미륵, 위의 책, 132쪽.

해야겠다는 다짐을 하였다.

또 다른 면접관이 "우리는 우선 많은 실무 의사를 양성해야 한다. 왜냐하면, 너희 조선은 아주 위생 관념이 적기 때문이다."[7]라고 하며 조선인을 경멸하는 말을 하였을 때 이미륵이 받은 민족적 모멸감은 말로 표현할 수 없었을 것이다. 특히 한말 호남의병의 빛나는 항전을 목격한 김범수가 느꼈을 울분은 누구와도 비교할 수 없었을 것이다.

이러한 민족 감정은 당시 경성의학전문학교에 지원하였던 조선인 학생들이라면 모두 느꼈다. 특히 입학하고 나서 그들이 느꼈던 차별은 더욱 심각히 피부에 와 닿았다. 조선을 대표하는 엘리트들이 이에 분개하며 반발하였을 것은 당연하다. 3·1운동에 참여한 경성의학전문학교 재학생 김동익의 글에서 이를 살필 수 있다.

"경성의학전문학교는 절반이 일본인 학생이었고, 절반이 한국인 학생이었다. 일제가 세운 학교인 데다 교수는 모두 일본인이고 학생 수도 일본인이 반수여서 학교생활도 자연히 그들 위주였다. 우리들에 대한 차별이 심했다. (중략) 우리는 그래서 더욱 열심히 공부했고 단결이 잘 되었다. 민족정기가 대단했다. 나이나 선후배 차이 없이 호흡이 일치했다."[8]

---

7) 이미륵, 위와 같음.

8) 김상태, 앞의 논문, 146~147쪽.

경성의학전문학교가 개교하였지만, 철저히 일본 학생 위주로 조선 학생들에 대한 차별이 심하였다는 것을 말해준다. 따라서 조선 학생들은 일본인을 이기기 위해 더욱 열심히 공부하였으며, 민족적 자존감으로 모두 하나가 되어 뭉쳤다고 한다. 김동익의 이 언급은 당시 경성의학전문학교 학생들의 보편적 정서를 반영한 것이라고 여겨진다. 3·1운동 때 김범수나 한위건처럼 경성의학전문학교의 수많은 조선 학생들이 독립운동의 선두에 섰던 까닭이 이해된다.

전문학교로 출범한 경성의학전문학교는 강습소에서 의학전문학교로 승격은 되었으나 인력과 교육과정은 달라진 것이 없었다. 단지 기초의학교육을 담당하는 전문교원만 늘렸을 뿐이었다. 게다가 부속병원도 따로 건립하지 않아 기존의 총독부의원을 교육병원으로 계속 이용하게 하였다.[9] 수업 연한도 예과 없이 4년이었고, 교

경성의전의 생리학 실습(1927, 서울대학교병원 의학역사문화원 사진제공)

9) 장근호·최규진, 「일제강점기 조선인 의학도들의 삶과 활동: 1920~30년대 경성의학전문학교를 중심으로」, 『의학도, 3·1운동의 선두에 서다』, 2019, 220쪽.

육과정도 의학강습소와 별로 차이가 없었다.[10] 이러하니 학생들의 불만이 쌓여갔을 것은 당연하였다. 거기다 기존의 의학강습소 재학생이 신설된 경성의학전문학교 해당 학년에 편입되었던 것도 치열한 경쟁을 뚫고 들어온 학생들의 반발을 샀다.

그런데 또 다른 뜻밖의 상황 변화가 조선 학생들을 자극하였다. 초대 총독이었던 테라우치는 1916년 4월 20일 열린 경성의학전문학교 개교식에서 "전문학교는 어디까지나 조선의 전문학교"라고 강조를 하였지만, 1918년부터 일본 학생들을 특별과정으로 선발하기 시작하였다.[11] 입학 정원의 1/3을 일본인 학생들에게 배정한 것이다.

그것도 입학자격은 조선인은 16세 이상의 고등보통학교 졸업자, 일본인은 17세 이상의 중학교 졸업자로 하였다. 이렇게 입학 학생의 조건이 달랐던 것은 일본 학생과 조선 학생 사이에 학제 차이 때문이다. 조선 학생들은 4년제 고등보통학교를 졸업하였고, 일본 학생들은 5년제 중학교를 졸업했다. 일본 학생들이 상대적으로 차별을 받았다고 생각하여 불만을 토로하자, '특별과정'이라 하여 일본 학생을 위한 별도의 교육과정을 운영하였다.[12]

경성의학전문학교에는 새롭게 독일어가 외국어로 채택되어 1학년은 주당 4시간, 2, 3학년은 주당 2시간씩 수업을 받았다. 경성의학전문학교가 독일어를 외국어로 채택한 것은 당시 일본의 의학 교

10) 장근호·최규진, 위의 논문, 220쪽.

11) 장근호·최규진, 위의 논문, 221쪽.

12) 장근호·최규진, 위의 논문, 222쪽.

육이 독일식 교육 체제를 도입한 것과 관련이 깊다.[13] 반면 세브란스 의학전문학교는 미국식 의학 교육제도를 본받았다. 3·1운동에 가담하여 일본 경찰에 쫓기던 이미륵이 독일로 망명하여 그곳에서 의사가 된 것도 경성의학전문학교가 독일식 의학 교육제도를 받아들인 것과 관련이 깊다고 하겠다. 조선인은 일본어 수업을, 일본인은 조선어 수업을 추가로 받았다. 기초강의는 1~2년 과목으로, 임상 강의는 3, 4년 과목으로 편성되었다.

이러한 차별적인 교육과정에다 아직 전문학교 체제로 완전히 개편되지 않았다는 한계가 있음에도, 당시 경성의학전문학교는 개교하자마자 조선의 최고 엘리트 교육기관으로 명성을 단숨에 얻었다. 이미륵의 『압록강은 흐른다』에 보면 다음과 같은 구절이 있다.

> "우리 학교는 조선에서 최고 학부였다. 조선을 여행하는 유명한 사람은 언제나 우리 학교를 찾았고 서울을 방문하는 모든 황태자와 대통령들도 우리가 경성역까지 환영하러 나갔다. 그럼에도 불구하고 우리 학교는 일본 총독부에 직속되어 있는 다른 모든 학교와 마찬가지로 거의 군사적이었다. 우리는 강의나 실습을 자유로이 선택할 수 없었다."[14]

이 글을 통해 당시 경성의학전문학교의 위상이 어느 정도였는지

---

13) 장근호·최규진, 위의 책, 221쪽.

14) 이미륵, 앞의 책, 138쪽.

짐작할 수 있다. 따라서 경성의학전문학교 재학생이거나 졸업생들은 나름대로 엘리트 의식을 지니고 있었다. 그러나 그 엘리트 의식은 배타적인 것이 아니라 나라의 독립을 찾는 데 그들이 앞장서야 한다는 강한 소명의식으로 나타났다. 김범수가 대표적인 예에 해당하지만, 3·1운동 때 경성의학전문학교 학생들이 다른 조선인 학교의 학생들보다 비교할 수 없을 정도로 많이 참여하였고, 가장 많이 투옥되었다는 사실에서 이를 알 수 있다. 일제강점기에 조선의 엘리트들은 일신의 편안함보다는 그들의 책무가 무엇인지를 인식하고 조국 독립을 위해 행동으로 옮겼다.

그런데 경성의학전문학교는 교육과정에서 일본 학생보다 조선 학생을 차별하였다. 조선 학생들은 일본 학생보다 수학, 물리 과목 등 기초 교과를 주당 2~4시간 더 수강하게 하였다.[15] 일본인 학생에게는 독일어와 해부학 수업 등 의학과 관련된 수업 시간이 많았다. 이를 근거로 일본인 학생에게는 일본본토에서도 통용되는 의사면허증을 주고, 조선인 학생에게는 조선 안에서만 인정되는 별도의 의사면허증을 주었다. 이러한 차별은 강한 민족의식을 지닌 조선의 엘리트 청년들의 자존심을 건드렸다. 경성의학전문학교 학생들이 3·1운동에 대거 참여하는 데 영향을 주었다.[16]

경성의학전문학교 교사(校舍)는 경성 이화동 네거리에 있었다. 김범수가 하숙했던 송현동과는 약 2.2km로 그리 멀지 않은 거리에

---

15) 『조선총독부관보』, 칙령31호 조선총독부전문학교 관제중 개정 제1811호, 1918.8.19.

16) 장근호·최규진, 앞의 논문, 222쪽.

있었다.

조선총독부의원 시료 외래진료소(1924, 서울대학교병원 의학역사문화원 사진제공)

경성의학전문학교는 초창기에는 건물이 매우 좁고 시설도 빈약했으나, 해마다 증축, 신축 작업을 계속해서 1922년에는 의학 교육에 필요한 시설을 거의 다 갖추었다. 하지만 아직도 경성의학전문학교는 부속병원이 없었다. 직제상 완전히 별개의 기관인 조선총독부 의원이 실습병원 역할을 하였다.[17]

1923년 경성의학전문학교를 졸업한 김범수가 조선총독부의원에서 임상 실습을 마친 후 광주에 내려와 1924년 남선의원을 개원하였을 때의 모습을 담은 당시 신문 기사이다.

"광주시내 서성정(전 광산의원 자리)에 영업을 개시한 남선의원은 종래에 총독부의원에 근무하던 의사 김범수 씨의 경영인 바 내외설비

17) 장근호 · 최규진, 앞의 논문, 107쪽, 220쪽.

와 입원실도 완비되었으므로 일반 환자에게 편의가 있을 뿐만 아니라 씨는 특별히 무산환자를 위하여 실비 혹은 무료 진료에 응하겠다고 한다."(『동아일보』 1924.11.17)

이에 따르면 김범수가 의학전문학교를 마친 후 총독부의원에서 실습하였음을 알 수 있다. 총독부의원이 경성의학전문학교 실습병원이라는 사실을 알지 못하는 이들은 김범수가 총독부의원에서 근무한 사실을 근거로 친일의사라고 여기기도 한다.[18]

임상 강의와 임상 실습이 모두 총독부의원에서 이루어졌다. 총독부의원 원장이 경성의학전문학교 교장을 겸직했다.[19] 교수진은 대다수가 일본인이었고, 조선인은 소수에 불과했다. 경성의학전문학교는 의학에 관한 전문교육을 통해 조선인을 위한 질병의 지식과 진찰의 기능을 갖춘 의사를 양성하는 것을 목적으로 하였다. 그런데 1918년부터 '특별의학과'라 하여 매년 정원의 1/3을 일본인 학생을 선발함으로써 한국인 학생 수가 차지하는 비중이 점차 줄어들었다. 한국 학생들의 불만 요인이 되었다.

학사 일정을 보면 학기가 4월 1일에 시작되어 이듬해 3월 31일에 끝났다. 3월 하순에 졸업식과 봄방학이 있었고, 3월 초~중순에 학생들은 학년말 시험을 치렀다. 3·1운동이 일어나던 1919년 2월 경성의학전문학교는 학년 말 시험을 치르기 직전 상황이었다. 2월 25일

---

18) 국가보훈처에서 김범수의 독립유공자 자격 심사할 때 이를 결격사유 근거로 삼았다.

19) 장근호·최규진, 앞의 논문, 236쪽.

부터 예비시험이 치러졌고, 교수에 따라서는 이미 시험을 치르고 있는 과목도 있었다. 1학년 학생들의 경우 3월 1일 오후에 조직학 시험이 예정되어 있었다. 따라서 학생들은 시험에 대비하여 과목별 복습에 한창이었다. 따라서 학생들이 만세시위에 적극적으로 가담할 상황이 되지 못하고 있었음에도 많은 학생이 시위에 참여하였고 투옥되었다. 이것은 당시 경성의학전문학교 학생들 대부분 가슴에 끓는 민족의식이 형성되어 있었음을 짐작하게 한다.

3·1운동을 이끈 경성의전 의학도

:

경성의학전문학교 조선인 학생들은 3·1운동의 핵심 주도자 및 적극 가담자로 참여하였다. 3·1운동을 학생들이 계획하고 전국적으로 확산시키는 데 커다란 역할을 하였다. 여기에는 조선의 엘리트로서 민족에 대한 일종의 잠재된 부채의식이 폭발했기 때문이다.

그런데 그동안 학생 시위를 언급할 때 유관순으로 대표되는 이화학당, 연희전문학교, 세브란스전문학교 등 기독교계 학교의 역할만 주목하였을 뿐 총독부에서 설립한 경성의학전문학교 학생들의 활동은 거의 주목되지 않았다. 그것은 경성전문학교는 총독부가 세웠기 때문에 학생들의 민족의식이 형성되기가 쉽지 않았을 것이라는 선입견에서 비롯되었다.

그러나 3·1운동 때 가담하여 재판에 넘겨진 경성의학전문학교 학생은 재학생 비율의 15.4%를 차지하고 있다. 즉 1918년 현재 경성의학전문학교에 재학 중인 조선인 학생 수는 208명인데, 공판에 넘겨진 숫자는 32명이나 된다.[20] 물론 이 통계는 서울 시위에 가담하였다가 재판에 넘겨진 숫자이기 때문에 실제 참여 숫자는 훨씬 많았을 것이다. 가령 광주의 3·1운동을 주도하다 투옥되어 3년형을 받았던 김범수는 이 통계에 빠져 있다. 김범수는 투옥 이듬해 1년 6월로 감형되어 출옥하였지만 경성의학전문학교 학생 가운데 가장 오랫동안 수감 생활을 한 학생이었다. 김범수처럼 통계에 잡히지 않은 재학생이 상당히 있을 것이다. 3·1운동에 참여한 숫자나 비율은 경성의학전문학교가 단연 으뜸임을 알 수 있다.

3·1운동 때 가담 학생들이 체포 구금되어 조사를 받을 때 경성의학전문학교 당국에서 학생들에 대한 의견서를 경찰 당국에 제출한 것으로 보인다. 당시 학생들을 체포한 종로경찰서는 경성의학전문학교에 학생들의 성향을 조회하였다. 그때 학교 측은 김병선, 한병만, 현창연에 대해 성격이 온후하고 성적이 양호하여 결점이 없다고 회신하였다. 용천경에 대해서는 고학을 하면서도 부모에게 효도하는 학생이라는 점을 덧붙였다. 김성주는 105인 사건에 가담한 요주의(要注意) 인물이나 근신 중이어서 결점이 없다고 회신하였다. 105인 사건은 일제가 한말 최대의 비밀결사체인 신민회를 해체하려고 조선 총독 암살 음모 사건을 조작하여 105명을 구속한 것을 말한다.

이를 보면 당시 경성의학전문학교 당국은 재학생들의 성향을 비교적 상세히 파악하고 있었음을 알 수 있다. 학교 당국의 의견이 학

20) 김상태, 앞의 논문, 133~134쪽.

생들의 양형에 많은 영향을 미쳤지 않았을까 생각된다.[21]

　한편 학교에서는 시위 가담 학생들을 퇴학 등 징계를 하였다. 김범수도 이때 퇴학당하였을 것이다. 그가 대구형무소에서 수감생활을 마치고 학교에 복학 신청을 냈으나 처음에는 거절되었으나 무단통치에서 문화통치로 조선인을 회유하려는 총독부의 식민지 정책의 변화에 따라 퇴학생 가운데 일부는 구제되었다. 김범수도 복학이 허용되었다.

경성의전 조선인 학생들(1927, 서울대학교병원 의학역사문화원 사진제공)

　그러나 많은 학생이 학교를 떠났다.[22] 1918년에 경성의학전문학교에 입학한 조선인 학생은 약 57명이었다. 그들 가운데 경성의학

21) 김상태, 위의 논문, 132쪽.
22) 3·1운동이 일어나기 전 해인 1918년 말 조선인 학생이 197명, 일본인 학생이 70명이었는데, 1919년 말에는 조선인 학생이 141명으로 크게 줄어든 반면 일본인 학생은 93명으로 증가했다. 이는 1919년 퇴학당한 조선인 학생이 79명에 달했기 때문이다(장근호·최규진, 앞의 논문, 223쪽).

전문학교를 졸업한 학생은 29명이었다. 즉 절반 가까운 28명이 경성의학전문학교를 졸업하지 못했는데, 자의보다는 퇴학 등 타의가 대부분을 차지하였다. 경성의학전문학교 졸업생 수만 보더라도 1918년 44명, 1919년 40명인데 비해 1920년 27명, 1921년 23명, 김범수가 졸업한 1923년에는 23명이라는 사실에서 3·1운동으로 인해 거의 절반의 학생들이 학교를 떠났음을 알 수 있다. 독일로 망명을 떠난 이미륵도 이 범주에 속한다.

김범수는 출옥한 다음 해인 1921년 3학년으로 복학하였다. 그리고 그가 졸업할 때인 1923년 3월 졸업생 명단이 당시 신문에 광고로 나와 있다.[23] 이를 표로 정리하면 다음과 같다.

경성의학전문학교 졸업생 명단(구 본과 23명, 1923년 3월)

이름	출신지	이름	출신지
윤선도	강원	류창만	황해
윤민섭	평북	이형호	경기
박준	함남	이형래	함남
*장세구(2년)	경기	임봉덕	평남
심상천	경기	오용천	평북
*유완영(1년)	평남	*김범수(2년)	전남
김동면	강원	김영철	경북
김교정	충남	김진표	함남
김상우	함북	김창욱	평북
김승진	평북	김상을	평북
*김창식(1년)	평남	신진우	충북
전용근	강원		

* 3·1운동 참여로 공판에 넘겨진 학생(당시 학년).

23) 1923년 3월 졸업한 경성의학전문학교 학생 명단이 총독부 관보에도 실려 있다.

졸업생 명단에 김범수가 보인다. 이로 보아 김범수가 1923년 3월에 졸업한 것은 분명하다. 1917년 4월에 입학하였으니 1921년 3월에 졸업해야 하나 1년 6월 수감생활 한 탓으로 동기생들보다 2년 늦게 졸업하였음을 알 수 있다.

이때 신문 광고를 보면 김범수 등 졸업생을 '구본과(舊本科)'라고 하고 있다. 이는 1922년 2월 4일 칙령 19호로 조선교육령이 개정 반포된 것과 관련이 있다. 즉 조선교육령 개정으로 조선인이 다니는 고등보통학교가 4년제에서 5년제로 바뀜에 따라 경성의학전문학교 규칙도 개정되어 5년제의 중학교나 고등보통학교를 졸업한 자만이 입학할 수 있게 되었다. 조선인 학생들이 차별 교육이라고 반발했던 일본인 학생만을 위한 특별과는 폐지되었다.[24]

이에 따라 과거 본과로 구별했던 4년제 고등보통학교 출신 재학생들을 위해서 당분간 특과를 두어 '구본과'라고 호칭하였다. 조선교육령 개정으로 일본의 의학전문학교와 차이점이 없어진 데다 조선인을 회유하려는 정책에 따라 1923년부터 조선인 졸업생들도 일본에서 개업할 수 있는 일본 내무성 의사면허증을 받을 수 있게 되었다.[25]

한편 위 졸업생 명단에는 김범수처럼 3·1운동에 가담하였다가 퇴학당한 후 다시 복교한 학생들도 눈에 보인다. 장세구는 3·1운동 당시 김범수와 같은 2학년 재학 중이었다. 김창식은 3·1운동 때 김

24) 장근호·최규진, 앞의 논문, 230쪽.
25) 장근호·최규진, 위의 논문, 230쪽.

범수보다 1년 후배인 1학년이었다. 이들은 3·1운동 때 모두 투옥되어 학교를 퇴학하였다가 복학한 인물들이다. 이렇게 당시 졸업생 명단을 통해 3·1운동 참여자의 복학 사실을 구체적으로 확인할 수 있다.

졸업생 명단을 보면 전남 출신은 김범수가 유일함을 알 수 있다. 앞서 언급한 바대로 경성의학전문학교는 전국의 수재들이 모인 우수 집단으로, 조선의 엘리트들이었다. 따라서 입학은 하늘에서 별을 따는 것처럼 힘든 일이었을 것이다. 김범수처럼 광주 신문에서 '광주 수재'라고 표현할 정도로 소문난 천재가 아니면 들어가기는 불가능하였을 것이다.

그런데 흥미로운 것은 졸업생 명단의 지역별 통계를 보면 평안도와 함경도 출신이 많다는 사실이다. 경성의학전문학교 재학생 가운데 3·1운동 때 공판에 넘겨진 숫자가 32명인데, 이 가운데 각각 평안도와 함경도가 각각 11명으로 22명이나 되었다. 특히 함흥은 4명, 북청은 3명으로 한 고을 숫자가 전라남도 전체보다 훨씬 많음을 알수 있다. 일제강점기 경성의학전문학교 한국인 졸업생의 출신 지역별 분포를 보면 당시 상황에 대한 이해가 쉬울 것이다.

일제강점기 경성의학전문학교 한국인졸업생 출신지역별 분포[26]

도	학생비	인구비	도	학생비	인구비
경기	21.7	10.2	경북	6.9	11.4
강원	2.5	7.1	경남	6.4	9.9

26) 김상태, 「도산 안창호와 의학도」, 『의학도, 3·1운동의 선두에 서다』, 앞의 책, 286쪽.

도	학생비	인구비	도	학생비	인구비
충북	2.4	4.3	황해	6.9	7.5
충남	3.3	6.8	평남	11.1	6.4
전북	2.6	7.0	평북	16.0	7.4
전남	3.3	11.1	함남	12.2	7.3
			함북	4.6	3.5

　평안도 출신이 많은 것은 개신교의 성장을 바탕으로 서양 문물의 수용에 선진적이었고, 애국 계몽운동의 본고장이었다는 점에서 이해가 된다. 함경도는 북청 물장수라는 말에서 상징하듯이 북청인의 끈질긴 생명력과 독특한 민족정신을 바탕으로 교육열이 대단하였다.[27] 반면 인구 대비로 보면 전남 출신은 경성의학전문학교에서 차지하는 비율이 상대적으로 낮다. 이는 전남지역이 소작인의 비율이 높은 것과도 관련이 있다고 생각된다. 이 지역의 미약한 경제 기반과 경성의학전문학교 재학생 비율이 낮은 것이 상관성이 있음을 알 수 있다.

김범수 복학과 경성의전 항일운동 재연(再燃)
：

　1921년 김범수가 복학하자 경성의학전문학교 당국이나 재학생들은 모두 놀랐을 것이다. 경성이 아닌 광주 3·1운동을 치밀하게 주도하여 성공리에 이끈 인물이라는 점에서이다. 더구나 징역 3년형을 받고 1년 6월을 복역하다 출옥한 인물이라는 점은 단연 주목의

27) 1917년부터 1940년까지 경성의학전문학교 졸업생 숫자이다(김상태, 「도산 안창호와 의학도」, 『의학도, 3·1운동의 선두에 서다』, 286쪽).

대상이 되었다. 3·1운동에 가담하였다가 실형을 받은 경성의학전문학교 학생 가운데 징역 1년을 선고받은 학생은 당시 4학년으로 경성의학전문학교 대표 자격으로 경성지역 학생 대표자 모임에 참여한 김형기가 유일하다.[28] 나머지는 1년 미만이 대부분이었다. 이로 미루어 김범수의 무거운 형량과 오랜 투옥 경력은 재학생들로부터 외경의 대상이 되었을 것이다.

김범수의 복교는 다른 재학생의 항일의식을 강화하여 교내 항일운동이 조직적으로 전개되는 계기를 만들었다. 이는 우연의 일치라고 생각할지 모르겠으나, 김범수가 입학한 이후 교내에서 항일운동이 격렬하게 이루어지고 있는 데서 짐작하는 바다.

김범수가 입학하기 이전부터 경성의학전문학교 학생들은 선배들의 빛나는 항일의 전통을 잇고 있었다. 1920년 6월에는 본과 1학년 조선인 학생들이 특별과 일본인 학생들에 비해 주당 2시간 더 수학, 물리 수업을 받는 차별적인 교육과정을 개정해달라고 요구하였으나 학교에서 이를 거부하였다. 그러자 학생들이 동맹휴교로 저항하였으나, 학교 측에서는 3일간의 정학 처분으로 맞섰다.[29]

이러한 경성의학전문학교 학생들의 항일 의지는 김범수가 복학한 이후에 적극적으로 나타났다. 대표적인 것이 1921년에 들어 경

---

28) 김형기는 징역 1년을 선고 받았다. 실제 옥고는 미결까지 포함하여 18개월이었다. 김범수는 3년형을 선고받았다 감형되어 1년 6월 복역하였으니 복역기간만 놓고 보면 김형기와 같다. 그러나 형량 자체만 놓고 보면 김범수의 3년형이 훨씬 무거움을 알겠다(김상태, 「경성의학전문학교 학생들의 3·1운동 참여 양상」, 앞의 책, 134쪽).

29) 장근호·최규진, 앞의 논문, 225쪽.

성의학전문학교 조선인 재학생 전원이 참여한 수업 거부 동맹 투쟁
이다. 당시 동아일보에도 크게 보도되고[30] 총독이 직접 사태 수습
에 나설 정도로 전국적인 이슈로 발전한 사건이었는데 살펴보기로
하자.

1921년 5월 26일 1학년 해부학 실습시간에 교재로 사용하던 두
개골 하나가 사라진 사건이 있었다. 이를 당시 해부학 교수 구보(久
保武)는 증거도 없이 조선인 학생이 훔친 범인이라고 단정하였다.
그는 조선인에 대한 체질 인류학적 연구에 몰두하여 평소에 조선인
에 대한 편견을 가지고 있었다. 그는 "너희들 조선 사람은 원래 해
부학상으로 야만에 가까울 뿐 아니라 너희의 지난 역사를 보더라도

경성의전 해부학교실(1924, 서울대학교병원 의학역사문화원 사진제공)

30) 「경성의전의 동맹휴학사건」, 『동아일보』 1921.6.8; 「일백구십사 명의 동맹퇴
    학청원」, 『동아일보』 1921.6.9.

정녕 너희들 중에서 가져간 것"이라고 단정하였다. 조선인 학생들은 구보의 망언에 반발하여 48시간 안에 자신의 발언을 뒷받침할 수 있는 자세한 연구를 학리상으로 들려줄 것과 앞으로 구보의 강의를 거부하겠다며 투쟁에 나섰다.[31]

그런데 학생들의 요구가 받아들여지지 않자 6월 4일 재학생 194명 전원이 어떠한 처벌도 불사하겠다고 하며 동맹 휴학을 결의하였다. 학교 측에서는 교수회의를 열어 9명에게 퇴학 처분을 내리고 나머지는 무기정학을 처분하는 초강수를 두었다. 학생들은 총독부 학무국장을 찾아가 항의를 하였다. 그들은 자신들의 뜻이 받아들여지지 않자 학업을 전면 중단하고 각자 고향으로 내려갔다. 단순한 교내 문제가 전 조선 백성이 주목하는 중대 사건으로 발전하였다.

이에 놀란 일제는 6월 13일 사이토 총독이 직접 나서서 담화를 발표하며 사태 수습에 나섰다. 학교 측은 학생들이 사과하면 복학을 허용하겠다고 나섰으나 학생들은 굽히지 않고 거절하였다. 학교 측에서 퇴학 학생들을 가(假)입학생으로 복교할 수 있게 하겠다는 절충안을 내놓고 학부형들을 간곡히 설득하자 학생들은 복교를 결정하였다. 6월 28일 학생들이 등교함으로써 한 달에 걸친 경성의학전문학교의 동맹휴교 사태는 막을 내렸다. 이 사건은 경성의학전문학교 학생들이 앞장서 일제 문화통치의 본질을 적나라하게 지적하며 그 문제점을 폭로한 것이었다. 3·1운동의 기세를 이어 나간

31) 장근호·최규진, 앞의 논문, 226~229쪽.

1920년대의 중요한 민족 운동이었다.[32]

　일본 당국을 굴복시킬 정도로 강력한 학생들의 저항에는 김범수의 복학이 어떤 형태로든지 관련이 있다고 짐작된다. 3·1운동을 직접 주도하여 징역 3년을 선고받고 복역하다 1년 6월 만에 감형되어 출옥한 김범수는 일제의 삼엄한 감시로 적극적인 저항 운동에 나설 수 없었다. 그러나 빛나는 항일운동은 이미 경성의학전문학교 재학생, 선후배 사이에서 전설로 남아 있었다. 그의 활동 이력은 많은 후배의 귀감이 되었음은 분명하다. 1921년에 경성의학전문학교에 재학 중인 전체 조선인 학생이 단 한 명도 이탈 없이 동맹 휴학을 통해 일제의 압력을 물리칠 수 있었던 것은 3·1운동의 영웅 김범수와 같은 선배들이 복학하여 버티고 있었기에 가능하였다.

　그러나 김범수나 장세구, 김창식과 같이 퇴학 후 복학한 학생들의 삶은 힘든 가시밭길이었다. 복학한 학생 가운데 3·1운동 당시 3학년으로 참여하여 구금된 후 1920년 4학년으로 복학한 백인제의 경우를 들어 당시 상황을 짐작할 수 있다.[33] 백인제는 백병원을 세우고 인제대학교 의과대학을 설립하여 우리나라 의학 발전에 공헌한 훌륭한 의학자이다. 그는 복학한 후 동기생들보다 한 해 늦은 1921년 본과를 수석으로 졸업하였으나 3·1운동에 참여한 경력 때문에 의사 면허를 받을 수 없었다. 무보수의 직급으로 경성의학전문학교 외과에서 마취를 전담하던 그는, 2년이 지난 후에야 의사면허증을

---

32) 장근호·최규진, 앞의 논문, 229쪽.

33) 장근호·최규진, 위의 논문, 224쪽 주 18.

받을 수 있었다. 졸업식 때도 학교 측에서는 3·1운동에 참여한 품행이 좋지 못한 학생이라는 이유를 붙여 수석 졸업생에게 주는 상품을 그에게는 주지 않았다 한다.[34]

김범수에게는 이러한 고통이 훨씬 많이 있었을 것이다. 그러나 그는 이러한 고통을 이겨내며 마침내 1923년 3월 조선의 수재들이 모인 경성의학전문학교에서 우수한 성적으로 졸업하였다. 오랜 학문의 공백 기간이 있음에도 불구하고 우수한 성적으로 졸업하였다는 것은 광주의 수재라는 그의 명성이 결코 허명이 아님을 말해주고 있다.

광주의 심장을 지킨 존경받는 의사

:

김범수는 경성의학전문학교를 졸업하고 총독부의원에서 1년 인턴 의사를 마친 후 1924년 10월 광주에서 개업의로 의사 생활을 시작하였다. 그가 개업하였다는 뉴스가 1924년 11월 17일 신문에 게재된 것으로 보아 실제 병원 개업은 11월 전후가 아니었을까 여겨진다.

광주의 수재로 소문난 경성의학전문학교 학생이, 광주 3·1 독립만세 운동을 주도하다 투옥된 후 복학하여 의사자격증을 취득하였다는 사실은 광주 사회에서는 커다란 뉴스가 되었다. 더구나 경성에서 개업하지 않고 의료 환경이 열악한 고향 광주에서 병원을 개

---

34) 주 20과 같음

업하여 환자 진료를 시작하였다는 것은 신선한 충격으로 다가왔을 것이다. 그가 개업하였을 때의 모습을 전하고 있는 앞서 인용한 당시 신문을 다시 살펴보도록 하자.

> "광주 시내 서성정(전 광산의원 자리)에 영업을 개시한 남선의원은 종래에 총독부의원에 근무하던 의사 김범수 씨의 경영인 바 내외설비와 입원실도 완비되었으므로 일반 환자에게 편의가 있을 뿐만 아니라 씨는 특별히 무산환자를 위하여 실비 혹은 무료 진료에 응하겠다고 한다."(『동아일보』 1924.11.17)

1923년 3월 경성의학전문학교를 졸업한 김범수가 총독부의원에서 1년간 인턴 의사 생활을 마친 후 고향에 내려와 개업하였음을 알려주고 있다. 지금도 의사들이 낙후 지역 근무를 자원하는 경우는 많지 않다. 당시 대부분 경성의학전문학교 출신 의사들은 자혜의원과 같은 도립병원이나 경성에서 개업하였던 것이 일반적인 현상이었다. 김범수처럼 낙향하는 경우는 매우 이례적이었다.

김범수는 고향인 광주에 내려와 무산자 계급 곧 경제적으로 어려운 사람들을 위해 그가 공부한 의술을 베풀 의지를 분명히 표명하고 있다. 앞서 언급하였듯이 그는 간호 조수에게 신발에 흙이 묻어 있는 환자에게는 치료비를 받아서도 안 되고 내쫓아서도 안 된다고 강조하였다고 한다. 이는 경제적 형편 때문에 치료를 받지 못하는 무산자 계급을 위해 의업의 길을 선택하였다고 신문에 보도된 내용을 오랫동안 실천하고 있음을 짐작하게 한다. 김범수가 고향에 내

려와 개업한 연도를 1927년이라고 설명한 자료들이 적지 않다.[35]
1924년으로 바로 잡아야 한다.

『광주시사』[36]에 따르면 1910년대 광주에는 총독부가 각 도청 소
재지에 세운 도립병원인 자혜의원[37]과 기독교 단체에서 세운 제중
원[38]이 있었다. 개인병원으로 1917년에 김종섭이 세운 광산의원이

광주제중병원(1951년, 광주역사민속박물관 사진제공)

35) 광주광역시의사회70년사(1940~2010)에는 "1927년. 경성의학전문을 졸업
   한 김범수 씨가 김종섭 광산의원을 인수해서 남선(조선)의원으로 개명하고
   광주시 대인동에서 개업. 3·1운동 때 서울에서 만세를 부른 애국심이 불탄
   청년, 대구감옥에서 옥고. 6·25 때 사망."이라 하여 1927년 졸업한 것으로 되
   어 있다.

36) 『광주시사』, 1980, 82~83쪽.

37) 광주 자혜의원은 1910년 9월 26일 빈민구제를 한다는 미명 아래 공립의료
   기관으로 출범하였으나, 도내 거주의 일본인을 주로 치료하였고 조선인은
   친일적 인사 외에는 잘 받아주지 않았다. 건물은 구한국때 관찰사 서기청을
   개축하여 사용하다가 1915년 3월 건물을 신축(현 전남대학교 의과대학 부속
   병원 자리)하였다.

38) 제중원은 1905년 11월 20일 미국남장로교 의료선교사 놀란(J.W.Nolan)이
   진료를 시작한 것을 시초로 하여 1909년 한센병 환자를 진료를 시작하는 등
   많은 빈민 치료에 공헌하였다. 1970년 광주기독병원으로 변경하였다.

있었다. 1922년에 김흥렬이 중앙의원을 개원하였다. 광산의원은 1924년 김범수가 인수하여 남선의원으로 개원한 그 병원이다.

1929년 신문에 광주지역 의료인 현황이 게재되어 있다.[39] 이를 통해 당시 광주지역 의료계의 실정을 살필 수 있다. 거기에 제중원 원장 최영욱 이름이 나온다. 1919년 일본에서 김마리아가 가져온 2·8독립선언서를 최영욱이 운영하던 서석병원 지하실에서 등사하였다는 최영욱의 아내 김필례의 증언이 있다.[40] 이를 보면 1919년에 서석의원이 있었음은 분명하다. 1937년 통계에도 최영욱이 서석병원을 경영하였다고 나와 있다. 제중원 원장 임기를 마치고 다시 개업의로 돌아온 것이 아닌가 생각된다. 최영욱은 다음 장에서도 언급되지만 1921년 광주청년회의 집행위원으로도 이름을 올리고 있다. 의사라는 직업이 있는 것을 보면 서석의원을 개업하고 있던 최영욱이 분명하다. 이를 통해 의사 최영욱은 광주지역의 사회운동에도 적극적으로 참여하였음을 알 수 있다. 해방된 조국에서 초대 전라남도지사를 역임한 최영욱은 1950년 한국전쟁 때 인민군에게 피살되었다.

이 밖에 개업의로는 1922년 문을 연 중앙의원(김흥열, 피부과, 외과)를 비롯하여 1924년 김범수가 개원한 남선의원, 태양의원(차계원), 호남의원(권계수, 안과), 조원 치과, 현덕신 의원(여의사) 등이 있었다. 현덕신은 동경여자의학전문학교를 졸업한 광주 최초의 여의

---

39) '광주소개호, 보건운동의 선구들'(『중외일보』 1929.11.1) 제목으로 당시 광주에서 활동하고 있는 개업의를 소개하고 있다.

40) 『광주제일교회100년사(1904~2004)』, 2006.

사로 1928년 개업하였다.[41]

이렇게 살펴보면 1924년 김범수가 개업할 무렵, 최영욱이 개업의를 중단하고 만약 제중원장으로 부임하였다면, 개업의는 중앙의원 한 곳밖에 없었다. 따라서 조선인들이 병원에 가고 싶어도 갈 처지가 되지 못하였다. 자혜의원의 초기 환자 상황을 보면 어느 정도 이해가 된다.

자혜의원 진료환자 수

구분	1910		1912	
	입원	외래	입원	외래
보통 조선인	0	35	5	500
보통 일본인	8	491	219	3007
시료 조선인	8	1195	133	9653
시료 일본인	3	11	9	17
	19	1732	366	13177

출처: 『광주시사』, 1993.

일제강점기 직후 총독부 도립병원인 자혜의원을 이용하는 환자 통계 숫자이다. 자혜의원 환자 대부분이 시료환자 즉 경제적인 형편이 어려워 무료로 병원을 이용하는 환자들이었다. 그들 대부분은 조선인이었다. 반면 일반 조선인들은 병원에 가지 못하고 있음을 알 수 있다. 즉 조선인들은 의료 혜택을 거의 받지 못하고 있었다.

---

41) 1937년 통계로 광주에는 조선인 11명, 일본인 5명 등 총 16명의 의사들이 활동하고 있었다. 개업의로는 남선의원(김범수)을 비롯하여 서석의원(최영욱), 호남의원(권계수), 현덕신의원(현덕신), 중앙의원(김홍열), 민병기의원(민병기), 김용남의원(김용남) 등이 있었다고 한다.

김범수가 의사의 길을 선택한 중요한 이유는 이러한 현실을 안타깝게 생각하고 이들에게 도움이 되고자 했기 때문이다.

자혜의원 의사는 총독부 소속 의사였기 때문에, 의사의 재량권이 제약되어 있었고, 제중병원 의사라고 하더라도 고용된 의사 입장이어서 재량권에는 한계가 있었다. 따라서 광주의 무산자 계급 곧 경제적으로 곤궁하여 치료를 받을 수 없는 환자를 위해 그가 할 수 있는 선택은 개업하여 병원을 운영하는 것이었다. 그는 개업 후 환자 진료에 최선을 다하였다. 경성의학전문학교 출신의 젊고 실력 있는 의사가 정성을 다하여 환자를 진료하는 모습은 여기저기서 그 흔적이 확인되고 있다. 다음의 기사를 통해 의사 김범수를 그려볼 수 있다.

> "지난 (7월) 5일 오후 11시경 전남 광주읍에서 16세가량 소년이 선혈이 낭자하게 죽어가는 소리로 비명을 짓고 있는 것을 지나가는 박경호라는 사람이 발견하여 부근 남선의원 김범수 의사에게 데리고 갔다. 그 소년은 고아원에서 살고 있었다. 빵 장사를 하는 소년으로 극장 앞을 지나가다가 일본인에게 두들겨 맞았던 것이다."(『시대일보』 1925.7.8)

극장 앞에서 빵을 팔던 조선인 고아 소년이 일본인들에게 폭행을 당해 선혈이 낭자한 채로 쓰러져 있는 것을 지나가던 행인 박경호가 발견하여 김범수가 경영하던 남선의원으로 데리고 갔다는 것이다. 이 기사에서 몇 가지 사실의 유추가 가능하다. 첫째 응급환자가 발생하였을 때 제일 먼저 달려간 병원이 김범수의 남선의원이라는 사실이다. 개업한 지 1년도 채 못 되어 사람들이 믿고 달려가는 병원으로 이미 인식되고 있음을 살필 수 있다. 둘째 행인이 쓰러진 소년을 안고 달려간 시간이 밤 11시였다는 점이다. 밤 11시에도 응급환자가 오면 자다가도 달려 나왔음을 알 수 있다. 손녀 행자의 증언에 의하면 남선의원 건물 뒤에 가족이 기거할 집이 있었다 한다. 따라서 환자들이 오면 김범수는 휴일, 깊은 밤을 상관하지 않고 달려나와 환자를 진료하였음을 알 수 있다. 셋째 환자가 병원비를 지불할 능력이 있는가를 보고 진료 여부를 결정하지 않았음을 알 수 있다. 고아처럼 보호자가 확인되지 않은 환자도 망설임 없이 진료하였음을 알 수 있다.

김범수가 운영하는 남선의원에는 이처럼 병원비를 부담할 수 없는 딱한 처지에 있는 환자들이 많았다는 실례를 다음에서 역시 찾

남선의원 터(현 대인제통의원, 대인동162번지)

을 수 있다.

"전남 광주정에서 사는 최준섭(23)은 지난 11일 오후 10시 무렵 자기 집 방안에서 집안사람 모르게 다량의 양잿물을 먹고 고민하는 것을 집안사람이 발견하여 남선의원에 입원시켜 응급수단을 하여 생명에는 아무 관계가 없다는 바, 이제 그 자세한 내용을 들은 바, 그는 두 해를 계속하여 한재(旱災)를 당하고 (중략) 재정 긴축의 영향으로 돈을 빌릴 수도 없어서 바야흐로 농사지을 시기인데 농사지을 가망이 없어 앞으로 살아갈 일이 막연함을 비관하고 음독자살을 꾀하였다는 것이다."(『중외일보』 1930.5.14)

최준섭이라는 청년이 가난 때문에 자살을 꾀하다 남선의원에서 생명을 건졌다는 것이다. 경제적 형편 때문에 자살을 생각한 서민이라면 당연히 병원비를 부담할 형편이 안 되었을 것이다. 밤 10시가 넘은 늦은 시각에 가난한 환자들이 쉽게 달려갈 수 있는 병원이 김범수가 운영하는 남선의원이라고 사람들에게 인식되었음을 알 수 있겠다. 송정리에서 노동조합장에게 구타를 당한 노동조합원이 남선의원에서 입원하였다는 신문 보도(『중외일보』 1928.6.14) 역시 남선의원이 약자를 위한 병원으로 인식되어 있음을 알려주고 있다 하겠다.

이렇듯 가난한 사람들에게 무료 진료를 다반사로 하다 보니 의사 김범수의 삶은 경제적인 부와는 거리가 멀었다. 김범수가 며느리에게 밥상에 반찬을 많이 놓는 것도 낭비라고 하며 꼭 먹을 만큼만 담을 것을 당부하였다는 증언은 이를 말한다. 혹시 음식이 남게 되면

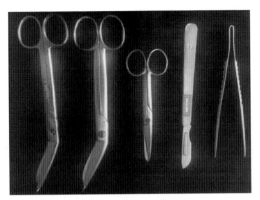

김범수가 사용한 수술도구

버리는 것을 경계한 것이다. 이렇게 검약 생활을 철저히 하다 보니 김범수는 오랫동안 의사 생활을 하면서도 재산은 병원 건물 하나 외에는 없었다. 가족들이 사는 병원 안집이 1950년 한국전쟁 직전까지도 여전히 초가집을 벗어나지 못하고 있어 처가 집에서 벌목하여 집을 수리할 계획이었다는 사실이 이를 잘 말해준다. 아들이 결혼하자 자기 집을 아들에게 주고 자신은 병원에 딸린 안집에서 생활하였다. 저자는 혹시 김범수가 본인 또는 자녀들 이름으로 남겨놓은 재산이 있는지를 찾아보았으나 우연히 총독부관보에서 발견한 쓸모없는 임야 약간 남아 있을 뿐이었다.[42]

42) 『조선총독부관보』(2314호, 1934.9.25)에서 김범수 명의의 임야 1200㎡(광주군 서창면 매월리 산 123번지 소재)를 찾았다. 물론 후손인 손녀는 그러한 땅이 있는지조차 모르고 있었다. 현재 그 지역은 광주광역시에서 택지 개발한 풍암지구로, 광주광역시 서구 금호동 858, 864번지 일대로 저자가 거주하고 있는 아파트 단지이다. 김범수와 저자와 어떤 인연이 작동하고 있는가 하는 생각이 든다. 김범수가 소유하였던 1934년에는 재산 가치는 거의 없었을 것이다. 1979년 김범수 명의에서 김○○로 바뀌었다. 그러니까 김범

'가장 존경받고 인기' 있는 의사

:

김범수가 이처럼 가난하고 어려운 처지에 있는 환자들을 치료하는 데 최선을 다하다 보니 지역사회에서 신망의 대상이 되었다.

"①남선의원이라면 누구나 연상하는 바, '광주수재'라는 평판 받는 김범수군의 병원일 줄 안다. 군은 ②총독부 의전을 우수한 성적으로 마친 후에 남선의원의 ③외과의사로 근무한 의학적 기술보다도 ④기미운동의 희생에서 맛본 인간고(人間苦)로서 묻어나온 인간미 그것이 ⑤범인의 추수(追隨) 못할 저력의 소유자인 만치 ⑥광주의 인기의 초점이 되는 것이다."(『중외일보』 1929.11.1)

앞서 인용한 바 있지만, 의사 김범수의 인기가 얼마나 높은지를 알려주고 있다. 즉, '남선의원 = 김범수'라고 대부분 광주지역 주민들이 인식하고 있었다는 것이다.

김범수는 원래 외과 의사였다. 그러나 병원을 처음 개원할 때 내과·외과를 함께 진료하기 위해 입원실까지 함께 두었다. 『광주시사』에 김범수가 개원한 남선의원을 내과라 한 것은 사실과 다름을 알 수 있겠다.[43]

그런데 이 기사에서 김범수가 높은 의술과 함께 인간미 넘치는

수가 사망한 지 29년이 지나 또 다른 후손에게 소유권이 넘어갔음을 확인할 수 있었다.

43) 『광주시사』, 1980, 102쪽.

의사라고 알려져 있다는 사실이 주목된다(④). 그를 인간미가 넘치는 의사로 사람들이 생각하는 까닭이 특이하다. 즉 '기미운동'의 희생에서 인간적인 고통을 겪은 사실을 이야기하고 있다. 곧 광주 사람들은 1919년 3·1운동을 김범수가 주도한 것을 높이 평가하고 있다는 점이다. 광주지역 주민들은 그가 3·1운동을 주도하였고, 그 때문에 오랜 옥고를 치렀고, 그리고 출옥 후에는 수감생활의 고통을 이겨내고 훌륭한 의사가 되었고, 지역에서 최선을 다해 환자를 치료하는 김범수의 모습에서 진정한 의사의 모습을 발견한 것이 아닌가 여겨진다.

  광주지역 주민들은 김범수가 경성의학전문학교라는 조선 최고의 고등교육기관에서 공부한 우수한 엘리트였음에도 민족의 독립을 위해 흔쾌히 자신을 희생한 사실에 높은 외경심을 보였다. 김범수가 출옥 후에도 여전히 희생정신을 발휘하며 인술을 통해 지역민들의 생명을 구하는 데 헌신하는 모습에서 지역 주민들이 크게 감동하였음을 위 신문 기사는 말하고 있다.

  김범수가 이렇게 지역사회에서 존경받는 의사로서 명망이 높아지자 그에게 다양한 사회적 역할이 요구되었다. 다음 장에서 자세히 다루겠지만, 1926년 당시 광주에서 가장 규모가 큰 광주청년회의 집행위원을 맡아 활동한 것을 비롯하여 광주청년회관 건립 추진위원회 발기인, 광주물산창고회사 발기인을 맡았다. 이는 그의 가치관이 어떤 이데올로기에 기울어져 있다기보다는 민족의 실력을 기르는 데 있음을 알 수 있다. 이런 그의 모습은 민중을 위한 사회운동에 앞장선 민족주의자로 규정하는 것이 더 타당할지 모르겠다.

해방 후에는 여운형 등이 중심이 되어 만든 좌우 합작 운동 단체인 건국준비위원회 전남지부 조직부장 그리고 건국준비위원회의 후신인 인민공화국 임원을 맡아 민족 통일운동에 헌신하였다. 이 모습 또한 전형적인 민족주의자의 모습이었다.

김범수는 이러한 사회 활동을 하면서도 환자 진료에도 조금도 소홀함이 없었다. 오히려 이러한 사회 활동을 하는 과정에 환자 진료가 제대로 되지 못하는 것에 대한 미안함을 항상 가지고 있었다. 그는 1949년 10월 당시 지역신문에 정치와 완전 단절함을 밝히는 글을 게재하였다.

성명서

> 해방 이후 본인이 혼란한 정국에 제하여 정치에 관여하여 천직인 의업에 등한히 하였음은 심히 유감이었거니와 실은 단기 4280년(1947) 8월부터 일체의 정치 관계를 단절하여 실질적 탈퇴를 하고 더욱이 대한민국 수립 이후로는 충실한 국민으로 의료에 봉공하고 있는 중이거니와 이에 본인의 태도를 선명히 하기 위하여 지면으로 성명함.
> 단기 4282 10월 1일 광주 대인동 김범수(『동광신문』 1949.10.5 광고)

그가 해방 공간에서 분단을 막기 위해 통일운동에 앞장서다 천직인 의업을 등한히 하였음을 자책하고 있음을 알 수 있다. 이는 그가 평생 의사로서의 사명감을 단 한 번도 잊지 않고 있음을 알려주는 것이다. 그는 진정으로 민족과 민중을 사랑한 의사였다.

4장

4장
민족 실력 양성 운동과 김범수

청년운동의 용광로 광주

:

1년 6개월 대구형무소에서 안재홍 등 명망 높은 항일 운동가들을 만나면서 김범수는 민족과 역사에 대한 확고한 자아가 형성되었다. 민족의 독립이야말로 무엇과도 바꿀 수 없는 명제임을 새삼 깨달았다. 특히 안재홍과 자주 만난 김범수는 일본 제국주의를 이기는 길은 민족의 역량을 키우는 것임을 절감하였다. 그는 질병의 고통으로부터 민족을 구하는 일도 중요하지만, 사회변혁을 위한 운동에도 적극적으로 참여할 것을 결심하였다.

1920년 9월 3년의 형기가 1년 6월로 감형되어 출옥한 김범수는 이듬해인 1921년 경성의학전문학교에 복학원을 제출하였다. 그는 경성의학전문학교 2학년 말까지 마치고 3학년 진급을 앞둔 상태에서 투옥되어 학교에서는 제적 상태에 있었다. 김범수처럼 3·1운동과 관련하여 투옥된 경성의학전문학교의 많은 학생이 퇴학 처분을 받았다. 하지만 일제가 무단통치에서 문화통치로 식민지 정책을 전환하면서 학업이 중단된 학생들의 복교 조치가 이루어지고 있었다.

1921년 4월 경성의학전문학교에 복학한 김범수는 학업에 열중하였다. 민족에 대한 사랑이 뜨거웠던 김범수의 삶은, 그를 평범한 의사의 길을 걷게 하지는 않았다. 김범수가 1920년 광주에서 막 태동하여 차츰 활동의 폭을 넓혀가던 '광주청년회'에 참여하여 활동하는 사실이 시야에 들어온다. 광주청년회에서 그가 중요한 역할을 담당하였음을 느낄 수 있는 자료가 있다. 1921년 6월 2일 『매일신문』은 다음과 같이 보도하고 있다.

"1921년 5월 28일 광주경찰서는 광주학부형 회장 최상진, 부회장 문정현, 이사장 정낙교, 의사장 김태식, 광주청년회장 최종섭, 동 회원 이길남·김복현·최한영·김범수, 광주예수교회 목사 최흥종 등을 소환하였는데, 소환내용은 광주 학부형 협회에서 광주청년회에 대하여 자발적으로 돈 3000원을 의연하고 이로써 광주청년회관 건축비에 사용하라는 일이 있었는데 동 청년회에서는 금년 봄에 광주 공립보통학교의 교실이 비좁기 때문에 입학하지 못하는 아동 수백 명에 대한 주학강습(晝學講習)회를 설치하고 앞의 의연금 삼천 원으로 아동강습회 경비에 대부 이용하고자 하는 계획안에 대하여 광주 경찰서에서는 올해 봄 입학하지 못한 아동들을 위해 강습회를 설치하는 것은 좋지만, 앞의 학부형회에서 낸 의연금을 주지도 못하고 광주청년회에서는 받지도 못하게 하였다는 데 만약 경찰 당국에서 광주교육 발전을 완조하여 주지 아니하고 의연금을 받지 못하게 하

면 어떤 금전으로 아동강습회 경비에 충당하겠으며 수 백 명 아동
들이 공연히 세월을 허송하고 놀고 있을 따름이라는 의견이 많다."

이 기사는 당시 광주청년회의 운영 실태를 밝히는 데 유익한 자
료로 이용되고 있다. 광주청년회가 미취학 아동들을 위해 별도의
공간을 만들어 교육 활동을 하고 있음을 알려준다. 당시 조선 학생
들은 일본의 학생에 비해 교실이 턱없이 부족하여 대부분 학령인구
가 미취학 상태에 있었다. 이러한 현실을 누구보다 안타깝게 여긴
광주청년회는 이들 미취학 아동들을 수용할 공간을 시급히 만들려
고 하였다. 따라서 그들은 부득이 학부모들이 회관 건립비로 낸 의
연금을 잠시 유용하여 미취학 아동들이 공부할 공간을 만들려 하였
다. 그러나 일본 경찰은 이를 공금 유용 혐의로 청년회 관계자들을
소환하였다.

이때 김범수가 광주학부형 회장 최상진, 부회장 문정현, 이사장
정낙교, 의사장 김태식, 광주청년회장 최종섭, 동 회원 이길남·김
복현·최한영, 광주예수교회 목사 최흥종 등 다른 회원과 함께 소환
되고 있다는 점이다. 1921년 5월 말이면 김범수가 경성에서 공부하
고 있을 때로 광주청년회 활동과 직접 관계가 있다고는 생각되지
않는다. 그런데도 이들과 함께 김범수를 소환한 것은 어떤 형태로
든지 그가 광주청년회와 관련이 있기 때문일 것이다.

경성의학전문학교에 복학하여 학업에 열중하던 그를 공금 유용
문제로 광주경찰서에 소환하고 있다. 김범수 등이 소환된 1921년 5월
28일은 토요일이었다. 일본 경찰이 굳이 토요일을 소환일로 정한

까닭은 김범수가 경성 유학생이라는 점을 고려한 것이 아닌가 한다.

경성에 있어 광주청년회에서 딱히 어떤 직책을 맡지 않았음에도 청년회장 최종섭과 함께 김범수가 광주경찰서에 소환된 것은 김범수가 광주청년회에서 어떠한 역할을 담당했을 것이라는 생각을 하게 한다. 특히 김범수, 김복현, 최한영은 광주 3·1운동의 핵심 주동자로서, 대구형무소에서 1년 6월을 함께 복역하고 출옥한 끈끈한 동지적 관계에 있는 사람들이다. 최흥종은 광주 3·1운동을 계획할 때 경성에 올라가 김범수와 사전에 상의할 정도로 김범수와 가까운 사이였다. 앞서 잠깐 언급되었거니와 최흥종은 해방 직후 광주에서 결성된 건국준비위원회 전남지부 위원장으로 추대된 인물이다. 이때 김범수는 조직부장을 맡았다. 이로 미루어 최흥종과 김범수는 매우 친밀한 관계임을 알 수 있겠다.

1921년 당시 광주청년회에서 간부 등 임원을 맡고 있지 않았던 최흥종, 김범수 등이 광주청년회 의연금 유용과 깊이 연결되었으리라고 생각되지 않는다. 그럼에도 일본 경찰이 이들을 의연금 유용 문제로 소환하였다는 것은 쉽게 이해되지 않는다. 결국, 일본 경찰이 의연금 유용과 관련하여 김범수 등을 조사하겠다는 것은 표면적인 이유이고 또 다른 속사정이 있지 않나 여겨진다. 특히 소환일이 토요일이라는 점을 고려하면, 일본 경찰이 성금 유용 건을 구실로 조사하려는 주 대상이 김범수가 아닌가 하는 생각이 든다. 말하자면 일제는 광주 3·1운동의 핵심 주동자인 그가 광주청년회와 관계를 맺고 있는 사실이 적지 않게 신경이 쓰였을 것이다.

그러면 김범수가 광주청년회와 관련을 맺고 있었던 이유가 무엇일까? 이 문제는 광주청년회를 비롯하여 3·1운동 후 이 지역에서 활발히 전개되고 청년·사회 운동의 실태를 밝히는 과정에서 자연스럽게 밝혀지리라 믿는다. 아울러 김범수와 청년회의 관계도 밝혀지고, 김범수가 지향하였던 가치관도 함께 드러나리라 여겨진다. 잠시 광주청년회가 어떤 단체였을까 하는 것을 살펴볼 필요가 있다.

일제강점기 내내 광주는 청년·사회 운동이 활발히 전개되고 있었다. 일제강점기는 물론 해방 직후에도 광주사람은 스스로 광주를 '제2수도'라고 인식하고 있었다. 이는 광주지역이 나주 대신에 새롭게 전라남도의 도청 소재지가 되면서 이 지역의 중심도시로 발돋움하고 있는 데다, 한말 의병 전쟁의 중심지·전남 3·1운동의 진원지·광주학생독립운동의 발상지였다는 자긍심 때문이었다. 여기에다 광주는 청년, 지식인들에게 사회변혁을 주도한 지역이라는 인식이 강하였다. 이는 광주에서 청년·사회 운동이 활발히 전개되었음을 말해준다. 광주에서 청년·사회 운동이 발전하게 된 배경을 살펴볼 필요가 있다.

광주가 도청 소재지가 되면서 광주와 송정리를 중심으로 상업과 무역이 발달함에 따라 조선인 지주 자본이 상공업 자본으로 빠른 속도로 전환되어 갔다. 특히 1917년 광주전등주식회사가 설립되어 동력 문제가 해결되면서 대공장이 들어설 수 있었다. 1918년 조선인 자본가가 지배하고 있던 광주농공은행이 식산은행 광주지점으로 개편되면서 일본인이 중역진을 독점하는 등 일본의 금융권 장악이 본격적으로 이루어졌다. 1920년대에 들어서면서 일본인 대자본이 제사·방적업 부분에 침투하기 시작했다. 1910년대 후반부터 치열한 경쟁을 벌이고 있던 조선인과 일본인 자본의 균형 관계는 서서히 일본인 쪽으로 기울어졌다. 이에 대한 조선인들의 불만이 서서히 나타나기 시작하였다.[1]

1910년대 말 광주군에는 조선인 교육기관으로 공립중등학교(농업학교), 공립보통학교(광주·송정리 보통학교), 기독교계 사립학교(숭일학교·수피아여학교)가 있었다. 3·1운동 후인 1920년대 중반에는 중등학교 3개소(광주면), 공립보통학교(각 면 소재), 사립학교 3개소(광주면)로 증가하였으나 조선인 1430호당 1교의 비율로 학생을 수용하기에는 절대적으로 부족하였다. 일본인 교육기관은 중등학교 2개소, 소학교 4개소로 일본인 241호당 1교의 비율에 못 미치고 있었다. 이것만 보더라도 교육기회 면에서 우리 민족교육이 심각한 차별을 받았음을 알 수 있다. 조선인 중등 교육기관은 광주면에 집중되어 있었다. 전남지역에 설립된 대부분의 '고등교육기관'을 차지하고 있는 셈이었다. 따라서 도내 각지에서 몰려든 학생들이 광주면에 집중되어 있었다. 광주면은 장차 전남의 조선인 사회를 이끌어 나갈 청년 지식층의 배출지 역할을 하고 있었다고 할 수 있다.[2]

1920년대 초 광주 청년층은 몇 개의 부류로 나눌 수 있다. 근대적 교육과 문화의 혜택을 받은 소수의 상류층 청년은 사회 변동과 식민지적 근대화에 민감하게 반응하면서 조선인의 경제적 사회적 활동의 중견으로 발돋움하고 있었다. 농민층 분해과정에서 떨어져

---

1) 이애숙, 「1920년대 전남 광주지방의 청년운동」, 『한국근대청년운동사』, 풀빛, 1995, 233~234쪽.

2) 이애숙, 위의 논문, 236~237쪽.

나온 청년층 일부는 행상 혹은 송정리역 부근의 화물 운반 인부 등으로 생계를 유지했고, 일부는 광주면과 송정리의 중소공장, 상점 등지에 분산 고용되었다. 그러나 청년 대다수는 농촌에 잔류하였다.[3]

한편 청년층의 상당수는 학교가 몰려 있는 광주면에 모여 있었다. 따라서 전남의 청년운동은 식민지적 근대화가 진행되고 고등교육을 받은 청년의 집중도가 높은 광주면과 송정면으로부터 시작되어 확산되고 있었다.[4]

그러나 1910년대의 청년운동은 총독부의 승인을 받아 결성된 일종의 어용 단체 중심으로 이루어졌다. 당시는 결사의 자유가 없어 3명 이상의 단체 결성은 할 수 없었기 때문이다. 다만 학교 동창회 모임은 예외적으로 가능하였다. 따라서 청년들의 모임은 일제의 억압을 피해 보통학교 동창회 차원에서 전개되고 있었다. 광주 최초의 근대 학교인 광주보통학교 졸업생들이 1910년대 초부터 동창회를 조직하고, 동창회를 중심으로 강습회나 토론회를 개최하거나 여러 체육 활동을 벌인 것이 대표적 사례이다.

특히 광주 3·1운동을 계획하고 주도한 '신문잡지종람소'는 1910년대 후반 광주보통학교 졸업생 동창회 지육부가 중심이 되어 만든 단체이다. 이 단체에서는 앞서 언급한 바 있지만, 청년들이 모여 신문·잡지를 윤독하며 우리 역사와 세계정세를 익히고 토론하며 청

3) 이애숙, 위의 논문, 237쪽.

4) 이애숙, 위의 논문, 237쪽.

년 운동에 견문을 넓히고 있었다. 그러나 일제의 압박으로 1년 만에 신문잡지종람소 간판을 내린 그들은, 장소를 옮겨 겉으로는 삼합양조장이라는 간판을 내걸고 밤마다 모여 신문 윤독을 계속하며 민족의식을 강화하여갔다.[5]

당시 종람소 회원이었던 김용규·최한영·한길상·강석봉·김태열·정상호 등은 광주보통학교 출신들로 광주 3·1운동의 주역이 되었음은 이미 살핀 바 있다. 이들은 차차 다루겠지만, 1920년대 들어 전개되는 청년·사회 운동의 핵심 인물로 성장하였다. 이렇듯 광주보통학교 졸업생 동창회는 청년들의 결사가 없었던 시기에 지역 청년들의 구심점 역할을 하였다. 그리하여 1920년대 광주는 전남의 조선인 사회를 이끌어나갈 배출지 역할을 하였다.[6]

이러한 청년 운동이 활발하게 일어나게 된 계기는 아무래도 3·1운동이었다. 3·1운동의 성과로 일제의 무단통치에 균열이 생겨 집회·결사의 자유가 허용되는 등 합법적 공간이 확보되자 정의감, 순수성, 행동성을 가지고 있는 청년층들은 그들의 힘을 발현될 기회를 만들었다. 3·1운동 후 각종 사회단체가 급속하게 결성되고, 특히 청년단체는 하루에도 십여 개씩 새롭게 조직되었던 사실이 이를 잘 말해준다. 1920년 말 전국 각지의 청년단체 수는 청년회 251개, 종교 청년회 98개에 달하였다. 1920년 9월까지 전남 각지에서 24개

---

5) 『3·1독립운동실록』(상), 510~511쪽, 최한영의 진술.

6) 이애숙, 앞의 논문, 237쪽.

의 청년회가 조직되었다.[7]

계몽운동을 지향한 초기 광주청년회

:

광주에서도 청년단체가 속속 결성되기 시작하였다. 그 가운데
1920년 6월 12일 광주면에 거주하는 청년들이 중심이 되어 결성한
'광주청년회'가 대표적이다. 이 지역에서 조직된 최초의 자생적인
청년단체라는 점에서 의의가 있다.[8] 이 단체는 광주면 유지 청년들
이 주도하여 결성하였다.

광주청년회의 초기 활동을 보면 광주보통학교 동창회에서 하던
사업을 거의 그대로 이어받았다.[9] 이로 미루어 보통학교 동창회가
청년운동단체로 발전하였음을 확인할 수 있다. 광주청년회는 회장
제를 채택하고 지육·사교·체육·교풍·경리·편집부 등 6개 부서를
두었다. 말하자면 광주청년회는 청년들의 지·덕·체를 함양하고 친
선을 도모하는 한편 사회의 잘못된 풍속을 개량하는 데 역점을 두
어 활동하였다. 아직 사회변혁을 지향하는 것을 목표로 하지는 못
하였음을 알 수 있다.

이때 이들 청년회가 사회변혁보다는 계몽적인 활동에 치중하였
음은, 광주청년회를 비롯한 1920년대 초의 청년단체들의 활동 내

---

7) 박찬승, 『한국근대정치사상사연구』, 역사비평사, 1992, 236~237쪽.

8) 이애숙, 위의 논문, 238쪽.

9) 이애숙, 위의 논문, 238쪽 주 14.

용을 보면 알 수 있다. 1920년부터 1923년까지 전남지방에서 조직된 청년회의 활동을 보면 45개 단체 가운데 17개 단체가 야학을 운영하고, 강연회를 35회 여는 등 주로 교육 활동이 대부분을 차지하고 있는 데서 알 수 있다. 그것은 3·1운동을 통해, "아는 것이 없으면 일을 할 수 없다는 것을 절감"한 청년, 학생들이 청년회를 중심으로 학교 시설의 부족과 1922년 총독부의 교육령 개정에 따른 취학연령의 저하 및 자력으로 교육을 받을 수 없는 아동의 증가라는 객관적인 상황을 타개하려 했기 때문이다.[10]

이는 여자 야학을 개설하여 뜻밖의 성과를 거둔 광주청년회의 사례에서 확인할 수 있다. 광주청년회는 1920년 9월 '구식 가정부인'에게 신지식을 보급할 목적으로 여자 야학을 개설하였다. 여자 야학이 문을 열자 4백여 여성이 몰려들었다. 가히 폭발적인 여성의 참여는 광주청년회를 크게 고무시켰고 지역 사회에 '여자 야학'이 세워지는 기폭제가 되었다. 광주청년회는 일반 학교과정으로 청년학원도 운영하였다.

1922년 4월에 문을 연 청년학원은 1~2년간 보통학과 수준의 학과를 가르쳤다. 모집인원은 약 200명이었다. 그런데 이러한 교육사업을 위해서는 건물 등 막대한 운영비가 소요되는 것이어서 재력이 있는 간부나 지방 부호의 일시적인 '의연'에 의존할 수밖에 없었다. 따라서 청년회는 구조적으로 이들 자본가의 영향에서 벗어날 수 없는 한계를 지녔다. 1920년대 초의 청년회의 활동이 교육·금

---

10) 김점숙, 「1920년대 전남지방 농민운동: 농민운동의 조직적 발전과정을 중심으로」, 『한국근현대지역운동사』 Ⅱ(호남편), 1993, 26~27쪽.

연·금주, 민립 대학 설립 운동 등 민족 개량주의적, 계몽주의적 성격을 띠게 되는 중요한 요인이 되었다.[11]

이러한 광주청년회의 성격을 1920년 6월 12일 창립 당시 구성된 임원진을 통해서도 확인할 수 있다.[12]

광주청년회 임원(창립 당시)

선출시기	간부진 명단
1920.6.12 (창립총회)	회장: 최종섭, 부회장: 정인준, 의사장: 장경두 총무: 최준기, 회계: 최연석, 서기: 전순영 각부부장: 지육부(양원모), 사교부(최영욱), 편집부(설병호), 경리부(최선진), 체육부(최남립), 교풍부(전용기)

경리부장을 맡은 최선진은, 한 해 6천여 석을 추수하는 대지주이자 광주에서 손꼽히는 대미곡상이며, 호남은행 취체역·호남산업 전무 취체역·최선진 자동차부를 경영하는 문자 그대로 대자본가였다.[13] 회장 최종섭·부회장 정인준·교풍부장 전용기는 1920년 겨울 최선진과 광주상업조합을 발기하였고, 정인준·최종섭은 상조회지회의 회장, 부회장으로 각각 활동하였다. 앞장에서 다룬 바 있는 사교부장 최영욱은 서울 세브란스 의학전문학교를 졸업한 의사였으며, 지육부장 양원모는 와세다대학을 졸업하고 숭일학교 교사를 거쳐 동아일보사 간부로 활동하였다. 편집부장 설병호와 회계 최연석

---

11) 광주 청년단체들은 1923년 전반기까지도 개량적 노선을 고수하고 있었다(이애숙, 위의 논문, 248쪽).

12) 이애숙, 앞의 논문, 240쪽 재인용.

13) 이애숙, 위의 논문, 240쪽.

은 동아일보 광주지국의 지국장·통신부 주임이었다. 총무를 맡은 최준기는 훗날 광주금융조합 이사를 역임하였다.[14)]

광주청년회 창립총회에서 임원으로 선출된 청년인사들은 일찍부터 근대 교육을 받은 경제적으로 유복한 집안의 자녀였음을 짐작할 수 있다. 의무 교육이 이루어지지 않은 상황에서 수년, 혹은 십여 년 동안 학업을 수행하기 위해서는 적지 않은 교육비를 감당할 능력이 없으면 불가능하였다.

이들 임원을 맡은 청년들을 통해 알 수 있지만, 당시 청년들이 주로 상공업 분야로 진출하였음을 느낄 수 있다. 그것은 이들 집안의 경제력이 이를 뒷받침하고 있었기 때문이기도 하였지만, 이들이 고등교육을 받았다고 하더라도 식민지 민족이라는 한계로 관직 진출은 단념하였을 것이다. 그들에게 관직 진출은 일제의 식민통치에 영합하는 것으로 인식되고 있었다.

한편 광주청년회는 1921년 9월 1일 임시총회에서 임원진을 개편하였다. 그런데 이때도 총회에서 간부로 선출된 인사들은 여전히 실업가, 상업 및 금융업 종사자, 지주, 전문 직업인이었다. 예컨대 1921년 9월 1일 있었던 임시총회와 1922년 7월 15일 정기총회에서 집행위원장으로 연거푸 선출된 이기호는 대지주였다. 다른 임원이었던 백남순은 광주금융조합 및 호남산업주식회사의 중역을 맡는

---

14) 최준기가 이사로 있었던 광주금융조합은 1919년 2월 설립되었는데 조합장을 비롯하여 이사, 평의원 대부분이 일본인이 차지하고 있었다. 한국인은 이사로는 최준기 혼자였고, 평의원은 김기호 등 4명이었다(『광주시사』, 1980, 213쪽).

등 상업에 종사하였다.[15)]

광주청년회를 이끈 인사들이 주로 경제적으로 부유한 가문의 자제들임은 분명하다. 이러한 초기 청년단체의 특징은 광주청년회에만 국한된 것은 아니었다. 광주청년회 다음으로 큰 조직을 거느린 송정청년회는 1921년 8월 창립되었는데, 이 단체를 이끈 인사들 역시 지역 사회의 최고 실업가로 소문난 인사들이었다. 초대 회장 변상구, 이사 배현식은 호남물산주식회사 중역이었다.[16)]

광주청년회뿐 아니라 다른 청년단체들도 그들의 활동에 필요한 경비는 대부분 지역 유지의 출연으로 이루어졌다. 광주 지역 유지들 스스로 광주청년회 찬성부를 조직하여 청년회를 정신적 재정적으로 후원하였다. 광주청년회가 회관 건축비[17)], 운영비 등을 지방 유지의 기부금에 의존하였음을 1921년 5월 5일 『동아일보』 보도 내용을 통해 엿볼 수 있다.

"광주청년회에서는 4월 30일 임시총회를 열어 학교의 수용 능력 부족으로 학교에 들어가지 못한 아동들을 강습하기 위하여 발족된 학부형회의 요구에 응하여 흥학관과 유지들의 의연금으로 할 것을 결의하였다. 또한, 청년회가 초청한 블라디보스토크 조선 학생음악

15) 이애숙, 위의 논문, 240~241쪽.

16) 이애숙, 위의 논문, 242쪽.

17) 광주청년회의 모임 공간인 흥학관은 1921년 광주실업가인 최명구의 기부에 의해 가능하였다. 이것만 보더라도 청년들의 활동에는 광주의 실업인들과 어떤 형태로든지 관련이 있다고 보겠다.

단 경비도 의연금으로 충당하였다."

광주청년회가 학생들에게 공부할 공간을 만들어주는 일을 체계적으로 하고 있음을 알 수 있다. 심지어 블라디보스토크의 재외 교포 학생음악단 초청 행사까지 추진하고 있음을 알 수 있다. 이러한 사업을 추진하는 데 엄청난 경비를 대부분 지역 유지들의 성금에 의존하고 있음을 살필 수 있다. 따라서 청년회 활동에 많은 돈을 기부한 유지 또는 그 자제가 청년회 간부가 되거나 청년회에 커다란 영향력을 행사하는 구조가 형성되었다. 이러한 구조는 곧 사회주의 사상이 유입되면서 내부에서 치열한 계급적 갈등이 노출되는 계기가 되었다.

광주청년회의 성격 변화와 김범수
:

광주청년회는 학교에 들어가지 못한 학생들의 학습 공간을 마련하기 위한 사업 등 청년회가 필요한 경비를 유지들로부터 모금하여 적극적인 활동을 함으로써, 광주의 가장 대표적인 청년단체로 자리잡았다. 그러나 광주청년회 주도층이 다른 사람들과 비교할 수 없을 정도로 막대한 경제적 기반과 높은 교육까지 받은 부르주아 계급이었다는 점은, 이들이 일본 식민지 지배체제의 모순을 해결하려는 단계에까지는 나아가지 못했다는 비판을 받을 수밖에 없었다. 다음을 보자.

광주청년회 임원

선출 시기	간부진 명단
1921.9.1 (임시총회)	1. 집행위원장: 이기호 2. 집행위원: 서무부(김유성) 재무부(김복수) 지육부(김인주) 　　　　　사교부(전용기) 체육부(조용선) 편집부(결원) 　　　　　교통부(문태곤) 산업부(결원) 3. 의사원 　최흥종, 김기석, 정인준, 설병호, 최준기, 류상원, 강태규, 　한용수, 백남순, 문천귀, 정학권, 차순정, 최종륜, 최영운, 　문상기
1922.7.15 (정기총회)	1. 집행위원장: 이기호 2. 집행위원: 서무부(전도) 재무부(이기호·전용기) 지육부 　(최장전) 사교부(문천귀) 체육부(최준영) 편집부(최연석) 　교통부(설병호) 산업부(장봉익) 3. 의사원 　최준기, 유상기, 김형운, 김유성, 김인주, 장인영, 김용환, 　최영운, 김종삼, 문태곤

　1921년 9월에 열린 임시총회와 1922년 열린 정기총회에서 선출된 광주청년회의 간부 명단이다. 이들의 명단을 통해 광주청년회의 성격의 일단을 엿볼 수 있다. 특이하게도 1920년 창립 당시, 그리고 1921년 임시총회, 1922년의 정기총회에서 선출된 임원들 가운데 임원이나 집행위원 이상 간부 중에 3·1운동 관련자가 한 명도 없다는 점에 눈에 들어온다. 3·1운동 관련자는 임시총회 때 의사원에 선임된 최흥종과 1922년 정기총회에서 의사원으로 선출된 김종삼 둘 뿐이다. 광주에서 가장 먼저 조직되어 청년 운동을 주도한다는 자부심을 지닌 광주청년회로서는 간부들 가운데 독립운동에 뛰어들어 투옥된 인물이 한 명도 없다는 사실은 조직이 지닌 약점으

로 인식될 수밖에 없었다.

그런데 1921년 5월 광주경찰서에서 회관건립 공금 유용 혐의로 광주청년회 간부들을 소환할 때 김범수 등이 포함된 사실에서 3·1운동을 주도하다 투옥된 인물이 회원으로 이미 들어 있음을 알 수 있다. 이는 항일 운동에 철저하지 못한 광주청년회의 한계를 보완하기 위해 3·1운동에 참여하였다가 투옥된 인물들인 김범수·김복현·최한영 등을 회원으로 영입한 것이 아닌가 한다. 특히 광주청년회에서는 김범수를 회원으로 맞이하는데 많은 공을 들였지 않나 추측된다. 김범수는 영암 구림의 3·1운동을 이끈 경성약학전문학교 출신의 박규상과 함께 3·1운동을 주도한 전남지역 유일의 경성의학전문학교 출신 인물이라는 점에서 상징성이 컸다. 김범수 역시 광주에서 가장 규모가 큰 광주청년회를 통해 민족 운동의 새로운 방법을 모색하려 하였을 것이다.

김범수 등이 광주청년회에서 활동하면서 광주청년회의 성격에도 변화가 나타났다. 위 〈표〉에서 알 수 있듯이 '회장-부회장-부장'으로 이어지는 단일 지도체제가 '집행위원장-집행위원-의사원'으로 이어지는 집단지도체제로 바뀌고 있음을 알 수 있다. 게다가 아직 집행부에는 해당하지 않지만 의사원의 구성에 이전의 유지 중심에서 탈피하여 여러 계층이 합류하고 있는 모습이 보인다. 김유성·문태곤(대동상회 공동운영), 최영운(전남학무과고원), 김복수, 최흥종(목사), 김용환, 김종삼(광주 자혜의원 간호인) 등으로 계층과 직군이 다양해졌다. 이제 지역 유지 중심의 청년회 운영에 어떤 변화가 보이기 시작함을 알 수 있다.[18] 이러한 변화는 김범수 등 목숨을 건 항일 운동의 戰士들이 광주청년회에 합류한 결과로 여겨진다.

김범수 등이 광주청년회에 합류하면서 조직의 변화와 더불어 활동에도 새로운 양상이 나타났다. 즉, 회관건립 기금 명목으로 학부형들이 기부한 성금을 학교에 가지 못하는 학생들의 공부 공간을 마련하는 것으로 전용하고 있는 데서 이러한 변화의 일단을 느낄 수 있다. 광주청년회에서 회관 건물 신축보다는 학생들이 학습할 공간 확보를 중시하였음을 알 수 있다. 이처럼 무산자의 이익을 대변하는 김범수가 회원으로 들어가면서 지역 유지 중심의 광주청년회가 건물 신축보다도 학생들의 학습 공간 확보와 같은 실질적인 활동을 하는 방향으로 변화가 나타나고 있었다.

앞서 언급한 바와 같이 김범수 집안은 광주 재매들에 많은 토지를 가지고 있는 지주로 경제적 기반이 튼튼하였다. 이를 토대로 조선인들이 1920년대 말까지도 상권을 장악한 수기동에 형제들이 주택을 소유하고 있었고, 일찍이 경성으로 유학을 떠나 경성의학전문학교까지 진학하는 것이 가능하였다. 더구나 그는 호남 제일 부자 원리 박부자 사위였다. 그가 광주청년회 집행위원이 될 때 부르주와 계급이라고 공격을 받은 것도 이러한 내력과 관련이 있지 않을까 한다.

그렇지만 그 스스로는 유산자 계급보다는 철저하게 무산자를 대변하였다. 1924년 병원을 처음 개업할 때도 무산자 계급을 위해서

---

18) 이애숙, 앞의 논문, 241~242쪽.

개원하였음을 분명히 하고 있다. 사회주의적 사상이 그의 밑바탕에 있음을 알 수 있다. 1924년이면 광주에도 사회주의 물결이 밀려올 때이다. 당대의 지식인 김범수가 이러한 새로운 사조에 관심이 없다고 할 수 없다. 그렇다고 하더라도 그가 부르주아적인 성격을 지닌 운동가에서 벗어나기는 태생적으로 불가능하였다고 보는 것이 옳을 것이다. 따라서 그를 어떠한 객관적 증거 없이 공산주의자, 심지어 조선공산당 지하조직책이라고까지 보는 일부 견해에 동의하지 않는 까닭이다.[19]

이처럼 김범수·김복현·최한영 등이 비록 광주청년회의 간부급 임원은 아니었지만, 청년회에 새로운 변화를 가져올 정도로 영향력을 확대하여 가자 일본 경찰이 이를 제어하려 하지 않았나 한다. 바로 성금 유용을 문제 삼아 이들을 소환 조사한 것이 이 때문이라 생각된다.

1920년대 초반 결성된 광주청년회를 비롯한 대부분 청년단체는 지주, 상공인, 지역 최고의 지식인, 기독교계 지도자들이 주도하였다. 다만 지주라 하더라도 소작료 수취에만 전적으로 의존하는 옛 봉건적 지주가 아니라 자본주의 경제 체제에 참여하고 있는 지주 겸 상공인이었다. 이들은 지역 사회에서 경제적, 사회적 지위가 가장 높은 계층에 속하였다. 그들은 식민지 민족으로서의 고통과 불만 때문에 민족의 독립을 지지하였고, 청년 운동에 뛰어들었다. 조선노동공제회 광주지회, 조선소작인상조회 전남지회, 송정노동수

---

19) 실제 많은 이들이 이렇게 막연히 알고 있다. 역사적 진실의 규명이 얼마나 더디고 어려운가를 알려주는 부분이다.

양회 등의 단체에서 활동한 상당수 지도급 회원들도 노동자와 자본가가 서로 협조하는 분위기에서 활동하고 있었다.[20] 그러나 곧 이들 자본가 계층이 지니는 구조적인 한계는 노동자·농민층이 주도층을 형성한 노동공제회 등과 갈등을 예비하고 있었다.

한편 당시 전남지역이 처한 상황은 심각하였다. 약간 시기가 뒤떨어지기는 하였으나 1935년 통계에 의하면 전남지방의 총 경지 면적은 전국 총 경지 면적의 9%를 차지하는 것으로 전국 제2위 수준이었다. 하지만 농업 호구가 전국 1위 지역으로 농가 1호당 평균 경지 면적은 전국의 1호당 평균 경지 면적보다 대략 0.5정보나 적다. 이는 전남지방 농민들이 다른 지역보다 토지에의 의존도가 매우 높음을 보여주는 것이다. 따라서 그들은 그나마 생존조건을 유지하기 위해서 지주로부터 가해지는 온갖 불이익, 고율의 소작료와 지세, 공과금 부담 등을 감수해야 했다.[21]

3·1운동 이후 고양된 사회적 분위기는 지주로부터 가해지는 불이익에 맞선 농민들의 투쟁이 강화되는 계기가 되었다. 1923년 암태도에서 전개된 소작쟁의는 그 대표적인 사례라 하겠다. 그러나 1920년대 초까지의 농민들의 투쟁은 개인적인 차원에서 이루어졌다. 즉 광주청년회와 함께 광주지방의 사회운동 중심에 섰던 단체가 조선노동공제회 광주지회였다. 광주청년회보다 약간 늦은 1920년 7월 30일 조직된 이 단체는 초기에는 주로 노동야학, 노동합숙소

---

20) 이애숙, 앞의 논문, 243쪽.

21) 김점숙, 앞의 논문, 25쪽.

설치, 환난구제사업 등 주로 노동자에 대한 활동에 주력하였고, 농민조직화에 대한 활동을 적극적으로 하지 않았음을 보여준다. 그러다가 1922년 10월 16일 중앙에서 조선노동공제회가 해체되자 광주지회도 총회(1922. 11. 18)를 열어 회명을 광주노동공제회로 명칭을 바꾸었다. 그리고 활동 범위를 농민운동에까지 확대하여 노농연합제적인 성격을 띠어갔다.[22] 이는 1923년 6월 4일 집행위원회를 열고 "각 회의 경과 상황 보고, 신구 소작인 쟁의에 대한 처리 방법" 등을 결의하고 있는 데서 확인된다.

이렇듯 광주노동공제회의 농민운동에 대한 활동은 적극적인 소작인회 조직으로 구체화되었다. 1923년 봄까지 광주의 15개 면 전체에 소작인회가 조직되었다. 이를 기반으로 1923년 4월 29일 중앙집행기관인 소작인연합회가 조직되었는데, 주요 임원은 광주노동공제회의 간부로 충원되었다. 조선노동공제회 광주지회는 광주노동공제회로 개조된 후 소작인 운동을 투쟁적으로 전개하기 시작하였다.[23]

이에 따라 부르주아 성격이 강한 광주청년회 지도부도 사회 문제에 관심을 두지 않을 수 없었다. 광주청년회의 변화 양상은 조직체계에서 먼저 보인다. 1922년 개편된 8개 부서 가운데 기존의 사교부, 산업부, 교풍부, 편집부 등이 없어지고 사회부가 신설되었다. 사교부, 산업부, 교풍부는 부르주아적·개량주의적 성격이 드러나

---

22) 김점숙, 「1920년대 전남지방 농민운동: 농민운동의 조직적 발전과정을 중심으로」, 『한국근현대지역운동사』 Ⅱ (호남편), 1993, 33~34쪽.

23) 김점숙, 위의 논문, 34쪽.

있는 기구였다. 이들 부서를 폐지하고 사회부를 신설한 것은 노동자·농민 계급 등 다른 부문과의 연대를 강화하기 위함이었다.

하지만 아무리 그들이 사회변혁에 관심 있다고 하더라도 기본적으로 노동자, 농민의 희생에 의존하고 있었다. 이러한 계급적 한계 때문에 광주청년회가 1923년 이후 격화되는 노동·농민 운동에 처음부터 동참하기는 현실적으로 불가능하였다. 광주노동공제회가 소작운동을 회 차원에서 당면사업으로 설정하여 조직적으로 꾸려 나갔다면, 광주청년회는 회원이 개별적으로 운동에 참여하는 수준이었다. 광주청년회는 물산장려운동이나 민립대학 설립 운동 등을 광주에 정착시키는 데에 주력하고 있었다. 이로 인해 면소작인회는 이후 광주노동공제회와 정치적 행보를 같이하며 광주청년회와 대립의 길을 걷게 되었다.[24]

그러나 1922년 말 광주노동공제회가 출범한 이후 1923년부터 격렬하게 전개되는 노동·농민 운동은 광주청년회 내부의 새로운 변화를 요구하였다. 1923년 이기호가 친일적인 성격을 띤 광주면협 의원으로 선출되자, 직전에 집행위원장을 역임하였음에도 불구하고 간부직에서 배제하였다. 1921년 정경두가 역시 면협의원이 되었는데도 불구하고 의사장으로 선출된 것과 비교하여 볼 때 확연히 차이가 있다. 이는 광주청년회의 성격이 차츰 정치성을 띠고 있음을 보여준다. 말하자면 친일적 성향을 보인 인사는 단체의 간부에서 의도적으로 배제하려는 모습을 보여주고 있음을 알 수 있다. 광

24) 이애숙, 앞의 논문, 248쪽, 주 61.

주청년회가 일제와의 타협을 거부하고 있음을 분명히 하고 있다고 짐작할 수 있다.

　게다가 1923년 9월 14일에 열린 광주청년회 임시총회를 강석봉이 총회의 주재자로 나선 것도 파격적이다. 강석봉은, 광주 3·1운동 때 인쇄용지를 구입·조달하는 임무를 맡는 등 3·1운동의 핵심인물이었다. 징역 1년형을 선고받고 대구 형무소에서 투옥되었던 강석봉은 출옥 후에 일본으로 유학을 떠났다. 유학 중 현실개혁의 시급함을 깨닫고 학업을 중단하고 귀국한 그는 사회 변혁운동에 뛰어들었다. 강석봉은 1923년 광주에서 결성된 광주신우회라는 유물사관을 연구하는 단체에서 친동생인 강해석을 비롯하여 지용수, 김재명, 최한영 등과 활동을 하였다.[25] 강석봉 등 이들 청년이 1920년 중반에 광주청년회의 핵심 지도부로 등장한다. 강석봉은 조선공산당 전남 책임 비서를 맡을 정도로 이 지역 사회주의운동의 핵심인물이다. 물론 그는 일제와 맞선 수단으로 사회주의에 경도되었을 뿐 박헌영처럼 조선공산당 지하조직을 만들려 했다든가 하는 공산당 활동과는 관련이 없다. 바로 이 때문에 한국전쟁 때 광주시 인민위원장으로 선출되었다가 불과 3일 만에 박헌영계에 숙청되어 광주형무소에 투옥되기도 하였다.

---

25) 강석봉과 강해석은 형제 사이이다. 강석봉의 부친 강호일은 동학농민전쟁에 가담하였다가 광주로 피신하여 내려왔다고 하나 조금 더 확인할 부분이 있다. 장남 석봉을 비롯하여 6형제가 모두 모두 독립운동에 헌신하였다. 심지어 강호일의 며느리도 독립유공자로 선정되었다. 이렇게 한 가문에서 이렇게 많은 독립유공자를 배출한 집안을 찾아볼 수는 없다. 이에 대해서는 별도로 다룰 기회를 마련하고 있다.

여하튼 강석봉이 광주청년회의 임시총회를 주재한다는 사실은 광주청년회의 회원들 가운데 사회주의적 성향을 지닌 세력이 그만큼 성장해 있음을 말해준다. 이제 광주청년회가 자본가 중심의 틀에서 벗어나 노동자·농민 중심으로 방향 전환이 이루어지고 있음을 보여주는 것이라 하겠다.

광주청년회의 변화 양상은 앞서 든 조직체계뿐 아니라 지도부의 성격에도 변화가 있었다. 종전의 실업가 중심에서 최한영, 강석봉 등 고학력자, 언론사 기자, 교사 등 지식인 그룹이 다수를 차지하였다. 훗날 신간회 지회에서 간부로 지냈던 청년들이 많았다. 1920년대 중반 들어 광주청년회는 부르주아 중심에서 소부르주아 지식 청년으로 지도부가 변경되어갔음을 알 수 있다.

1924년 광주청년회는 "계급적 단결로 해방운동의 전위가 되어 민중 본위의 신 사회 건설"을 목표로 삼는다는 강령을 채택하였다. 창립 당시 광주청년회가 '지·덕·체'를 표방했던 것과 비교하면 상당히 급진적 방향으로 나아가고 있음을 알 수 있다. 광주청년회에서 새롭게 제기한 '신 사회 건설'이란 '사회주의 사회'를 완곡하게 표현하는 것이다. 청년회도 사회주의적 색채가 차츰 드러나고 있었다. 이러한 연장선상에서 1925년 9월 개최된 광주청년회 창립 5주년 기념강연회에서 청년의 계급적 단결을 강조하는 주장이 나왔다. 이제 광주청년회도 사회주의 성격이 차츰 드러나고 있음을 알 수 있다.

중도노선을 지향한 광주청년회

:

광주청년회가 사회주의적 성격을 띠기 시작한 1924년 이후 광주청년회와 광주노동공제회는 노선의 정체성을 둘러싸고 점차 대립 갈등하기 시작하였다.[26] 당시 경성의 공산당 운동 세력이 주도권을 둘러싸고 서울(청년)회계와 화요회계로 나누어 대립 갈등하고 있었는데, 이 갈등이 고스란히 광주지역 청년 사회단체로 이어지고 있었다. 광주청년회가 서울 청년회계로, 광주노동공제회는 화요회계로 이어지는 분파 구도에 휘말려 들어가고 있었다. 광주에서 처음으로 사회주의 사상을 학습하였던 신우회는 서울 청년회계의 고려공산동맹 광주지부, 십팔회는 화요회계의 조선공산당 광주지부로 모습을 드러났다.

고려공산동맹은 광주청년회를 통해 청년·학생층을 파고 들었다면, 조선공산당은 광주노동공제회와 광주소작인 연합회를 매개로 노동대중과 접촉하였다. 광주에서는 노동대중과 접촉을 시도한 광주노동공제회나 소작인연합회는 크게 뿌리내리지 못한 채 일제의 공산당 탄압으로 세력이 약화 되었으나, 청년·학생층을 파고든 광주청년회계는 광주학생운동을 성공리에 치루는 등 뿌리를 내리고 있었다. 광주에서 사회주의 계열 간에 전개된 주도권 싸움에서 광주청년회가 승리하였다고 하겠다.

---

26) 이 부분 서술은 신주백, 「1925~1928년 시기 전남지방 사회운동 연구: 조공 전남도당의 조직과 활동을 중심으로」, 『한국근현대지역운동사』 Ⅱ(호남편), 1993.

이들 두 세력은 내면적으로는 서로 경쟁 대립하는 구도였으나 지역 내에서 문제가 발생하면 서로 긴밀하게 협력하는 모습을 보여주었다. 1925년 광주청년회관이 화재로 전소되자 광주노동공제회에서 광청회관 부흥 운동 후원을 결의한 것이 이들의 관계를 엿보게 하는 대표적인 사례이다. 말하자면 두 단체는 경쟁하면서도 협력관계를 유지하고 있었다.[27]

그런데 광주청년회 임시총회에서 선출된 임원의 적격성을 광주노동공제회가 간섭한 것을 가지고 두 단체 내부에 쌓여있던 구조적인 갈등이 폭발하고 말았다. 광주청년회에서 1926년 임시위원회를 열어 위원장과 위원 등 일부 임원을 보궐선거를 통해 선출하였다. 이에 대한 당시 신문 기사를 참고할 필요가 있다.

"광주청년회에서는 지난 1월 4일 오후 8시에 동 회관 내에서 임시위원회를 개최하고 금후 다수 위원이 사임함에 대하여 정상호·지창선·김범수·최준기 군을 보선하고 다음과 같이 부내를 정하였다. 위원장 정상호·서무부 김태열·김범수, 지육부 지창선·최한영, 사회부 정상호·최준기·최묘립, 재무부 조창준·김흥선, 체육부 김재명"(『시대일보』 1926.1.9)

신문 보도를 토대로 선출된 임원들을 표로 정리하면 다음과 같다.

27) 신주백, 위의 논문, 129~136쪽.

선출시기	간부진 명단
1926.1.4 (정기총회)	1. 집행위원장: <u>정상호</u> 2. 집행위원: 서무부(김태열 · <u>김범수</u>) 지육부(지창선 · 최한영) 　　사회부(정상호 · <u>최준기</u> · 최묘립) 재무부(조창준 · 김홍선) 　　체육부(김재명)

　광주청년회가 기존 임원진이 사퇴하자 보궐선거를 통해 새로운 임원진을 선출하였다는 것이다. 밑줄 친 인물들이 새로 선출된 인물이다. 김범수가 비로소 광주청년회의 집행위원이 되었음을 알 수 있다. 김범수와 광주청년회가 인연이 있었다고 하는 것은 앞서 설명한 1921년 5월 28일 광주청년회 의연금 유용문제로 경찰 조사를 받을 때 확인하였다. 그러다 5년 후인 1926년 1월 집행위원에 선출되어 회장단이 된 것이다. 이는 김범수가 광주청년회의 활동에 적극적으로 참여함을 의미한다. 그러니까 1924년 11월 남선의원을 개업한 지 1년이 넘었을 때였다. 이렇게 보면 김범수가 광주청년회 창립 이래 계속 관계를 맺었음을 알 수 있다.

　그런데 이때 눈길을 끄는 것은 김범수와 함께 회장단을 구성한 인물들의 면모이다. 우선 김범수와 함께 서무를 담당할 집행위원으로 김태열이 선출되었다는 사실이다. 김태열은 김범수를 도와 인쇄한 2·8독립선언서를 광주로 가져와 3월 10일 광주시위에 사용한 인물이다. 그는 3월 6일 밤 광주시위 계획 첫 모임에 참석하는 등 주도적으로 참여하였다. 신문종람소 회원이었던 그는 김범수와 이들 청년을 연결하는 고리 역할을 하였다. 대구형무소에서 함께 수감생활을 하는 등 다른 동지들보다 가장 가깝게 지낸 김태열이 김범수와 함께 집행위원이 되었다는 사실은 시사하는 바가 있다. 어쩌면 광주청년회의 실질적인 일을 이들 두 사람이 맡았음을 말해 준다.

집행위원장이 된 정상호 역시 김태열과 광주보통학교 동기동창이다. 앞서 설명하였지만, 김범수, 김태열, 정상호는 보통학교 때부터 막연한 사이였다. 정상호는 광주의 지주이자 사업가인 정낙교의 아들로 3·1운동에도 깊숙이 참여하였다. 아들이 신문종람소 회원인 관계로 정낙교는 그의 건물을 신문종람소 사무실로 이용하도록 하였다가 일본 당국으로부터 어려움을 받기도 하였다. 정상호는 이때 독일 유학을 마치고 귀국한 상태에 있었다. 이렇게 광주 최고의 부호 아들이자 지식인인 정상호가 집행위원장이 되었다는 것은, 광주청년회 임원 구성이 창립 초기처럼 부르주아적 성격을 띠는 것으로 바뀐 것을 의미한다.

이러한 추측을 하는 증거로 정상호 외에 집행위원이 된 최준기와 지창선을 통해 확인할 수 있다. 최준기는 앞서 살폈듯이 광주청년회 창립 당시 총무를 맡은 인물로, 1919년 설립된 광주금융종합의 유일한 조선인 이사였다. 이로 미루어 그의 경제 기반이 어느 정도인지 짐작할 수 있다. 지창선 역시 당시 광주의 최대 지주인 지응현[28]의 장남으로 대단한 재력을 지니고 있었다. 이처럼 막대한 자금

28) 지응현(1867~1957)은 광주, 장성, 담양, 곡성, 순창 등에 무려 100만 평이 훨씬 넘는 땅을 소유하였던 지주로, 응세농도학원(현 쌍촌동 대건신학대학 광주 평생교육원 건물)과 응세수의학교(지산동 살레시오 여고) 등의 부지를 기증하였고, 금호지구에 있는 병천사를 세워 민족정기를 바로 세우려 하였다. 그의 장남인 창선은 일본 메이지대학에서 법학을 공부하고 귀국하여 부

력을 지닌 청년 지식인이 광주청년회의 새로운 집행위원으로 들어섰다는 것은, 사회주의 성격을 띤 이전의 조직에서 다시 변화의 조짐을 보이는 것이라고 여길 수 있다. 이렇게 정상호·지창선·최준기를 비롯한 비교적 자본력이 있는 인물들이 새롭게 임원으로 선출한 것은 당시 광주청년회가 이들을 통해 회관 신축문제를 해결하려는 의도가 다분히 있었다.

그러나 광주청년회는 이미 친일적 인사들을 배제하고 사회주의적 성향이 있는 인사를 간부로 선출하는 등 변화를 보였다. 마냥 예전처럼 지주 자제들과 같은 지역 유지들 중심으로 회를 운영하는 것이란 불가능하였다. 실제 이때 구성된 광주청년회를 보면 위에 언급한 김범수와 김태열 등 광주 3·1운동의 핵심 인물이 새롭게 보강되었다. 기존에 있던 최한영과 함께 독립운동 세력도 상당수 임원진을 구성하였음을 알 수 있다. 정상호·김태열의 광주보통학교 후배인 최한영 역시 그의 집에서 3월 10일에 사용된 많은 유인물을 인쇄하는 등 시위를 성공리에 이끄는 데 적지 않은 공을 세운 인물로, 이들과 함께 대구형무소에서 복역하였다.

이렇게 보면 1926년 임시총회에서 구성된 새로운 광주청년회 임원진은 3·1운동을 이끈 주도세력과 자본가 그룹이 연합하여 만들어진 조직체였다고 하겠다. 이것은 광주청년회가 자본가 집단이 다시 나섬으로 인해 나타날 수 있는 계급적 갈등을 미리 예방하려는 의도에서 비롯되었다고 생각된다. 이러한 추론이 가능하다면 당시

친을 도와 육영사업에도 뛰어들었다. 지창선은 후에 광주상공회의소 의원과 옥천합자회사 사장을 역임하였다.

김범수는 자본가 계급하고 일정한 관계를 형성하고 있었다고 본다. 따라서 그의 이념을 프롤레타리아 이익을 대변하는 사회주로 보기에는 한계가 있다.

이러한 추측은 정상호·김범수·김태열·최준기·지창선이 광주청년회의 새로운 임원으로 선출되자마자 튀어나온 사회주의계의 반발을 통해 알 수 있다. 다음의 내용을 살펴볼 필요가 있다.

①"오치 노농청년회에서는 지난 13일 오후 8시 동 회관에서 특별집행위원회를 개최하고 광주청년회 습격 행동에 대하여 의견이 분분한 가운데 위원을 파송하여 해당 진상을 조사한 결과 상당한 조치를 하기로 하고 다음과 같이 결의하였다 한다.

결의문

광주청년회의 임원 보직을 맡은 위원장 및 임원들은 지위를 유지한 '부르조아' 계급 정상호·지창선·조창준·최준기·김범수 등 5인에게 양여한 것을 다년간 허다한 인사의 악전고투로 혈한의 공적을 들어 적진에 투여하는 동시에 전남의 무산자 청년 운동으로 하여금 '쁘로' 계급의 선상으로 운영하라는 음모에서 나옴이 명백한 일인 이상 본회에서는 그 사실을 조사하여 일반사회에 공포하며 그 주모자 일파를 조사할 일, 조사위원으로 오충근 군을 파송할 일"(『시대일보』 1926.1.18)

②"전남 광주에서는 그곳 청년회에 관계된 문제로 여러 가지 말썽이 되어 오던 중 지난 12일에는 청년회원들이 청년회와 문제된 사

람들을 추적하여 동 공제회에 이르러 문을 부수고 책임자의 거취를 찾는 등 일장의 살풍경까지 연출할 일이 있었는데 사건이 여기까지 오는 데는 대략 다음과 같이 파란이 있었다.

지난번 광주청년회관이 불에 타버린 후로 동회 집행위원 4, 5명이 회관 부흥에 노력을 기울일지라도 실현 여부가 의문이라 하여 사임한 후, 최준기·조창준·정상호·지창선·김범수 5인을 보선하였는 바, 광주시국장 설병호 씨는 청년회원 최영균 씨에 말하기를 광주 청년회는 종래 계급 전선에서 하던 일이었는데 금번에 다수한 부르조아 청년이 집행위원으로 피선된 것을 보면 동회는 부르조아에게 정복을 당하였다고 하는 것보다 부르주아化하였다고 인정할 수밖에 없게 되었다며 일반 회원들은 이러한 상황에 분개하는 데 최군은 어느 편에 가담하겠는가 하였다. 이 말을 들은 청년회에서는 (중략) 위원회를 개최하여 최준기·김태열·최한영을 조사위원으로 선정하여 설병호를 찾아가서 광주 청년회를 파괴하기 위하야 당을 모았느냐! 정체를 말하라 하니 설(說)이 정윤모에게 들었다 하니 그날 밤 청년회관에서 집행위원회를 개최하고 정씨를 청하여 질문하였다. 정이 갑자기 단도를 빼내니 청년들이 칼을 빼앗고 때리려고 하니 정이 도망갔다. 정이 노동공제회관에 숨고 문을 잠금으로 잔뜩 흥분한 청년회원들이 그 문을 부수며 일시 소란이 일어났던 것이다."(『동아일보』 1926.1.18)

김범수 등이 집행위원으로 선출된 보선 결과에 대한 갈등이 많았음을 다룬 『시대일보』(①)와 『동아일보』(②)의 보도 내용이다. ①,

②를 통해 당시 갈등의 전말은 물론 광주청년회를 둘러싼 알력의 배경 등을 구체적으로 알 수 있다. 특히 광주 청년단체의 이념적 스펙트럼에 대해서도 어느 정도 알 수 있겠다.

광주청년회가 임원 보선을 통해 정상호 등 비교적 자본력이 있는 인물을 선택한 것은 불탄 회관 신축을 위한 경비 조달과 관련이 있음을 알 수 있다. 그러면서도 김범수 등 독립운동에 앞장서다 투옥된 경력이 있는 인물을 집행위원으로 선출한 것은 자본가 출신이 집행위원으로 선출됨으로 인해 나타날 수 있는 계급적 갈등을 완화시키려는 의도가 있음을 느낄 수 있다.

이러한 광주청년회의 선택에 대하여 일부에서 불만을 표출하고 있음을 알 수 있다. 광주청년회가 노동자·농민을 위한 계급투쟁으로 어렵게 방향을 선회하였는데, 일부 부르주아 계급이 임원으로 들어오면서 광주청년회의 성격이 변질되었다고 반발하고 있다. 위에서도 설명한 바 있지만, 1920년 경제적 기반이 튼튼한 지주·자본가 계급 및 유지들이 중심이 되어 결성한 광주청년회가 1923년을 계기로 친목 도모 및 교육 활동 등 개량주의적 활동에서 점차 노동자·농민의 이익을 대변하는 사회주의적 성격을 강조하는 방향으로 선회하고 있었다.[29] 그런데 이제 광주청년회의 집행부에 자본가 계급이 다시 선임된 것은 부르주아 성격으로 회귀하는 것이라고 판단을 하였다.

이때 광주청년회의 성격이 과거로 회귀하였다고 구체적으로 공

---

29) 이애숙, 앞의 논문, 250쪽.

격받은 인물들이 최준기·조창준·정상호·지창선·김범수 등이었다. 김태열이나 최한영은 이들 명단에서 제외되어 있다. 정상호나 최준기, 조창준, 지창선 등은 자본가라고 공격을 하여도 무리가 아닐 정도로 광주지역 대표적인 부호 집안이었다. 하지만 무산자 이익을 대변한다고 표방하며 의원을 개원한 김범수까지 이들과 같이 한 묶음으로 공격하는 것은 이해되지 않는다. 더욱이 실제 빈민들을 위한 진료 활동에 솔선하고 있는 김범수이기 때문에 더욱 그러한 생각이 든다.

이는 김범수가 아무리 무산자 이익을 대변한다고 하여도 원래 지주 자본가 출신이라는 태생적 한계 때문에 일부 사회주의 계급 쪽에서는 그를 투쟁의 대상인 부르주아로 인식하였음을 알 수 있다.

김범수의 아우인 김언수는 1926년에 형의 병원이름과 동일한 남선양말공장을 창업하였다. 남선양말공장은 1935년 창업된 대표적인 민족 자본으로 설립된 무등양말공장보다 10년 일찍 세워졌다.[30] 말하자면 민족 산업을 일으켜 민족의 역량을 키우려는 김범수의 의도가 아우인 언수에게 이어졌다 하겠다. 3·1운동 때 그의 집을 유인물을 인쇄하는 데 제공하는 등 간접적으로 독립운동을 도운 언수는 처가가 있는 옥과 금융조합 이사를 맡기도 하였다. 김언수는 해방 후 인민위원회가 결성될 때 재정담당을 맡기도 하였다.

이렇게 김언수가 민족자본가로서 성장한 것은 사회주의자들이 볼 때는 김범수가 부르주아적 성향이 있다고 여길 충분한 이유가

---

30) 박선홍, 『광주 1백년』, 1994, 243쪽.

된다. 따라서 그가 청년회 간부로 들어오는 것에 대해 사회주의자들이 노골적으로 불만을 표출하였다고 본다.

이처럼 김범수가 사회주의적 성향을 지닌 사상가라 하더라도 어디까지나 이념이었을 뿐 그는 오히려 민족자본가와도 가깝게 지내며 민족의 역량을 키우는 모습을 많이 보였다. 말하자면 그가 사회주의 노선을 추종하였다고 볼 어떠한 근거가 찾아지지 않는다. 따라서 김범수를 사회주의 노선에 가깝다고 여겼던 기존의 이해는 수정되어야 할 것이다. 심지어 그를 조선공산당 지하 조직책이라 하여 조선공산당과 연결을 짓는 것은 더더욱 재검토되어야 하지 않을까 한다.

1920년대 중반 이후 조선공산당을 다룬 여러 글에 그의 이름이 보이지 않는 것은 그가 공산당 활동과 전혀 관련이 없음을 말해준다. 혹자는 비밀을 유지하는 공산주의 특성상 그의 활동이 드러나지 않았을 수도 있다고 한다. 그러나 이 주장은 무책임하기 짝이 없다. 김범수는 경성의학전문학교를 나온 엘리트 의사에다 광주 3·1운동의 주역 중의 주역으로 장기간 투옥된 유명인사이다. 아무리 공산주의 활동이 비밀리에 행해졌다 하더라도 김범수의 활동만 딱히 비밀로 하는 것은 이해하기가 어렵다. 심지어 흔적조차 아예 남아있지 않은 것은 더욱 의아하다. 그의 활동 대부분을 살피면 민족자본가와 연결되고 있는 게 많다.

서울회계와 화요회계의 각축장이 된 광주청년운동

:

광주청년회가 부르주아化 되었다고 광주노동공제회가 공격하자 광주청년회 간부와 일부 회원들이 발끈하여 공제회관을 습격함으로써 두 단체의 관계가 순식간에 적대관계로 돌변하였다. 이 과정에서 서울에서 이미 분파되어 서로 날카롭게 대립하던 서울청년회계와 화요회계가 개입하여 논란이 증폭되었다.[31] 서울청년회가 조선청년동맹과 각 지역 대중 운동 단체에 영향력을 행사하려 하였다면, 화요회계 측은 조선노농총동맹을 축으로 각 지역 대중 운동 단체에 영향력을 행사하고 있었다. 서울청년회계는 광주청년회를 옹호하고, 북풍회·화요회계는 공제회를 옹호하는 등 중앙의 대립이 그대로 지방으로 이어져 왔다.

이들 두 세력의 치열한 각축장이었던 광주에서 급기야 물리적 충돌이 일어났다. 앞서 살핀 광주청년회의 임원 선출과 관련하여 이를 비난한 광주노동공제회를 1926년 1월 12, 13일 양일간 강석봉, 김재명 등 50여 명의 광주청년회원들이 습격하여 기물을 부수고 사람을 구타한 것이 대표적인 예이다. 광주청년회가 일으킨 습격사

31) 1924년 10월 서울청년회 세력이 고려공산당 및 고려공산청년동맹을 결성하고 1925년 1월 전조선노동교육자대회를 개최하려 하자 이에 맞서 화요회계는 2월 전조선민중운동자대회의 개최를 선언하며 맞섰다. 이 과정에서 화요회계는 조선공산당 및 고려공산청년회를 결성하였다. 두 세력은 자신들의 정치적 영향력을 확대하기 이때부터 전국적 차원에서 세력 경쟁을 펼쳤다. 이 때문에 전국의 노동, 농민, 청년, 사상 단체들은 두 편으로 갈라지게 되었다(신주백, 「1925~1928년 시기 전남지방 사회운동 연구: 조공 전남도당의 조직과 활동을 중심으로」, 『한국근현대지역운동사』, 1993, 117~118쪽).

건은 서울청년회 측에 가까운 활동가들이 장악하고 있던 광주청년
회와 조선공산당 측의 영향을 받고 있던 광주노동공제회간의 누적
된 대립관계가 중요한 원인임은 두말할 나위가 없다.

　광주청년회와 광주노동공제회의 대립 갈등은 이후 전남지역 사
회주의 단체의 분열 갈등을 촉진시켰다. 전남지역 사회주의 세력은
조선공산당 계열과 고려 공산동맹 계열로 나누어져 있었다. 전자는
주로 북풍회·화요회계열인 반면, 후자는 서울청년회계열이었다.
지역적으로 두 세력의 갈등이 확연히 구분되어 있었다. 조선공산당
계열이 고흥, 보성, 광양, 순천, 여수 등 전남의 동부지역이었다면,
서울청년회계의 기반은 무안, 나주, 완도, 진도 등 전남의 남서부
지방과 북부지방인 담양과 장성지역이었다. 이러한 차이는 해당 지
역의 지도적 인물이 어느 정파에 속하고 있었는가와 밀접히 연관되
어 있다. 조선공산당 측 인물은 순천의 이영민, 박병두, 광양의 신
명준, 정진무, 광주의 서정희, 신동호, 화순의 조경서 등이고, 서울
청년회 계열 인물은 광주의 강석봉, 나주의 이항발, 장성의 기노
춘, 담양의 국기열, 정병용, 무안 서태석, 목포의 배치문, 영암의
조극환, 김준연, 유혁, 완도의 송내호 등이 있다. 이들은 해당 군,
전남지역을 넘어 경성에서도 나름대로 활동기반을 구축하고 있었
다.[32]

　이들 인물들 가운데 서울회계로 분류된 인물들의 성격을 살펴볼
필요가 있다. 광주의 강석봉·한길상, 담양의 정병용, 완도의 송내

32) 신주백, 위의 논문, 135쪽.

호, 영암의 조극환 등이 그들인데, 1922년 송내호가 중심이 되어 결성한 비밀결사 '수의위친계(守義爲親契)' 회원들이었다. 말하자면 서울청년회 계열이라 여겨지는 이들 인물들은 1924년 고려공산당 동맹 전남조직 또는 1925년 전남해방운동자동맹이 결성되기 이전부터 비밀결사 조직 활동 속에서 이미 동지적인 관계를 맺고 있었음을 알 수 있다. 엄밀히 말하면 열렬한 민족주의자였던 이들이 사회주의자로 세계관을 바꾸었음을 알 수 있다. 서울청년회 계열에는 민족주의적인 성향의 활동가들이 많았다고 하는 사실을 전남지방의 예에서 거듭 확인할 수 있다.[33]

그런데 조선공산당에 입당한 광주지역 사회주의자들은 1926년 여름 조직이 발각되어 대부분 검거되고 말았다. 반면 온전히 조직을 보전한 고려 공산동맹 계열의 사회주의 청년들은 1926년 하반기부터 조선공산당에 가입하였다. 이러면서 두 세력이 서로 조선공산당의 주도권을 둘러싸고 사사건건 대립하였다.

고려 공산동맹계열의 일부 청년 학생들이 조직한 성진회가 중심이 되어 광주학생독립운동 등 학생을 중심으로 항일운동에 앞장섰다. 이때 체포되어 투옥되었다 풀려난 사람들을 중심으로 1930년대 공산당 재건 운동이 일어났던 것이다.

따라서 광주청년회가 사회주의 성향을 띠었다고 하더라도 그것은 조선공산당 계열이 아닌 고려 공산동맹계열에 보다 가깝다고 할 수 있겠다. 광주에서는 광주청년회 세력이 강했기에 조선공산당보

33) 신주백, 위의 논문, 133~134쪽의 주 38.

다는 고려 공산동맹계열의 사회주의자들이 세력을 형성하고 있었다. 그리고 이들의 성향은 사회주의보다 민족주의 색체가 강하게 나타나고 있었다.

민족주의를 표방한 광주청년회

:

다음 장에서 재론하겠지만, 일제의 감시를 피해 1942년 광주 벽돌공장으로 숨어들었던 박헌영을 통해 이 지역의 서울회계와 광주청년회계의 세력 추이를 엿볼 수 있다. 박헌영은 화요회계를 대표하는 인물이었다. 그가 광주로 피신한 것도 역설적으로 이 지역이 서울회계인 광주청년회 세력이 강하였기 때문이다. 일본 경찰이 이곳에 세력 기반이 거의 없는 박헌영이 설마 피신하였을 것이라고는 미처 생각하지 못하였던 것이다. 박헌영은 이를 역으로 이용한 것이라 하겠다.

광주지역에서 박헌영 계열은 그 존재가 매우 미미할 정도로 세력이 거의 없었다. 해방 직후 조선공산당에서 파벌 투쟁이 전개되었을 때 광주지역의 상당수 사회주의 계열 인사들이 반(反) 박헌영 계열의 입장에 섰던 것은 이 때문이다. 이는 한국전쟁 때 이 지역의 사회주의적 성격이 있었던 인사들 가운데 상당수가 북에서 내려온 박헌영계 인사들에게 숙청을 당한 것은 이러한 구원(舊怨)이 작용한 것이었다. 말하자면 그때 보복을 당한 사람은 민족주의적 성향이 보다 강했던 서울회계 인물들로, 이들이 사회주의 공화국을 지향한 박헌영계와는 본질적으로 차이가 있다 하겠다.

한편 1931년 만주사변 이후 일제의 파시즘적 성격이 노골화되며 민족운동에 대한 일제의 탄압이 거세지자 사회주의 계열 내에서 분화현상이 나타나고 있었다. 즉, "비합법적인 종파주의에 흐르지 말고 합법적 활동으로써 광범하게 대중과 접근"해야 한다는 주장이 그것이다.

1931년 신간회가 해체되면서 사회주의 운동 세력은 합법적 운동 공간을 상실하였다. 이제 이들의 선택공간은 철저히 지하로 들어가 비합법적 투쟁을 강화할 것인가, 아니면 합법적 공간을 통해 대중과 결합을 강화해야 할 것인가의 기로에 서 있었다. 그런데 일부 사회주의 내부에서 합법적 공간에서의 대중 투쟁을 강화해야 한다는 주장을 하였다. 이 주장은 주로 서울회계를 중심으로 나타났다. 이 운동은 1920년대 '선실력, 후독립'을 주장한 민족주의 우파들이 주장한 자치론과 비슷하여 혼선이 빚어지기도 하였으나, 1930년대 중반 이후 다수 사회주의자들은 '합법·비합법' 활동의 배합 방침으로 연결되고 있었다. 말하자면 이들은 그들이 한때 기회주의라고 공격하였던 민족주의 우파들이 하였던 실력 양성운동에 관심을 가졌다.

이와 관련하여 1930년대 조선공산당 재건 운동을 주도하다 징역 10년의 중형을 선고 받고 복역한 김철수의 다음의 증언은 당시 서울회계열의 성격을 짐작하게 한다. 그는 형기를 마친 후에도 예방구금령에 의해 공주감옥에 수감되어 있었다.

"감옥에서 가만히 살다보니까 박헌영파만 잡혀와. 공산당 재건 운동하다가 잡혀온 것이야. 자꾸 잡혀와. 우리파(서울회계)는 말을 잘 들으니까. 이권운동이야, 양조업도 하고, 정미업도 하고, 뭐 그런거 저런거 모두 직업을 얻어 가지고, 왜 놈한테 얻어서, 아쉬운 소리 하고 (운동 일선에서) 딱 떨어져 버려. 박헌영파가 재건운동하다가 자꾸 잡혀와. 그걸 보고 감옥에서 내가 양심적으로 아무래도 박헌 영을 (지도자로) 내세워야지(라고 생각했어)"[34]

투옥되어 있는 김철수가 서울회계 사회주자들이 일제와 타협하 다 보니 투쟁성이 약화되고 있음을 탄식하고 있는 내용이다. 서울 회계열의 사회주의 운동 세력이 합법적 공간에서 활동하고 있음을 알려주는 중요한 증언이다. 이는 무조건적 투쟁은 한계가 있다고 당시의 정세를 분석한 서울회계가 실력 양성운동 쪽으로 방향을 선 회하였음을 알려준다.

3차 조선공산당 재건 운동을 이끌었던 김철수는 해방 후 이승만 과 박헌영의 연대를 통한 민족통합을 시도하기 위해 사회노동당을 창당하였다. 그러나 그의 의도와는 달리 사람들이 박헌영의 남조선 노동당으로 합류하자 크게 실망하였다. 더구나 그가 우파와의 연대 를 시도하였다고 하여 비판이 쏟아지자 일체의 정치 활동을 포기하 고 귀향하였다. 김철수가 이념의 포로가 아님을 알 수 있겠다. 어디 까지나 이념보다 민족을 우선시한 서울회계의 구체적인 양상을 확 인할 수 있다.

34) 김철수, 「구술자료: 정진석 소장본」, 『지운 김철수』, 243쪽; 임경석, 『이정 박헌영 일대기』, 역사비평사. 2004, 198쪽 재인용.

광주·전남지역의 서울회계열의 인사들 가운데 상당수는 민족주의적 성격이 분명하였다. 자본가의 영향력이 비교적 강하게 뿌리내려져 있는 광주청년회는 근본적으로 사회주의 노선과 결합한다고 하는 것은 한계가 있을 수밖에 없었다. 설사 사회주의 노선을 받아들였다 하더라도 이념보다는 민족을 우선시한 서울회계와 연결되는 것이 자연스럽다. 그들의 목표는 조국의 해방을 위해 민족의 역량을 강화하는 것으로, 민족주의 우파들이 지향하였던 실력 양성운동에 큰 관심을 가졌다. 박헌영이 재건하려 한 조선공산당과는 근본적인 지향점이 달랐다.

이때 주목되는 것이 1935년에 광주실업 청년들이 물산 회사를 조직하였다는 신문 보도 내용이다.

광주 실업 청년들 물산 회사 조직

전라남도는 각 산물이 풍부하나 우리 청년들이 특산물에 대하여 하등의 관심이 없음을 보고 금번에 광주중산청년들이 10여만 원의 주식으로 광주물산창고회사(光州物産倉庫會社)를 창립하게 되어 공모주도 예정가대로 진행되어 주주총회를 10월 중순경에 개최할 예정이며 발기인은 다음과 같다 한다. 발기인(무순) 김재규·박경민·지정선·권계수·김익범·조동순·최남주·김범수(『조선중앙일보』 1935.10.6)

광주 청년 실업가들이 광주물산창고회사를 설립하였다고 하는 사실을 보도한 내용이다. 광주물산창고회사가 어떠한 일을 하는지 정확히 알 수 없으나 "전라남도는 각 산물이 풍부하나 우리 청년들이 하등의 관심이 없음을 보고"라고 하는 취지문을 통해 전남지역의 특산물을 경성 또는 일본 등에 수출하기 위한 무역회사를 설립하려고 하는 것임을 알 수 있다. 우리 지역에서 생산된 특산품의 판로를 확보함으로써 농가 소득 증대를 높이려는 의도에서 설립하였음을 분명히 하고 있다.

이 물류회사를 세우는 데 광주뿐만 아니라 전남지역의 부호들이 참여하고 있음을 알 수 있다. 지정선은 당시 호남의 대표적인 지주 지응현의 셋째 아들로 일제 강점기에 도평의원을 역임하였다.[35] 그는 부친으로부터 약 33.7정보의 땅을 상속받아 대단한 재력을 자랑하였다.

조동순은 뒤에 설명할 김범수의 사위 조주순의 형이다. 당시 그 역시 화순의 부잣집 장남으로 화순주조장을 경영하며 재산을 크게 늘린 사업가였다.[36]

박경민은 김범수의 셋째 처남으로 부친은 화순 원리의 대지주인 박동표로 금강 이남에서 가장 많은 토지를 소유하고 있었다.[37] 박

<hr />

35) 지정선(1905~1975)은 지응현의 아들 가운데 유일하게 일제강점기에 사회활동을 하였다. 도평의원은 일제의 관변조직인 도평의회 의원으로 친일적인 성향을 지닌 인사들이 주로 하였다.

36) 조동순이 조주순의 형으로 화순 주조장을 경영하였다고 하는 것은 최근 조주순의 조카 며느리인 김○○의 인터뷰를 통해 알 수 있었다. 그의 부친은 지주로서, 양조장 사업을 통해서 축적된 재산으로 사채업을 하여 재산을 크게 불렸다 한다(2020.3.31 광주 사동 자택 인터뷰).

37) 박경민의 부친인 박동표의 토지는 특히 곡성 옥과에 많았다.

경민은 비록 사업을 하고, 뒤에 친일 관변 단체인 경방단의 부단장을 맡아 친일 논란이 있기도 하나, 중앙학교 졸업반에 재학 중 3·1운동에 앞장섰던 형 경조의 영향을 받아 민족의식이 강했다. 그는 사회주의자들하고 자주 어울린 것으로 보아 민족주의 색체가 강한 자본가라고 할 수 있다.

최남주는 1917년 광주전기주식회사를 설립한 자본가인 최원택의 아들로 용진광산을 설립한 광산사업가로 유명하다. 특히 그는 영화에도 관심이 많아 1937년 경성에서 조선영화주식회사를 설립하였다. 이렇게 경성에서도 알려진 대자본가인 최남주도 이 사업에 참여하고 있다. 최남주의 집은 김범수 집과 인접해 있었다.

이렇듯 광주물산창고회사 설립은 광주와 광주 인근에서 재력이 있는 젊은 실업가들이 나서고 있음을 알 수 있다. 그런데 이 일을 추진하는 발기인 명단에 김범수 이름이 올라 있는 사실이 주목된다. 곧 물류회사의 설립을 김범수가 주도한 것이 아닌가 한다. 그것은 김범수를 제외한 나머지 인물들이 모두 실업가라는 점에서 이러한 추측이 가능하다. 이들 인물 모두 김범수와 밀접한 관련이 있다.

앞서 살폈듯이, 1924년 광주에 내려와 남선의원을 개원한 김범수는 무산자를 위한 의료 활동에 헌신을 다하고 있었다. 1929년 심야에 피를 흘리며 쓰러져 있는 고아 소년을 김범수가 치료하였다고 보도된 신문 내용은 이를 말해준다. 한편으로 그는 경제적으로 어려운 사람들의 구호 활동을 위한 사회 운동에도 몸을 아끼지 않았다.

1920년 9월 출옥하자마자 막 출범한 광주청년회를 통해 사회 활동에 참여한 그는, 의사가 된 후에도 이 회를 통해 민족의 역량을 키우려 하였다. 경제적 형편 때문에 취학하지 못한 학생의 학업 기회를 만들어주었던 그는, 불탄 광주청년회관을 복구하기 위해 임원진을 맡기도 하였다. 그에게는 민족주의니, 사회주의니 하는 이념보다는 민족의 삶에 도움이 되는 방법을 찾는 것이 중요한 문제였다. 따라서 그것이 민족의 삶을 위한 것이라고 판단이 되면 주저 없이 뛰어들었다.

1926년 광주청년회관 건립을 위해 광주청년회의 집행위원으로 선출되었을 때도 자본가 계급과 손을 잡았다 해서 부르주아로 공격을 받기도 하였지만, 그는 그러한 공격을 받는 것보다 광주 청년들의 활동 공간 마련이 중요하다고 생각하였다. 일제강점기에 사회를 이끌 청년들의 역할이 중요하다고 판단하였기 때문이다.

이러한 그의 인식이 1935년 광주물산창고회사라는 주식회사를 세우는 데 앞장선 것은 아닌가 한다. 광주물산창고발기인 명단 맨 마지막에 실업인 아닌 인물로 가장 나이 많은 김범수가 이름을 올린 것은 이를 짐작하게 한다. 특히 발기인 명단에 이름을 올린 이들은 모두 김범수와 관계가 깊은 인물이라는 점도 이러한 생각을 하게 한다. 박경민은 그의 셋째 처남, 조동순은 김범수의 장모 조정순과 같은 집안이었다. 지정선은 지응현의 아들로 지응현이 김범수 아들의 중매를 설 정도로 관계가 평소에도 깊었다. 대표적인 실업인인 최남주는 금광개발에도 뛰어들 정도로 대자본가였다. 그런데 그는 1939년 '학예사'라는 출판사를 세워 카프 계열의 작가였던 소설가 임화에게 운영을 맡기었다. 이렇게 보면 최남주가 비록 자본가이긴 하나 사회주의 세력과도 일정 부분 관계가 있는 듯하다. 박경민도 마찬가지로 철저한 사회주의자인 조주순과 통하고 있었다. 물론 김범수도 무산자 계급을 우선하고 해방 후에도 건국준비위원회, 인민위원회 등에서 활동하며 중도 좌파적 관점에 있었다. 이렇게 본다면 당시 광주물산창고회사를 세운 이들은 비록 이들이 자본가 계급이라 하더라도 민중의 계급적 이익에 소홀하지 않은 사회주의적 이론에 어느 정도 경도되어 있었다고 하겠다.[38]

그런데 광주물산창고회사가 세워지기 직전의 다음 보도 내용은 회사의 설립의 구체적인 목표가 어디에 있었는지를 추측하는데 중요한 판단의 근거를 제공해준다.

광주청년회관 기지 원만 해결
광주청년회 기지문제로 인하여 조선동아와 조선중앙의 광주지국 주최로 좌담회를 개최한다고 예보하였거니와, 좌장으로 김광진 씨가 선거되어 장시간 토의한 결과 정락교 씨로부터 양도하여 청년회관을 건축키로 결정하였는 바, 지난 19일 오후 4시 광주사립보통학교에서 이 문제를 원만히 해결하기 위해 다음과 같이 실행위원 8인을 선거하였다 한다.

---

38) 로빈슨(Richard D.Robinson)은 한국에서 좌우 구분은 3·1운동 이후 민족해방운동의 주도권이 사회주의자들에게 넘어가면서 비롯되었다고 기술하였다. 또 좌익과 우익은 지도자의 개인적 차이에 불과하였고, 특히 식민지시기에는 민족주의조차 우익의 위장(stomach)과 좌익의 입(mouth)을 가지고 있었다고 표현하였다(『주한미군사』 2권, 돌베개, 1988, 99~100쪽; 정용욱, 앞의 논문, 994쪽 주 38 재인용). 결국 일제시기에 민족주의와 사회주의는 연대와 제휴의 대상이었다. 해방 직후까지도 민족주의를 민족혁명을 위한 긍정적인 이데올로기로 받아들였다(정용욱, 위의 논문, 995쪽).

정상호·최남규·김범수·김광진·지창선·강해석·김태열·최한영

실업 청년들(『조선중앙일보』 1935.9.19)

광주청년회의 숙원사업인 청년회관 신축비 부담을 둘러싼 오랜 논의가 신문종람소 활동 공간을 제공했던 정낙교가 부지를 제공하면서 해결의 실마리를 찾았다는 것이다. 이 일을 추진하기 위해 1926년 임시총회에서 광주청년회 집행위원으로 선출된 바 있는 정상호·김범수·김태열·최한영 등과 광주의 대표적 실업가들이 추진위원으로 합류하였음을 알려준다. 광주청년회관을 건립하기 위해서는 재력이 있는 인물들의 도움이 절대적으로 필요하였을 것이다. 그렇지만 광주청년회 자체적으로도 자본을 모을 필요성이 제기되었을 법하다. 이것이 광주물산창고회사가 나오게 된 배경이라고 생각된다. 그러니까 특산물의 제값 받기 운동을 통한 농가의 소득 증대와 더불어 광주청년회 건물 신축 경비 마련의 의도도 함께 있었다.

그런데 정상호·김태열·최한영 등 다른 추진위원들은 광주물산창고회사 설립 발기인에 이름을 올리지 않고 있다. 유독 김범수 이름만 들어 있는 까닭이 궁금하다. 이에 대한 뚜렷한 근거는 없으나 다음의 추론은 가능하리라 본다. 1926년 임시총회에서 정상호·김범수·김태열·최한영이 광주지역 자본가들과 함께 집행위원으로 선출될 때 부르주아 논쟁이 크게 일어난 것과 관련이 있다고 생각한다. 그 당시에도 김태열과 최한영은 논란에 비켜 있었지만, 정상호와 김범수는 부르주아라고 공격을 받았었다. 이 때문에 1935년 광주 실업가들이 창고회사를 세우려 할 때 사회운동을 하는 대부분

사람은 이름을 올리는 것을 주저하였을 것이다. 그러나 김범수만은 이에 개의치 않고, 광주물산창고회사의 발전에 도움이 된다면 본인 이름을 올리는 것을 크게 개의치 않았다고 생각된다. 그에게는 자본주의니, 사회주의니 하는 이념은 그다지 중요하지 않았다. 그러다 보니 그는 늘 사회주의자나 우파로부터 공격의 대상이 되었다.

위대한 민족주의자 김범수

:

김범수의 청년·사회 운동을 살펴보면 사회주의적 성격을 띠었다기보다는 오히려 자본가들과 더 가까이하며 민족의 역량을 키우는 데 주력한 민족주의자라고 보는 것이 설득력이 있다. 그가 민족 실력 양성에 관심이 많았다는 것은 그의 장남 용채에게 입버릇처럼 "조국의 독립은 만세로만 되는 것이 아니다. 문명한 사회를 만들어 백성 모두가 문명을 깨쳐야만 진정 독립할 수 있다"라고 하며 실력을 길러야 함을 강조했다고 하는 데서 알 수 있다. 이러한 점만 보더라도 그를 사회주의자라고 보기 어렵다. 설사 백번 양보하여 그에게 사회주의적 성향이 강하게 있다고 하더라도 그것은 어디까지나 이념이었을 뿐 그의 삶을 지배하는 것은 민족의 장래에 대한 끊임없는 고민이었다.

그런데도 그를 '공산주의자', '조선공산당 지하조직책' 등이라 하여 일제강점기 공산당 활동을 하였다고 인식하고 있는 것 같다.[39]

---

39) 최인식, 위키백과.

앞서 언급하였지만, 그가 공산당 조직 활동을 하였다는 어떠한 증거도 없다. 오히려 자본가들과 손을 잡고 민족의 역량을 키우는 데 적극적으로 나서고 있음이 확인된다. 그런데도 그를 사회주의자를 넘어 공산주의자로 사람들은 인식하고 있을까? 이제 그 의문에 대한 답을 찾아야 할 때이다.

우선 그의 이념적 스펙트럼이다. 김범수는 기본적으로 노동자, 농민 등 무산자 계급에 대해 관심이 많았다. 1924년 김범수가 처음 개원할 때 무산자를 위한 진료에 헌신하겠다고 하였다. '무산자'라는 표현에 주목하여 그의 이념적 스펙트럼이 사회주의에 가깝다고 쉽게 생각한 것이 아닌가 한다. 그러나 그는 민족자본가들과 가깝게 지냈다. 위에서 살핀 자본가들 외에도 김범수와 가깝게 지낸 민족자본가로 최선진이 있다. 광주청년회의 창립위원인 그는 미곡업에 종사하며 엄청난 부를 일구었다. 그는 독립운동에 필요한 자금을 제공하기도 한 민족주의자였다. 1945년 해방이 되자 최선진은 유은학원의 모태가 된 광주상업학교를 설립하여 지역의 유능한 인재를 기르려 하였다. 유은학원 개교기념식에 초청받은 김범수가 기념식 축사를 하였다.[40] 최선진과 김범수가 평소에도 끈끈한 관계였음을 느끼게 한다. 특히 김범수의 장남 용채가 1949년 광주상업학교 교사로 채용되고 있는 것도 두 사람의 관계가 가깝다고 하는 사실을 알려준다.

김범수와 가깝게 지낸 이들 가운데 사회주의자들도 많았다. 조선

40) 본서 5장 참조.

공산당에서 활동한 최한영을 비롯하여 공산당 재건 운동에 앞장선 강석봉, 한길상 등은 모두 김범수와 함께 광주 3·1운동을 일으킨 주역들이었다. 강석봉과 최한영 등은 광주청년회를 중심으로 사회 운동에도 참여하였다. 강석봉 같은 경우는 조선공산당 재건 운동에 앞장섰을 정도로 철저한 사회주의적 이데올로기를 지녔다. 해방 직후 조선건국준비위원회 전남지부에서 간부를 맡았고 한국전쟁 때 광주가 북한군의 수중에 들어가던 초기 3일 동안 광주시인민위원장을 맡았다. 김범수는 이들과 곧장 어울렸다. 특히 그는 해방 직후 조선건국준비위원회 및 인민공화국에서 활동하였다. 그러다 보니 김범수가 사회주의자로 인식되지 않았을까 싶다.

　그러나 이러한 것만 가지고 그가 공산당 지하조직책이라고 단정하기에는 내세운 근거가 너무 빈약한 느낌이다. 그러면 왜 후인들이 그를 공산주의자라고 인식하였을까? 아니면 그렇게 낙인을 만들었을까? 저자는 그를 공산주의자라고 언급한 기록을 찾아 나섰다. 물론 그가 공산주의자 내지는 공산당 활동을 하였다는 어떠한 기록도 찾을 수 없었다. 굳이 억지로 의심을 해본다면 그가 화요회계 출신으로 남로당을 만든 박헌영과 연결되었다고 믿었기에 그러한 소문이 만들어져 있는 것이 아닌가 한다. 다음의 기록에서 이를 확인해보기로 하겠다. 앞서 인용한 『광복 30년』에 실려 있는 다음의 내용을 주목해보자.

　　전남건준 상경 대표단이 이날 밤 8시께 저녁 식사를 마치고 창평상
　회 앞에 이르자 목탄트럭이 서울로 간다는 소문을 들은 사람들이

미리 올라타 적재함까지 초만원을 이루고 있었다. 해방과 더불어 열차의 정상운행이 중단됐고 딴 교통수단마저 없기 때문이었다. 이를 본 운전사는 바퀴가 터질 지경이라고 악을 썼으나 누구하나 내리려 하지 않다. 화가 난 선전부장 최인식이 적재함에 올라가 "이 차는 특수한 임무를 띠고 서울로 가니 모두 내리라"고함을 치며 한 사람씩 밀어내자 슬슬 내려오기 시작했다. 그러나 까무잡잡한 얼굴에 흰 무명 한복 차림의 바지를 똘똘 말아 올린 데다 고무신을 신은 한 사나이가 적재함 맨 귀퉁이에서 머뭇거리며 내리지 않을 눈치였다. "당신은 누군데 내리지 않소? 빨리 내려요!" 사나이는 최의 눈치를 살피며 어물쩡 거렸다. 이때 상경 대표단의 한 사람인 학무부장 김범수가 다가와 최에게 말했다. "이 사람은 급한 일이 있으니 좀 봐 주소" 김의 부탁을 받은 최는 다시 한번 사나이의 위아래를 훑어봤다. 한데 이상한 일이었다. 어디선가 안면이 있는 것 같아 자세히 보니 친구 이득균이 경영했던 월산동 벽돌공장에서 김성삼 또는 김영삼이란 이름으로 행세했던 사람이었다. 최는 친구 李에게서 이 사나이를 소개받은 바도 있었기 때문에 반가이 대해줬다. "아니 김선생, 몰라봐서 미안합니다. 한데 어쩐 일입니까?" "네, 급한 용무가 있어 서울에 좀 가야겠습니다." "그래요. 그럼 같이 갑시다." 최는 이처럼 무심코 지나쳤지만, 이 사나이는 바로 박헌영이었다.[41]

위 내용은 앞서 인용한 내용의 바로 뒷부분이다. 이에 의하면 박

41) 김석학 외, 『광복 30년』, 1975, 31쪽.

헌영이 상경 트럭을 올라타는 데 김범수가 도움을 주었음을 알 수 있다. 이 부분만 놓고 보면 김범수와 박헌영이 서로 통하고 있음을 짐작할 수 있다. 따라서 김범수를 박헌영계열로 의심할 수도 있다.

이에 저자는 이 부분을 집필한 전 무등일보 편집국장 김석학을 수소문 끝에 찾았다. 박헌영이 차에 오를 수 있도록 김범수가 도와주었다고 하는 진술을 누구에게 들었는지 확인하기 위해서였다. 김범수와 박헌영의 관계를 위 기록처럼 받아들이기에는 뭔가 석연치 않아서였다. 김석학은 80이 훌쩍 넘은 고령이지만 45년 전인 1975년 집필 당시의 상황을 정확히 기억하고 있었다.

저자는 김석학에게 김범수가 박헌영이 차에 타는 것을 도와주었다고 하는 부분을 누구에게 듣고 서술하였는가를 물었더니 전남건국준비위원회 간부로 활동했던 최인식에게 들었다 하였다.[42] 김석학은 최인식의 진술을 토대로 김범수와 박헌영 관계 부분을 서술한

---

42) 최인식(1906~1985)에 대해 그의 자서전이라 할 수 있는 『격랑, 역사의 현장에서』(최진, 전남대학교 학생독립운동 연구단, 2010)가 참고된다. 이는 중앙정보부 국장을 지낸 그의 아들이 부친과 관련된 얘기를 모아 놓은 것이다. 최인식은 일제강점기 조선일보 기자 출신으로 해방이 되자 건국준비위원회 전남지부 결성에 주도적 역할을 하였다. 한때 인민군을 따라 산(山) 생황을 하기도 하였던 그는 박정희 정권이 들어선 후 투철한 반공주의자로 변신하였다. 그를 소개한 네이버 글에, 김범수를 '조선공산당 지하총책'이라 언급하였다. 이때 근거로 내세운 것이 김석학의 『광복 30년』이었다. 하지만 김석학의 글에는 김범수를 '공산주의자'로만 언급되었을 뿐 '조선공산당 지하총책'이라는 표현은 없다. 이로 미루어 최인식이 김범수가 '공산주의자'라고 말한 것이, 정작 최인식과 관련된 또 다른 글에 '조선공산당지하총책'으로 둔갑하고 있음을 알 수 있다. 하지만 이를 입증할 어떠한 근거도 없다. 그럼에도 불구하고 이 내용이 마치 사실인 양 그대로 받아들이고 쓰는 경우가 적지 않다.

것임을 알 수 있겠다. 이 서술이 이후 김범수가 공산당원이라고 인식하는 결정적인 근거가 되었다. 김범수가 공산주의자였다고 하는 것은 최인식의 증언에서부터였음을 알 수 있겠다.

그런데 최근 편찬된 최인식의 글에는 이 부분이 다음과 같이 서술되어 있다.

> (전략) 할 수 없이 최인식 씨는 차장처럼 큰 소리로 "이 차에는 나라를 위해 일할 사람만 타시오"라고 거듭 외쳤다. 사람들이 슬슬 내리기 시작하였다. 그런데 얼굴이 까무잡잡한 한 사나이가 뒤에서 머뭇거리기만 하고 끝내 내리지 않았다. 최씨는 내심 아니꼽게 생각하고 그를 쳐다보고 깜짝 놀랐다. 바로 그는 벽돌공장에서 김서방이라고 하던 바로 그 사나이였기 때문이다. 그 사나이가 곧 박헌영이었던 것이다. 박은 흰 무명 한복 차림에 바지를 돌돌 말아 올렸고 고무신을 신고 있었다고 한다. 대표 중의 한 사람인 김범수가 박과 미리 내통이 있었던지 최씨에게 "이 사람만을 태워주소. 중요한 일이 있는 사람이네."하고 박을 태워달라고 부탁했다. 그때 최씨는 박이 엉뚱한 인물일 것 같은 생각을 했었지만 그때까지는 그가 박헌영인 줄을 몰랐었다고 한다."[43]

위의 글은 바로 앞의 글을 거의 그대로 인용한 것이다. 그런데도 저자가 같은 내용을 번거롭게 전재하여 인용한 까닭은 바로 위의

---

43) 최진, 위의 책, 88~89쪽.

글 밑줄 부분 때문이다. 최인식은 김범수가 박헌영과 내통하였다고 하였다. 김석학이 1975년 최인식과 인터뷰하여 서술된 책에는 '내통'했다는 표현은 없다. 그런데 2010년 편찬된 책에는 '내통'했다는 표현이 들어 있다. 2010년에 편찬된 책이 의도했든 안 했든 간에 김범수와 박헌영의 관계를 밀접한 것으로 강조하였다. 그리고 위키백과 '최인식' 설명에는 김범수를 '조선공산당 지하조직 관여'라고 언급하고 있다.

이처럼 김범수와 박헌영과의 관계, 나아가 공산당 관련 부분이 특별한 근거 없이 후대로 내려오면서 색칠이 덧붙여졌음을 알 수 있겠다. 그것도 특정인의 진술 부분에서만 그러한 경향성이 나타나고 있다. 이러한 현상은 결국 역사적 진실과 나타난 사실은 다를 수 있다는 의심을 충분히 하게 한다. 이에 대한 진실에 접근해 보려 한다.

최인식의 진술대로 김범수와 박헌영이 서로 잘 알고 내통하였다면 김범수와 박헌영 관계에 대한 언급이나 기록이 많아야 할 것이다. 그러나 실제는 전혀 찾아볼 수 없다. 오히려 최인식과 박헌영은 서로 알고 있었던 것 같다. 최인식이 벽돌공장 사장 이득윤으로부터 박헌영을 소개받았다고 한 본인의 진술에서 짐작할 수 있다. 이득윤은 김성삼이 박헌영이라고 하는 사실을 알고 있었다고 한다. 당시 신문기자인 최인식이 이를 모르고 있을 것 같지 않다.

일제 말 일본 경찰에 쫓기던 박헌영은 1942년부터 1945년 해방 당일까지 광주에서 벽돌공장 노동자로 신분을 숨기며 살았다. 박헌영이 광주에 숨어든 것은 당시 남선전기주식회사 광주지점에 근무하며 조직책으로 활동하던 윤도형 등 지하조직이 살아남아 있었기 때문이다. 특히 박헌영이 벽돌공장에 취업할 수 있었던 것은 경성 콤그룹의 일원으로 광주에 있던 당시 조흥은행원 고향의 도움이 있었기 때문이었다.

한편 최인식의 진술대로 김범수가 박헌영과 내통을 하였다면 왜 많은 광주지역의 공산당 연구 자료에 김범수 이름이 보이지 않는지 궁금하다. 김범수는 광주 3·1운동을 대표하는 상징 인물이고, 광주 유일의 경성의학전문학교 출신 의사였다. 이러한 명망가였기에 광주청년회 활동을 비롯하여 그의 모든 행동은 관심의 대상이 되어 뉴스에 자주 오르내렸다. 그러한 김범수가 공산주의 활동을 하였다면 당연히 말단이 아닌 상층부에서 중요한 역할을 맡았을 것이고, 비밀 조직책이 아닌 공개적인 활동을 하였을 것이다. 저자가 능력이 미치지 못하여 미처 발견하지 못하고 있는지 모르겠으나 김범수가 공산당 활동을 하였다는 어떠한 기록을 보지 못했다. 반면 앞서 언급된 최한영, 강석봉, 한길상 등의 경우는 사회주의 내지는 조선 공산당과 관련된 내용이 보인다. 김범수만 공산당과 관련된 어떠한 것도 보이지 않는다. 이는 김범수가 공산당과 전혀 관련이 없기 때문이라고 살펴도 좋을 것이다.

그런데 이러한 주장과 달리 김범수가 비밀리에 공산당 활동하면서 공산당 세포조직을 만들었기 때문에 그의 활동이 드러나지 않았지 않았다고 반론이 나올 수도 있다. 곧 1942년 광주에 잠입하여 있으며 '콤클럽'이라는 해방 후 남로당의 모체가 된 조직을 만든 박헌영과 같이 지하에서 암약하였다는 의미인 것이다. 그렇다면 해방 직후 박헌영이 상경하여 남로당을 결성할 때 당연히 따라갔어야 할 것 아닌가! 그런데, 다음 장에서 자세히 다루겠지만, 김범수는 박헌영과 같은 노선을 걷지 않고 여운형과 안재홍이 중심이 되어 만든 건국준비위원회에서 활동하였다. 그리고 여운형이 중심이 된 인민공화국의 간부로 지내며 박헌영이 반대한 여운형과 김규식이 주도한 좌·우 합작운동에 지지를 보내고 있다. 이 점만 보더라도 김범수는 박헌영과 관계가 없다고 보는 것이 타당하다. 그리고 김범수는 좌우 합작운동이 이루어지지 못하자 현실 정치에 환멸을 느끼고 정계를 은퇴하였다. 이러한 김범수의 모습에서 계급 사관에 입각한 혁명 운동가를 찾는다는 것은 불가능에 가깝다. 이러한 점에서 김범수를 공산당과 연결 짓고 있는 것은 일부의 그릇된 판단에서 비롯되지 않았을까 싶다.

이러한 저자의 추론을 뒷받침하여 주는 사례를 다음에서도 찾을 수 있다. 광주에서는 박헌영이 속한 화요회계가 아닌 서울회계와 가까운 광주청년회가 사회운동 세력의 핵심이었다. 따라서 박헌영계는 광주에서 조직이 불과 몇 명에 그칠 정도로 세력이 약했다. 이 때문에 박헌영계는 광주에서 철저히 그들의 존재를 숨길 수밖에 없었다. 일본 경찰들조차 박헌영이 광주에서 은신해있으리라고는 생각도 하지 못했을 정도였다. 광주지역에서 박헌영계의 위상을 보여주는 단적인 예가 있다. 1945년 8월 17일 오전 광주극장에서 전남 건국준비위원회 결성식이 열렸는데, 박헌영은 단상에 올라가기는 커녕 사람들의 시선을 피해 뒤에서 서성거리며 상황을 살피다 사라졌다. 그것은 최흥종, 국기열 등 광주청년회 출신들이 단상을 장악하고 있어 박헌영은 그 존재를 드러낼 수 없었기 때문이다.

한편 광주 청년회계 출신인 김범수는 박헌영계와는 기본적으로 속성이 달랐다. 그에게는 이념적 스펙트럼이 특별히 있어 보이지 않는다. 굳이 찾자면 당시 대부분 민족주의자가 그러했던 것처럼 사회주의적 민족주의자로 할 수 있겠다. 그가 철저한 공산주의자였다면 안재홍과 교유하고 지낼 까닭도 없고, 안재홍 역시 그와 가깝게 지내려 하지도 않았을 것이다.

김범수를 박헌영과 연결을 지어 '공산주의자', 심지어 '조선공산당 지하조직책'이라 한 일부의 표현을 받아들일 수 없다. 그런데도 이제껏 일부의 확인되지 않은 사실이 마치 진실인 것처럼 낙인되어 있었다. 이렇게 본다면 상경하는 목탄트럭에서 보이는 박헌영의 상경을 마치 김범수가 도움을 주었다거나, 심지어 알선을 해주었다는 최인식의 진술 그대로 믿어야 할지 망설여진다.

마침 경성으로 올라가는 목탄트럭에 박헌영이 올라탄 상황을 최인식과 달리 설명하는 또 다른 증언이 나왔다. 8월 17일 김범수 등과 건국준비위원회 전남대표로 상경하였던 고광표가 1992년 『중앙일보』와 인터뷰한 내용이다.

1945년 8월 17일 오전 광주극장에서 건국준비 전남지부가 결성됐습니다. 이 자리에서 선출된 각계 대표 33명 중 지주 대표인 나를 비롯 5명의 대표단을 해방정국을 살피기 위해 이날 서울에 파견하기로 결정을 하였지요. 대표단은 해방과 더불어 열차의 정상 운행이 중단되어 불가피하게 목탄트럭을 타고 상경했습니다. 대표단을 실은 트럭에는 까무잡잡한 얼굴에 흰 무명 한복 차림에 고무신을 신은 40대 중반의 한 사나이가 적재함 귀퉁이에 앉아 있었습니다. 이 사나이는 대표단 중의 한 사람인 고항(高沆) 씨의 소개로 이 트럭에 동승했습니다.[44]

박헌영이 목탄트럭을 탔을 때의 설명이 최인식의 진술과 다름을 알 수 있다. 하나의 현상을 고광표와 최인식이 서로 달리 설명하고 있다. 즉, 고항이 상경하는 목탄차에 건국준비위원회 전남대표단의 일원으로 탑승하였는데, 박헌영이 목탄트럭에 탑승할 수 있었던 것은 고항의 알선 덕분이었다는 것이다. 일제 말 조흥은행 직원이었던 고항은 경성콤그룹 전남 비밀조직원이었다. 고항과 함께 이 트럭에 박헌영의 애인 이순금, 같은 조직원 조주순도 함께 탔다고 한다. 어쨌든 박헌영이 건국준비위원회 전남대표단이 탄 차에 오른 것은 고항의 알선 때문이었다.[45] 김범수와는 아무런 관련이 없음을 알 수 있다. 그동안 설명해 온 바를 토대로 살피면 고광표의 진술이 더 진실에 가까움을 알겠다. 그런데도 그동안 최인식의 진술로 구성된 '박헌영의 상경은 김범수가 도움을 주었다'는『광복 30년』의 인식이 일반인의 뇌리에 각인되어 역사적 사실로 고착화 되었다. 이제 이를 바로 잡을 때가 되었다.

저자는 김범수를 공산주의자로 증언한 최인식의 얘기는 사실을

---

44) 중앙일보 특별취재반,『조선민주주의인민공화국』, 중앙일보사, 1992, 281쪽.
45) 임경석,『이정 박헌영 일대기』, 역사비평사, 2004, 208쪽.

오인하였을 가능성이 크다. 또는 최인식이 그렇게 증언해야 할 우리가 모르는 또 다른 이유가 있지 않을까 짐작된다. 그것은 이러한 증언 시기가 1975년으로 반공 이데올로기를 강조하는 유신체제라는 점을 고려할 때 그러한 의심이 든다. 김범수는 1951년 한국전쟁 때 이미 죽고 없고 김범수의 유가족도 변변치 않을 때였다.

『광복 30년』 출판이 1975년이니까 일제 강점기 및 해방 직후에 활동한 생존자들이 꽤 있었다. 이들의 생생한 증언을 바탕으로 서술된 이 책은 45년이 지난 오늘날 자료집으로서의 성격이 강하다. 그러나 해방된 지 30년이 지난 기록인 데다 각자가 처한 당시의 주관적 관점에서 언급된 것이기 때문에, 역사적 상황과 일치하지 않은 부분이 적지 않다. 따라서 증언을 토대로 구축된 역사적 사실을 읽을 때는 세심하게 살피지 않으면 역사적 진실을 오도할 가능성이 큼을 명심해야 한다.

그렇다면 일본 유학을 다녀오고 조선일보 기자를 지낸 최인식이 김범수를 공산주의자라고 생각하였을 할 때는 그렇게 생각할만한 이유가 있었을 것이다. 바로 김범수의 사위 조주순 때문이다.

조주순은 8월 17일 상경하는 목탄트럭을 고향과 함께 탔던 인물인데 박헌영의 직계로 알려져 있다. 화순탄광에서 지하 노동조합을 결성하여 항일 운동을 전개한 인물로, 전남 지역에서 몇 안 되는 박헌영의 직계였다. 부친이 화순에서 주조장을 경영하여 화순에서 소문난 부호[46] 출신인 그는 일본 후쿠오카 의과대학을 진학할 정도로

---

46) 화순의 대표적 지주인 조주순 부친은 화순읍에서 주조장을 운영하였다. 당시 화순에는 조주순 집안이 운영하는 화순주조장과 신호연이 경영하는 능주

대표적인 엘리트 지식인이었다. 그는 일본 유학 중에 많은 유학생이 그러했던 것처럼 사회주의에 흠뻑 빠졌다. 조주순은 일본 유학 중에 고서점을 운영하며 학비를 마련하였다. 일본 학생과 자주 충돌을 하며 해방 조국을 더욱 간절히 꿈꾸었다고 한다.[47] 지주 출신으로 화순읍에서 양조업을 하며 커다란 부를 축적하였던 그의 부친은 특히 사채업을 하여 재산을 불렸다. 그런데 조주순은 학업을 중퇴하고 귀국하였는데, 이는 일본 학생과의 마찰이 큰 이유가 아닌가 싶다.

조주순은 귀국 후 본격적으로 노동자·농민을 위한 사회주의 국가 건설에 앞장 선 것으로 보인다. 화순 탄광에 노동조합 건설을 주도한 것이 그 대표적인 예이다. 하층민의 삶을 고민한 조주순의 인간성을 알려주는 사례가 있다. 그는 부친이 사채업을 하는 것을 막으려고 사채 장부를 모두 불태워 버렸다. 말하자면 가난한 사람들이 없이 모두가 잘사는 평등사회를 꿈꾸었다. 이처럼 인심이 후한데다 논리가 정연하여 따르는 사람이 많았다고 한다. 박현채 교수가 소년 시절부터 사회주의 사상을 지녔던 것도 조주순의 영향이

주조장이 있었다. 능주 주조장에서 해방 전후하여 이현상을 비롯하여 사회주의자들이 자주 회합을 가졌다고 박현채 교수의 아우인 박승채는 진술하고 있다. 조주순 부친이 운영하였던 주조장 터는 현재 공터로 남아 있다. 주조장 터와 조주순의 집은 바로 이웃하여 있다. 최근 저자가 조주순 집을 찾았더니 그곳에는 수십 년 전부터 가게를 하는 주민이 살고 있었다. 조주순 이야기를 물었더니 불과 10여 년 전까지도 우편물이 왔었다고 하였고, 바로 조주순 집 옆 공터가 과거 주조장 터임을 증언하였다.

47) 저자는 최근(2020.3.31) 조주순의 조카며느리(1937년생, 김○○)를 박현채 교수의 아우인 박승채 선생의 주선으로 어렵게 만날 수 있었다. 조카며느리는 조주순으로 인해 집안에 사회주의 사상을 가진 사람이 많았다고 하였다.

컸다. 박현채는 조주순의 고종사촌 조카였는데 삼촌이라 하며 따랐다. 광주 남동에 있는 박현채 집을 자주 찾은 조주순은 그곳을 거점으로 사람들을 비밀리에 만났던 것 같다.

그런데 조주순은 1941년에 김범수의 장녀와 혼인 하였는데 여기에는 조주순의 형인 조동순과 김범수의 관계가 작용했지 않나 싶다. 즉, 조동순과 김범수는 1935년 광주물산 창고회사를 설립하는데 공동 발기인으로 참여할 정도로 가까운 관계였다. 조동순은 일본 후쿠오카 의대에 진학한 영특하고 성품이 좋은 동생 주순을 김범수에게 소개하였을 것이다.

박헌영이 8월 17일 상경할 때 동행한 조주순은 박헌영의 직계라고 알려져 있다. 그러나 박현채 교수의 아우 박승채는 조주순이 박헌영의 직계라는 일부 의견에 의문을 제기한다. 오히려 이현상과 더 어울렸다고 한다. 박헌영은 사회주의 이념에 투철한 조주순을 끌어들이기 위해 적지 않은 노력을 기울인 것 같다. 김범수의 손녀인 행자의 증언에 의하면, 행자의 부친인 용채가 백운동 벽돌공장에 은신하고 있는 박헌영을 만나러 여러 차례 간 것 같다. 박헌영이 용채에게 모자, 먹을 것 등 손에 닿는 여러 물건을 선물로 주었다고 행자의 모친 즉 용채의 처(박용숙)가 생전에 얘기하였다 한다.

그런데 행자의 진술에서 혼란스러운 부분이 있다. 박헌영이 용채에게 돈을 주기도 하였지만, 사용할 수 없는 화폐였다는 것이다. 아마 이것은 해방 직후 조선정판사 사건으로 유명한 위조지폐와 관련이 있을 법한 데 그렇다면 박헌영이 광주에 없을 때의 일이다. 따라서 용채가 박헌영을 만났다고 하는 사실 자체에 의심이 가는 부분이다.

여하튼 박헌영을 용채가 만났다면 그것은 매제인 주순의 심부름으로 찾았을 것이다. 주순은 이미 일본 경찰의 감시의 대상이었기 때문에 박헌영을 공개적으로 만날 수는 없었다. 용채는 매제의 부탁을 거절하지 못하고 박헌영을 만났던 것이라 하겠다. 조주순은 일본 경찰들이 뒤를 따르므로 부득이 손위 처남을 이용한 것이라 하겠다.

김범수는 사위가 열렬한 사회주의자가 되었던 것에 대해 많은 심적 부담을 느꼈을 법하다. 하지만 아들이 사위 부탁으로 박헌영을 만나고 다닌 사실은 몰랐을 법하다. 김범수와 박헌영이 계보가 전혀 다르고, 김범수 아들 용채 역시 사회주의나 공산주의와 크게 관계가 없었기 때문에 일본 경찰로부터 주목의 대상이 아니었다. 조주순은 이를 역으로 이용하여 처남을 연락책으로 이용하였다고 본다.

조주순은 해방 직후 결성된 건국준비위원회 화순지부에서 간부를 맡았으나 남한에서 공산주의에 대한 탄압이 강해지자 북으로 넘어간 것 같다. 조카며느리의 증언에 의하면 한국전쟁 이전에 월북하였다고 한다. 그러나 그의 북에서의 행적은 전혀 나타나 있지 않다. 저자의 추측으로는 박헌영과 가까운 조주순은 박헌영 세력을 제거할 때 숙청되었을 가능성이 크다.

여하튼 열렬한 사회주의자인 조주순의 이력으로 인해 그의 장인인 김범수가 공산주의자로 의심할 여지는 얼마든지 있다. 또한, 해방공간에서 김범수가 건국준비위원회와 인민공화국, 민주주의민족전선에서 활동하였던 것도 우파의 시각에서 보면 사회주의자라고 여길 수도 있다. 그러나 지금까지 그의 삶의 자취를 살펴온 바처럼 그에게는 열렬한 사회주의 이론가와 같은 어떠한 특정 이념 스펙트럼을 찾을 수 없다. 오히려 이념을 초월한 민족주의자라고 규정하는 것이 올바른 판단이 아닐까 한다. 당대의 위대한 독립 운동가이자 사회운동가, 그리고 경성의전 출신 의사로 명성이 높은 김범수를 특정 이념 그것도 사위의 이념 잣대를 가지고 평가하는 것은 온당한 태도는 아니라 하겠다.

5장

5장
통일국가 수립의 뜨거운 열망과 좌절

건국준비위원회 참여

:

1945년 8월 15일 12시, 일본 천황 히로히토가 무조건 항복 선언을 하면서 35년 넘는 일제의 식민통치는 끝났다. 전라남도 도청 회의실에서 부동자세로 항복 방송을 청취하던 일본인 야기 도지사가 3백여 명의 한국인 직원과 일본인 직원들 앞에서 흘린 눈물은 이를 대변하는 상징적인 표시였다.[1] 조선 총독부의 하부기구인 전남도청의 권력 기구도 8월 15일을 기점으로 종말을 고하였다. 하지만 이는 기존의 정치·행정 권력의 공백과 새로운 공화국을 수립하려는 진통이 시작되는 순간이기도 하였다.

경성에서는 8월 15일 저녁 여운형과 안재홍이 중심이 되어 건국준비위원회를 결성하여 치안 공백을 메우며 새로운 공화국을 수립

---

1) 김석학, 『광복 30년』 1, 1975, 26쪽.

하려는 준비를 시작하였다.[2] 이튿날인 8월 16일 건국준비위원회는 다음과 같은 전단을 살포하면서 본격적으로 활동에 들어갔다.

조선 동포여, 중대한 현 단계에 있어 절대의 자중과 안정이 요청한다. 우리들의 장래에 광명이 있으니 경거망동은 절대의 금물이다. 제위의 일어 일동이 민족의 휴적에 거대한 영향있는 것을 맹서하라! 절대의 자중으로 지도층의 포고에 따르기를 유의하라![3]

이에 발맞추어 전남 역에서도 일부 인사들이 건국준비위원회 전남도지부를 결성함으로써 권력의 공백을 메꿈과 동시에 새로운 나라를 건설하는 데 주도적인 역할을 하려 하였다. 특히 당시 '제2수도'라는 의식을 지녔던 전남 지역 주민의 강한 자존감은 어느 지역보다 건국준비위원회 결성을 서두르게 하였다.

건국준비위원회 전남지부는 중앙과 지방행정의 통상적인 상하관계가 아닌 상부의 지시가 아닌 독자적인 판단에 따라 지방의 행정업무를 관장하였다. 8월 16일 경성방송을 통한 안재홍의 건국준비위원회 설립 촉구 방송이 있기는 했지만[4], 상부의 직접적인 지시

---

2) 1945년 8월 15일 저녁 결성된 건국준비위원회는 시간에 쫓겨 여운형, 안재홍을 위원장, 부위원장으로만 추대하였을 뿐 구체적인 담당부서는 정하지 못하였다. 그러다보니 실제 건국준비위원회는 1년 전 여운형이 결성한 조선건국동맹이 주도하는 모양이 되어 건준 발족 초기부터 건준과 건국동맹과의 미묘한 관계가 형성되었다(안종철, 『광주·전남 지방현대사 연구』, 1991, 65~66쪽).

3) 안종철, 『광주시사』 3, 1995, 54쪽의 주 3.

4) 안재홍은 16일 오후 3시, 6시, 9시 세 차례에 걸쳐 경성방송국을 통해 '3천만

나 명령이 없는 상태에서 전남 지역 주민들이 독자적으로 건국준비위원회를 결성한 것이다.[5]

8월 15일 일본 국왕의 항복 방송을 직·간접으로 들은 광주에 거주하는 일부 인사들은 국기열 집으로 모였다. 그의 집은 해방 이전부터 이들이 자주 모였던 장소였다. 그는 당시 조선총독부 기관지였던 『매일신보』 전남지사장이었지만, 그 이전에 동아일보에서 기자로 활약하다가 필화사건으로 투옥당한 적도 있었다. 그 후 동아일보가 폐간되자 『매일신보』의 초대사장이었던 이상협의 도움으로 전남지사장으로 내려와 있었다.[6]

이런 연유로 그의 집에는 해방 이전부터 국가와 민족의 장래를 염려하는 우국지사들의 출입이 잦았다. 8월 16일 국기열 집에 모인 10여 명은, 경성의 건국준비위원회 결성 소식을 이미 들었기 때문에, 전남지방에서 건국준비위원회를 조직하자는데 쉽게 의견의 일치를 보았다.[7] 이때 참석한 10여 명이 누구인지 모두 알 수 없으나 최인식이 본인이 그 모임에 참여하였다고 진술한 것으로 보아 그 역시 포함되어 있음은 분명하다. 최인식은 조선일보 기자를 하다 조선일보가 폐간되자 국기열처럼 『매일신보』 기자를 하고 있었다.

동포에게 고함'이라는 연설을 함으로써 서울 시내뿐만 아니라 전국적으로 모든 국민들이 건국준비위원회의 결성을 알도록 하였다. 이 방송에 따라 전국 각 지방에서 건국준비위원회 지방지부가 발족되기 시작하여 8월 말에는 145개에 달하였다(안종철, 위의 책, 67쪽).

5) 안종철, 위의 책, 72쪽.

6) 김석학, 『광복 30년』 1, 28쪽.

7) 『광주시사』, 및 안종철, 위의 책, 73쪽.

17일 결성된 건국준비위원회 전남지부 간부를 맡았던 인물 가운데 상당수가 국기열 집에 있었던 회합에 참석하였을 가능성이 크다. 이로 미루어 김범수도 이 모임에 참석하지 않았을까 싶다. 김범수는 광주청년회 활동을 하며 국기열과 평소 가까이 지낸 데다 그가 경영하는 남선의원과 국기열 집이 가까이 있어 당연히 그 모임에 참석하였을 것이라 여겨진다.

이들은 이튿날인 8월 17일 오전 10시에 국기열 집 앞에 있던 창평상회에서 건국준비위원회 전남지부 결성식을 개최하기로 하고, 위원장으로 최흥종을 선출하자는데 의견일치를 보았다. 창평상회는 고광표가 운영하던 회사였다.[8] 최흥종은 광주에서 YMCA를 처음으로 설립한 기독교 장로로서, 광주 3·1운동을 계획하다 경성에서 체포되어 투옥되었다. 출옥 후에는 광주청년회를 중심으로 사회운동을 전개하며 민족의 역량을 키우려 노력하였으며 일제 말기에는 울분을 참지 못하여 무등산 증심사 계곡에 토굴을 파고 은거했던 인물이었다.[9]

8월 17일 오전 10시 창평상회에서 열릴 예정이었던 건국준비위원회 전남지부 결성식을 인근에 있는 제국관(현 무등극장)에서 11시에 열기로 하였다. 전남지부 결성식에 너무 많은 사람이 모여들어 창평상회는 비좁았기 때문이다.[10] 수 백인의 시민들이 참석한 가운

8) 김석학, 앞의 책, 29~30쪽.
9) 김석학, 앞의 책, 28쪽.
10) 김석학, 앞의 책, 29쪽.

데 진행된 결성식에서 최흥종이 만장일치로 위원장에 선출되었
다.[11] 결성된 건국준비위원회 전남지부 간부들이다.[12]

위 원 장: 최흥종

부위원장: 김시중, 강해석

총무부장: 국기열

치안부장: 이덕우

재무부장: 고광표

선전부장: 최인식

학무부장: 신순언

산업부장: 한길상

조직부장: 김범수

청년부장: 주봉식

---

11) 전라남도 건국준비위원회 결성과 관련하여 다른 의견도 있다. 이기홍은, 8
월 17일 전남 도내 각 군 대표들이 대화고등학교에 모여 준비 과정을 거친
후 제국관에서 전남도 건준 결성대회를 열었다고 증언하고 있다. 그날 건준
위원장으로 박준규, 부위원장으로 강석봉, 국기열, 김철 등이 선임되었다고
하였다(이기홍, 『내가 사랑한 민족 나를 외면한 나라』, 도서출판 선인, 2016,
276쪽). 후술 되지만, 9월 3일 전라남도 건국준비위원회가 개편될 때 박준
규가 위원장, 강석봉, 국기열, 김철이 부위원장으로 선출되었다(안종철, 앞
의 책, 78쪽). 이기홍의 진술은 얼마 후 개편될 때의 건국준비위원회와 혼동
한 것으로 보이나, 이 부분 역시 차분히 다루어야 할 과제로 남겨놓는다.

12) 이들 명단은 자료들『광주시사』(1966, 1980), 『전남도지』(1984), 『광복 30년』1
(1975))마다 각기 다르게 나와 있다. 대표적인 것이 학무부장 김범수와 조직
부장 신순언의 경우인데, 『광복 30년』1에는 이처럼 나와 있으나 서로의 임
무가 뒤바뀌어 있다는 얘기도 있다(『광주시사』(1966) 및 이기홍, 이익우 진
술)(안종철, 앞의 책, 74쪽 주 29 참조).

이들 외에 58명의 건국준비위원이 선출되었는데, 그들의 구체적인 명단은 현재 확인되고 있지 않다. 이날 선출된 주요 간부들의 면면을 살펴보면 다음과 같다.[13]

부위원장으로 선출된 김시중은 장성 출신으로, 김성수의 족숙이 되는 인척이었고 지주 출신이었지만, 광주학생운동 등에 적극적으로 가담하는 등 민족적 성격이 강한 인물이었다. 그렇지만 건국준비원회가 개편될 때 우파인 한국 민주당에 가담했고, 한국 전쟁 때는 다시 인민공화국에 참여하다가 경찰에 피살된 것으로 알려져 있다.

또한, 부위원장이 된 강해석은 일제강점기에 열렬하게 사회주의 활동을 전개한 인물이다. 1926년부터 1928년까지 전남 청년연맹의 위원으로 있었으며 이로 인해 검거되어 3년형을 받았다. 1927년의 제3차 공산당을 이끌었던 영암 출신의 김준연과도 친분이 있었으며, 그의 형 강석봉, 그리고 동생들과 함께 전남 사회주의 운동을 주도적으로 이끌어왔다. 강석봉은 김범수와 함께 광주 3·1운동을 이끈 핵심 인물로, 한국전쟁 당시 광주시 인민위원장에 추대되었으나 박헌영계에 숙청되어 광주형무소에 투옥되었다가 구사일생으로 살아났다. 형제가 모두 명단에 들어가는 것에 대한 부담감을 가진 강석봉은 동생 강해석을 위원으로 추천한 것이 아닌가 한다.

총무부장인 국기열은 담양 출신으로, 『매일신보』 전남지사장으로 있었지만, 동아일보 기자 시절 필화사건으로 쫓겨날 정도로 항일 의식이 강한 데다 사회주의적 성향도 있었다. 송진우와도 절친하게

---

13) 이하 서술은 안종철, 위의 책, 75~76쪽.

지냈지만, 극우적인 성향을 표명하지 않은 이른바 중도적 민족주의
적 성향을 지닌 인물이었다. 이 때문에 많은 민족적 성향을 지닌 인
사들이 그의 주위에 많았고, 건국준비위원회 결성에 주도적 역할을
하는 것이 가능하였다.

선전부장이 된 최인식은 일본 유학을 다녀온 후, 광주에서 조선
일보 지국장을 지내다가 해방 직전에는 총독부 기관지『매일신보』
기자로 활동했고, 한국전쟁 때는 입산하여 야산대 활동을 하다가
전향하여 사회주의 조직에 막대한 피해를 주기도 하였다.[14]

치안부장 이덕우는 광주사범학교를 졸업한 후, 독학으로 변호사
시험에 합격하여 변호사가 된 사람으로서, 3·1운동과 농민운동, 독
서회, 야학 등 각종 지하운동에 관련되어 여러 번 옥살이를 한 대표
적인 민족주의자였다. 사회주의 사상을 지녔던 그는 해방 후 좌익
사건에 대한 무료변론을 많이 했으며, 인권변호사로서도 명성이 높
았다. 친일파 경찰 노주봉 암살사건에 연루된 김현 등을 무료 변론
한 것으로 광주시민에게 널리 알려져 있다. 그의 이러한 경력 때문
에 치안부장으로 선출된 것으로 보이는데, 그는 한국 전쟁 때 보도

---

14) 안종철은 그가 뚜렷한 사상적 경향이 없는 인물이라 하였으나(안종철, 위의
책, 75쪽) 한국전쟁 때 입산(入山)도 하였던 그는 박정희 정권에서 철저한
반공주의자로 변신하였다. 일제강점기 조선일보 및 총독부 기관인 매일신
보 기자, 한국전쟁 때 入山하여 야산대 활동, 그리고 반공주의자로 변신 등
누구보다 시대의 흐름을 잘 읽었다. 그의 자전적인 글이라고 할 수 있는『격
랑』을 비롯하여,『광복 30년』등 전남지역의 한국 현대사와 관련된 많은 역
사적 사실들이 뜻밖에도 그의 진술로 구성되어 있음을 저자는 이 글을 작성
하며 알게 되었다. 저자가 만난 인사들이 기억하는 현대사는 사실 최인식의
증언에 따른 2차 기억이 많았다. 따라서 그가 지향한 이념의 틀을 차근차근
벗기어 낼 때 비로소 역사적 진실이 수면에 드러날 것이라고 믿는다.

연맹 사건으로 피살되었다.[15)]

산업부장인 한길상은 3·1운동과 1925년 이후 전개된 조선공산 당 운동에 관련되어 투옥된 경험이 있는 독립운동가이자 철저한 사회주의 운동가였다. 강석봉의 가장 가까운 동지였던 그는, 조선공산당 교양부 위원으로 활동하다 검거되어 2년 6개월 형을 받기도 하였다.

조직부장인 김범수는 경성의학전문학교 출신으로 광주에서 남선 의원을 경영하고 있었으며, 3·1운동으로 대구형무소에서 옥고를 치른 독립운동가였다. 광주청년회를 중심으로 전개된 민족 실력 양성 운동에 적극적으로 참여하였다. 그는 해방 후 건국준비위원회 및 인민공화국 참여를 비롯하여 좌, 우를 막론하고 해방 공간에서 민족의 역량을 하나로 모으는 데 앞장섰다.

재정부장 고광표는 담양 창평의 대지주로서, 동아일보의 고재욱, 고재필과 사돈지간이었으며, 김성수, 송진우, 백관수 등과 일본에서 같이 공부했던 친구였다. 건국준비위원회 사무실이 되는 창평상회는 그가 경영하고 있던 미곡상회였다. 그는 건국준비위원회가 좌익 중심으로 개편될 때 이탈하여 우파 정당인 한국민주당 전남지부를 창설하고 이끌어나가는 데 중추적 역할을 했다.

15) 이기홍의 글에는 이덕우의 최후의 모습이 그려져 있다. (전략) 그 당시 변호사인 이덕우 동지는 내가 있는 감방 바로 앞 감방에서 우측 세 번째 감방에 수감되어 있었는데, 호명되어 끌려나갔다. 이덕우 동지는, 큰 소리로, '동지들! 우리를 총살하려고 여기에 데려왔으니 각오하시오. 내가 먼저 가니 다음에 저세상에서 다시 만납시다!'하고 외쳐대자 간수가 그의 입을 틀어막는 소리가 들려왔다. 이 무렵 광주학생운동의 핵심 인물, 장재성도 총살되었다(이기홍, 앞의 책, 326쪽).

학무부장 신순언은 경성제대 법학부를 졸업한 변호사로서, 건국준비위원회 활동에 소극적이었다. 청년부장 주봉식은 운동선수로서 기골이 장대한 청년이었다.

이처럼 처음 결성된 전남 건국준비위원회에는 지방 명망가와 활동가들이 참여하였다. 이는 해방 직후 독립 국가 건설로 나아가는 혁명적 상황이었기 때문에 건국준비위원회라는 과도적 조직이 생겨났고, 그에 따라 이를 담당할 사람도 지역민들의 많은 지지를 받은 사람이어야 했다. 따라서 초기의 전남 건국준비위원회는 신국가 건설이라는 목표를 달성하기 위해 극렬 친일파를 제외하고는 항일투쟁의 정도나 이념, 그리고 나이와 관계없이 다양한 인사들이 참여한 통일전선 성격의 조직이었다.

건국준비위원회의 조직이 완성되자 해방 후의 무정부적 상태에서 빈번하게 발생했던 일본인에 대한 공격 저지와 치안 유지를 담당하기 위한 치안대의 조직이 급선무였다. 이에 치안부장인 이덕우는 함평 출신 김석을 대장으로 한 치안대를 급하게 조직하였다. 김석은 상해 복단대학을 다녔고, 대한민국임시정부 밀명으로 국내에 파견되었다가 체포되어 오랫동안 투옥되었던 인물이다. 그는 대한민국임시정부에서 활동한 김철의 조카였다.[16]

그러나 건국준비위원회 위원 가운데 일부 위원이 치안대를 새로 조직하는 것보다 식민지 시기의 경찰조직을 복원하여 재가동하자고 주장하였다. 즉 건국준비위원회에서 조직한 치안대원들은 과거

---

16) 김석학, 『광복 30년』 1, 42쪽.

경력을 고려할 때 치안업무를 떠맡을 능력이 없다는 것이었다. 당시 치안대원은 운동선수들이 많았고, 체격이 좋은 청년들이 대부분을 구성하고 있었다. 이처럼 치안대조직 문제로 위원들 간에 의견이 나누어지는 상황에서 8월 24일 열린 건국준비위원회 회의에서 치안대 건설에 반대의견을 제시하였던 보수 인사들이 사퇴하였다. 그들이 물러난 자리에 새로운 사람들이 충원되었다.[17]

이처럼 치안대원 구성 문제로 표면화된 내부 문제는 9월 3일 열린 제2회 전라남도 도민대회에서 최종 정리되었다. 9월 3일에 개최된 도민대회에서 영암 출신 유혁이, 경성의 한민당[18] 발기인 명부에 전라남도 건국준비위원회의 간부였던 김시중, 고광표와 함께 최흥종과 국기열 이름이 포함되어 있다고 보고하였다. 그러자 회의장에서 최흥종과 국기열은 반대진영으로부터 격렬한 비난을 받았다. 고광표가 본인의 의사와는 전혀 상관없이 최흥종과 국기열을 임의로 포함을 시켰다고 하는 사실이 밝혀지기는 하였지만, 치안대 건설에 반대하였던 일부 보수진영은 공개적으로 궁지에 몰리게 되었다.

한편 이날 열린 도민대회에서 보수진영은, 미군이 곧 진주해올 것이므로 건준 간부들은 친미적 인물로 채워 건준과 미군 사이를 원만하고 우호적으로 만들어야 한다면서 건준의 재조직을 주장했

---

17) 안종철, 앞의 책, 77쪽.

18) 한국민주당은 1945년 9월 16일 발기인 1600명이 모여 창당대회를 하였는데 미군정에 우호적인 언론인, 지식인이 주를 이루었다. 여기에는 고려민주당(45.8.18), 조선민족당(45.8.28), 한국국민당(45.9.4), 국민대회준비회(45.9.7), 충칭임시정부 및 연합군환영준비위원회(45.9.7) 등 우파 단체가 참가하였다.

다. 이에 대해 진보진영에서는 그러한 주장은 이제 막 해방된 조선의 위엄에 걸맞지도 않고 미국은 잠시만 머물 것이라고 하여 반대하였다. 이 논쟁에서 진보진영이 승리했고 상임위원회를 개편하는 선거에도 간부의 2/3를 차지함으로써 거의 완전한 주도권을 장악했다. 9월 3일, 도민대회에서 개편된 전남도건국준비위원회의 조직구성원은 다음과 같다.[19]

위 원 장: 박준규

부위원장: 강석봉, 국기열, 김철

조직부장: 김종선

산업부장: 한길상

총무부장: 장영규

후생부장: 노종갑

지방부장: 조병철

학무부장: 강해석

치안부장: 이덕우

무임소위원: 이익우

19) 『광복 30년』1(39쪽)에는 위원장 박준규, 부위원장 국기열, 재무부장 선태섭, 조직부장 장재성, 산업부장 조남용, 선전부장 조운, 학무부장 김범수, 치안부장 이덕우로 기록되어 있고, 『광주시사』(1966, 68쪽)에는 위원장 박준규, 부위원장 국기열, 김철, 유혁, 총무부장 김유성, 산업부장 문태곤, 선전부장 최인식, 청년부장 김철, 치안대장 이덕우로 기록되어 있다. 저자는 당시를 기억하고 있는 이익우의 증언을 토대로 안종철이 정리한 견해를 좇았다(앞의 책, 78쪽의 주 37).

전남건국준비위원회의 개편된 조직은 이상의 간부 12명과 평의원 21명 등 총 33명으로 구성되었다.[20] 새로 건국준비위원장이 된 박준규는 평양 출신으로서, 일제 강점기에 항일운동을 했던 독립투사이며, 해방 직전에는 호남은행에 근무하였다. 그는 덕망이 있어 많은 사람으로부터 절대적 지지를 받았던 원로로서, 1946년 초에는 민주주의 민족전선 위원장에 추대되기도 하였다. 이 경력으로 인해 미군정에 좌익 혐의로 구속되기도 했다. 국기열, 한길상과 절친한 관계를 유지하고 있었기 때문에 위원장을 맡은 것으로 보인다.

부위원장이 된 강석봉은 강해석의 형으로, 1920년대 후반 조선공산당 전남도당위원장을 맡았던 사회주의 운동가로서 광주학생사건 때 성진회와 관련되어 여러 차례 투옥되었으며 한국 전쟁 때는 광주시인민위원회 위원장을 지내기도 했다.

새로 조직부장을 담당한 김종선은 일본에서 노동운동을 했던 사람으로서, 일본 공산당 재건 운동과 일본 산별노조의 간부를 지냈던 혁혁한 공산당 혁명가였다. 1차 조직에서는 없었던 무임소위원에 이익우가 선출되었는데, 그는 제주 출신으로, 유명한 제주 해녀사건을 일으켰던 주동자로 일본으로 도피했다가 해방과 함께 입국하여 목포를 거쳐 광주에 올라와 활동을 전개하였다. 그는 대단한 이론가였기 때문에 전남지방 사회주의 운동에 많은 영향을 끼쳤다.

이처럼 개편된 전남건국준비위원회를 보면 명망가적 특성을 나타냈던 보수적 인물이 대부분 탈락하고 보다 진보적 인물들로 채워

---

20) 이하 서술은 안종철, 앞의 책, 78쪽을 참고하였다.

졌음을 알 수 있다. 이제 초기의 혁명적 분위기에서 점차 실무적 업무를 담당할 수 있는 활동가들로 바뀌었음을 알 수 있다.[21] 이때 탈락한 인사들을 보면 부위원장 강해석, 총무부장 국기열, 치안부장 이덕우, 산업부장 한길상을 제외하고, 위원장으로 추대된 최흥종을 비롯하여 부위원장 김시중, 재무부장 고광표, 선전부장 최인식, 조직부장 신순언, 학무부장 김범수, 청년부장 주봉식 등 대부분을 차지하고 있다. 안종철도 지적했지만, 이때 탈락 인사들은 최흥종을 비롯하여 고광표, 김시중 등 보수적 성격이 강한 인물이 많았다. 이들 중에 김범수도 포함되어 있다. 말하자면 김범수는 당시 사회주의적 성격이 강한 인물들에게는 보수적 인물로 비추어졌음을 알려준다. 이것만 보더라도 김범수가 철저한 사회주의 이론가라고 살핀 것은 이러한 측면을 살피지 못한 채 일부의 주장을 그대로 받아들이는 과정에서 나왔다고 여겨진다.[22]

인민공화국 참여

:

1945년 9월 3일 재정비된 전남 건국준비위원회는 얼마 지나지 않아 같은 달 23일 인민위원회로 개편되었다. 그것은 1945년 9월

---

21) 안종철, 위의 책, 79쪽.

22) 현재 생존 인물 가운데 김범수를 마지막으로 본 이복순(백아산 빨치산 전남 도당사령부 사령관 수행비서)은 열렬한 사회주의자였다고 기억하고 있다. 그러나 그녀에게 구체적인 예를 들어보라 하였더니 건준, 또는 인민위원회에서 간부로 활동한 것을 가지고 그렇게 생각하고 있었다.

6일 경기여고 강당에서 전국인민대표자 대회가 개최되어 '조선인민 공화국 임시조직법안'을 통과시킴으로써 인민공화국이 수립되었기 때문이다. 건국준비위원회가 인민공화국 수립을 서둘렀던 까닭은 미군정의 진주에 앞서 국내 각 계층의 사회 세력들이 참여하는 정치 조직을 만들어 미군정으로부터 정통성을 인정받아 미군정과 대등한 관계 속에서 정국 주도권을 확보하기 위해서였다. 동시에 충칭 대한민국임시정부와 맞설 수 있는 정치 조직을 만들어 해방정국의 주도권을 장악하기 위함이었다.[23]

인민공화국의 중앙조직의 부서장으로 선임된 인물 가운데 80% 이상이 좌파 성향이 강한 인물이었다. 그것은 건국준비위원회 결성에 참여하였던 우파들의 일부가 한국 민주당을 독자적으로 결성하며 이탈하였기 때문이다. 그렇다고 하더라도 인민공화국은 공산주의자가 지배적이지는 않았고, 더구나 극좌파가 우세하지도 않았다. 특히 이들 가운데 63%가 일제 강점기 정치범으로 한 번 이상 투옥된 경험이 있으며 인민위원 87명 가운데 그들의 애국심을 의심받을 정도로 일제에 협력했던 자들은 극소수였다.[24] 항일투쟁 경력의 구성원 성격은 인민공화국이 많은 대중으로부터 지지를 받는 요인의 하나였다.

인민공화국은 수립과 더불어 "우리는 안으로는 조선 인민 대중 생활의 급진적 향상과 정치적 자유를 확보하고 밖으로는 소련·미

---

23) 안종철, 위의 책, 128쪽.
24) 브루커밍스 저·김자동 역, 『한국전쟁의 기원』, 일월서각, 1984, 126쪽.

국·중국·영국을 비롯하여 평화를 사랑하는 모든 민주주의적 제(諸)국가와 제휴하여 세계평화의 확립에 노력하려 한다."라는 선언을 발표하였다.[25] 인민공화국이 표방한 정강은 다음과 같다.

1. 우리는 정치적, 경제적으로 완전한 자주적 독립 국가의 건설을 기함.
1. 우리는 일본 제국주의와 봉건적 잔재세력을 일소하고 全 민족의 정치적, 경제적, 사회적 기본요구를 실현할 수 있는 진정한 민주주의에 충실하기를 기함.
1. 우리는 노동자, 농민 및 기타 일체 대중 생활의 급진적 향상을 기함.
1. 우리는 세계민주주의 제국의 일원으로서 상호 제휴하여 세계평화의 확보를 기함.

인민공화국 정강에 따르면, 인민공화국이 일본 제국주의와 봉건적 잔재 청산을 강조하였음을 알 수 있다. 이러한 정강은 당시 해방된 조국의 지향하는 바와 일치하였다. 따라서 중앙은 물론 지방에서 조직 정비가 쉽게 이루어질 수 있었다. 9월 12일 서울시 인민위원회를 시작으로 11월 10일 경기도 인민위원회를 마지막으로 남한의 7도 12시 131개 군에 걸친 조직이 완결되었다.[26]

25) 송남헌, 『한국현대정치사 1』, 성문각, 1981, 79~80쪽.
26) 안종철, 앞의 책, 132쪽. 팔순이 훨씬 넘은 저자의 모친은 지금도 이 시기를 '인공 때'라고 이야기하고 있는 것으로 보아 인민공화국이 당시 상당히 기세

전남 건국준비위원회는 9월 20일 인민위원회로 개편하는 대회를 열었다. 유혁이 임시의장을 맡아 대회를 진행하였는데, 건국준비위원회의 기존 간부들을 그대로 인민위원회의 간부로 재임명하였다. 총무부를 없애고 실무를 총괄하는 서기국이 신설되어 이익우가 서기국장에 선출되었다. 다만, 학무부장에 병을 앓고 있던 강해석 대신 김범수로 바뀌었을 따름이다.

이렇게 보면 전남인민위원회의 성격은 전남건국준비위원회가 재정비되는 과정에서 제외되었던 김범수가 다시 학무부장에 선출된 것만 다를 뿐 이전의 전남건국준비위원회와 큰 차이 없이 사회주의 활동을 하였던 인사들이 인민위원회를 주도하게 되었다. 김범수는 강해석이 건강 문제 때문에 직무를 수행할 수 없었기 때문에 급히 대안으로 임명되었다고 한다. 김범수는 이념상으로는 열렬한 사회주의와는 거리가 있었지만, 사회주의 운동을 주도한 강석봉, 한길상 등과 광주 3·1운동을 주도하다 함께 투옥되었고, 광주청년회 활동도 같이하였기에 강석봉 등 사회주의 계열 인사들이 김범수가 인민위원회 간부가 되는 것은 이념을 떠나 인민위원회의 위상을 강화하는 데 도움이 되었을 법하다고 여겼을 것이다. 김범수가 인민위원회 간부에 선임된 배경이라 하겠다.

그러나 출범한 인민공화국을 미군정이 인정하지 않아 적지 않은 타격을 받았다. 이러한 상황에서 여운형은 11월 초 해방 직전 그가 조직한 조선건국동맹을 모태로 한 조선인민당을 창당하였다. 조선

를 올렸던 것은 분명해 보인다.

인민당의 강령은 다음과 같다.

    1. 조선민족의 역량을 집결하여 진정한 민주주의 국가의 건설을 기함.
    1. 계획경제 제도를 확립하여 전 민족의 완전해방을 기함.
    1. 진보적 민족문화를 건설하여 인류문화향상에 공헌함을 기함.

강령을 통해 조선인민당이 사회주의 경제에 바탕을 둔 민족 민주 국가 건설을 위한 역량을 강화하려고 하는 것을 알 수 있다. 그런데 조선인민당 강령을 보면 사유재산을 부정한다는 내용 등 급진적인 내용 없이 계획경제만을 이야기하고 있음을 할 수 있다. 인민당의 지향이 급진좌파가 아닌 중도좌파 성격임을 짐작하게 한다.

한편 광주에서 전남건국준비위원회가 공식적으로 출범할 때, 공산주의자들은 조선공산당 재건을 위한 전남도당 결성모임을 9월 15일 열었다. 이 모임에는 박헌영계열과 이정윤계열 등 15명이 참석하였다. 박헌영계열로는 윤순달, 고항, 이남래, 조주순, 좌혁상이었고, 이정윤계열로는 유혁, 김종선, 선태섭, 윤석원, 한종식, 조병철, 선동기, 이익우, 김부득 등 9명이었다. 이정윤계열은 일본이나 국내에서 고등교육을 받았던 인텔리들로서 건국준비위원회나 인민위원회 등 공개조직에 참여하면서 국가 건설에 매진하고 있었다. 반면 박헌영계열에서는 노동자, 농민들의 기층계급 속에서 민족해방운동을 전개해오고 있었다.

박헌영은 같은 공산주의 노선과 정책을 지닌 이정윤계열을 포용하지 못하고 타도의 대상으로 삼았을 뿐 아니라 중도파와 우익세력을 민족통일의 관점에서 연합해내지 못한 치명적 약점을 드러냈다. 더구나 박헌영계는 미제국주의 침략성을 제대로 살피지 못한 채 1946년 중반까지 그들과 타협을 모색하는 등 상황을 오판하기까지 하였다.[27] 물론 이 모임에 김범수의 이름이 보이지 않고 있다. 김범수가 해방이전부터 공산당과 연결되어 있었다면 그의 화려한 독립운동 이력이나 사회활동 경력으로 볼 때 이날 모임에 참석하여야 했을 것이다. 따라서 김범수가 조선공산당과 관련이 없음을 말해준다 하겠다. 다만 그의 사위인 조주순 이름은 보이는 데, 이를 가지고 김범수를 조선공산당과 연결을 짓는 것은 지나친 억측이라 하겠다.

이렇게 조선공산당 내부에서 치열한 주도권 다툼이 깊어지고 있을 때 여운형은 좌, 우를 연합하는 정치기구를 구상하였다. 조선인민당 창당 선언문을 살펴보면 알 수 있다.

"조선의 완전독립과 민주주의 국가의 실현은 현 단계의 조선이 통과하지 않을 수 없는 엄숙한 요청이니 우리의 이 당면임무를 수행함에는 각층 각계의 인민 대중을 포섭, 조직하여 완전한 통일전선을 전개하고 관념적 혹은 반동적 경향을 극복, 타파함으로써만 완수될 것이다."[28]

27) 안종철, 『광주시사』 3, 1995, 92~93쪽.
28) 『해방전후회고』, 돌베개, 1984, 165쪽.

즉, 그는 좌와 우를 아우르는 완전한 통일전선을 구축하려 하였던 것이다. 그러나 실제는 우파들이 한국 민주당 등을 결성하여 이탈하고, 좌파인 박헌영의 공산당 계열은 참여하지 않음으로써 일정한 한계가 드러났다. 따라서 완전한 통일전선 정치체를 지향한 인민당은 일부 중도 우파도 있었지만 대부분 사회주의 계열들로 구성될 수밖에 없었다.

이러한 경향성은 지방인민위원회 구성에도 나타났다. 전남도인민위원회도 앞서 살핀 바처럼 민족주의 우파들도 있었지만 사회주의적 성향을 띤 인사들이 대부분을 차지하였다. 이른바 공산주의 계급투쟁의 선봉에 섰던 인사들은 포함되어 있더라도 극히 일부여서 대세를 장악하지는 못하였다. 이처럼 인민공화국을 비롯하여 해방 직후 결성된 정치조직 대부분이 사회주의적 성향을 띠는 경우가 많았다.[29]

우선 일제의 식민지 반봉건적 모순 관계가 쌓이면서 기층계급의 불만이 고조되어 무상몰수, 무상분배에 의한 토지개혁으로 지주－소작인 관계를 청산해야 한다는 사회주의 주장이 현상 유지를 원하는 세력보다는 더 많은 지지를 얻어낼 수 있었다.

다음으로 민족주의 우파 세력이 민족운동 과정에서 친일 협력 내지는 타협적 운동을 전개할 때도 사회주의 세력들이 멈추지 않는 투쟁을 통해 민족운동의 전통을 보존하였기에 해방 후 이른 시일 내에 활동을 전개할 수 있었다.

---

29) 안종철, 『광주 전남지방현대사 연구』, 134~135쪽.

더구나 사회주의 세력은 보수 세력과 비교되지 않을 정도로 대중 조직력이 매우 우세했다. 그것은 일제의 무서운 탄압을 받으면서도 지켜낸 조직원리가 작동되고 있었기 때문이다.

이렇게 해방 직후 광주를 중심으로 한 전남지역에서는 사회주의 세력들이 우파와 손을 잡거나 때로는 독자적으로 정치조직을 결성하여 권력의 공백기를 메워갔다. 그러나 미군정이 이들 정치기구를 인정하지 않으면서 또 다른 갈등이 나타났다. 특히 한국 민주당을 비롯하여 독립촉성중앙회 등 우파들이 중심이 된 정치 세력이 등장하면서 주도권 다툼이 나타났다. 사회주의 내부에서도 박헌영이 주도하는 공산당 세력과 여운형을 중심으로 하는 중도적 사회주의 세력 사이의 갈등도 나타났다.

민주주의 민족전선(민전) 참여
:

이처럼 국내의 정치 세력이 치열한 세력 다툼을 하고 있을 때인 1945년 12월 말 모스크바에서 한반도의 운명을 결정짓는 중요한 협정이 발표되었다. 이른바 '모스크바 3상 회의'이다. 여기서 결정된 내용 가운데 가장 논란이 되었던 1항과 3항을 원문 그대로 옮겨 보도록 하겠다.[30]

1. 조선을 독립국가로 재건하여 조선을 민주주의적 원칙하에 발전

---

30) 안종철, 『광주시사』 3, 1995, 110쪽.

시키는 것을 조건을 조성하고 일본의 강구한 조선통치의 참담한 결과를 가급적 속히 청산하기 위하여 조선의 공업, 교통, 농업과 조선인민의 민족문화발전에 필요한 모든 시설을 취할 임시적인 조선민주주의정부를 수립한다.

2. (생략)

3. 조선인민의 정치적, 경제적, 사회적 진보와 민주주의적 자치 발전과 독립 국가의 수립을 원조, 협력할 방안을 작성함에는 또한 조선 임시정부와 민주주의 단체의 참여하에서 공동위원회가 수행하되 공동위원회의 제안을 최고 5년 기한으로 4국 신탁통치의 협약을 작성하기 위하여 미·영·소·중의 4개국 정부와 협의한 후 제출되어야 한다.

4. (생략)

이에 따르면 모스크바 협정의 핵심 내용은 '조선에 임시정부를 수립한다.'라는 내용이다. 그런데 이러한 협정의 핵심 내용은 알려지지 않고 오히려 3항의 '신탁통치' 부분이 강조되어 '모스크바 협정=신탁통치'라는 외신 보도가 전해졌다. 심지어 '미국은 즉시 독립을 주장하였으나 소련은 탁치를 주장한다.'는 사실과 다른 보도들이 나오면서 12월 28일 이후 좌·우를 막론한 모든 정치 세력들이 신탁통치에 대한 강한 반대 태도를 경쟁하듯이 잇달아 표명하였다. 독립촉성중앙회·충칭임시정부·한민당 등 우익과 중도파 정당들은 말할 것도 없고, 인민공화국·조선공산당·인민당 및 기타 좌익계 사회단체나 언론기관들도 모두 신탁통치에 대해 반대 태도를 보였다. 이러한 반탁운동은 민족 감정을 자극하여 광범위한 지지를 끌어내는 데 성공하였다.[31] 신탁통치에 대한 반대는 완전독립을 바라는 민족적 자존심, 신탁통치를 변형된 식민지배로 간주한 오해 등이 상승 작용하였기 때문이었다.

그러나 우익진영은 '결사반대'를 주장하는 반면, 좌익진영은 '신중한 반대론'을 전개하였다. 곧 '찬탁=매국', '반탁=애국'이라는 기이한 구도가 형성되었다. 소련이 주장하여 신탁통치가 결정되었다고 하여 우익은 더욱 격렬히 반대 주장을 하였지만, 좌익은 민족 감정 때문에 반대하면서도 머뭇거렸다. 그런데 여기서 주목할 사실은 해방공간에서 열세에 놓여 있거나 특히 청산의 대상이었던 친일세력들이 '신탁통치 반대'라는 명분을 통해서 수세에서 공세로 입장이 전환되게 되었다는 점이다.[32]

그런데 당시 전 민족적인 반탁운동은 김구의 대한민국임시정부가 앞장서 이끌었다. 임시정부는 1945년 12월 28일 오후 김구 주석 이하 모든 국무위원이 참석한 가운데 긴급 국무회의를 개최하고 전 국민에게 신탁통치를 철저히 반대하는 운동을 촉구하였다. '탁치 순응자는 민족반역자로 처단하자'는 행동강령까지 발표되었다.[33]

한편 처음에 모스크바 결정을 반대하였던 좌익들은 '임시정부 수

31) 안종철, 『광주시사』 3, 1995, 110쪽.
32) 안종철, 『광주시사』 3, 1995, 110쪽.
33) 안종철, 『광주시사』 3, 1995, 111쪽.

립'이 핵심이라는 협정 내용이 알려지면서 지지로 선회하였다. 그
것은 북한은 이미 좌익정권이 수립되고 있었던 데다 남한에서도 건
국준비위원회와 인민공화국 등 좌파 내지는 중도 좌파 중심으로 정
국이 주도되자 하루바삐 임시정부 수립이 그들에게 유리하다고 판
단했기 때문이었다. 그러나 좌익들의 모스크바 결정지지 입장은 남
한에서 그들의 정치적 입지를 크게 약화시켜 절대적으로 열세였던
우익들이 정국의 주도권을 잡아가는 계기가 되었다.

모스크바 결정 반대를 명분으로 정국의 주도권을 찾으려 한 대표
적인 세력이 김구가 이끈 임시정부계열이었다. 그들이 충칭에서 귀
국할 때 이미 이승만과 한국 민주당 세력에 의해 굳어진 우파의 권
력 구조로 소외되어 있던 김구 세력은 모스크바 결정 반대를 제2의
독립운동이라는 기치 아래 약세를 극복하기 위한 최적의 기회로 삼
았다.[34] 김구가 주도한 반탁운동에 이승만, 김규식 등 우익 대부분
이 참여한 '비상국민회의'가 1946년 2월 14일 발족 되었다.[35]

이렇게 우파들이 조직적으로 모스크바 결정 반대를 빌미로 세력
을 결집하여가자 모스크바 결정을 지지하는 좌파 민족진영에서도
조선인민당, 조선공산당, 독립동맹, 문학가 동맹, 청년총동맹 등
29개 정당 및 사회주의 단체들이 '민주주의 민족전선(약칭, 민전)'이
라는 통일전선 조직을 다음 날인 1946년 2월 15일 결성하였다. 민
전은 우익의 '비상국민회의'에 대항하기 위한 조선공산당, 인민당,

34) 안종철, 『광주시사』 3, 1995, 119쪽.

35) 안종철, 『광주시사』 3, 1995, 119쪽.

신민당 등 29개 정당, 사회단체의 결집체로 인민공화국의 후신이라 할 수 있다.[36]

민전은 각 지역에 지역위원회를 두었는데, 전남지역에도 1946년 3월 9일 출범하였다. 그러나 광주지역에서 민전과 같은 통일전선 조직을 결성하려는 움직임은 중앙 민전이 출범하기 훨씬 이전인 1월 23일 광주 시내 중앙국민학교 강당에서 열린 조선민족통일 광주협의회에서 있었다. 1946년 1월 27일 이미 모스크바 결정의 하나인 미소공동위원회를 환영하기 위한 광주 시민대회에서 중앙 민전의 결성을 지지하는 선언이 나왔다. 그리고 민전 준비위원회가 구성되었는데 독립운동에 앞장선 김범수를 비롯하여 당시 이 지역 명망가들이 대거 참여하였다.[37]

위원장: 국기열, 부위원장: 김철
총무부: 강해석, 양영하, 장영규, 여영숙, 박호민, 최상배, 장재성
선전부: 이강진, 최석두, 최규창, 노천묵, 최영자, 신해순
연락부: 선동기. 고재휴, 윤가현, 조주순, 박오봉, 이기홍, 김홍은,
　　　　장경렬
심사부: 이용근, 윤순달, 박준규, 노종갑, 김범수, 정은찬

이들 가운데 건국준비위원회 결성에 앞장선 국기열과 김범수, 광

36) 안종철, 『광주시사』 3, 1995, 119쪽.
37) 이하 명단은 안종철, 『광주시사』 3, 1995, 123쪽 참조.

주 인민위원장 박준규 등은 좌나 우에 속하지 않은 기본적으로 민족주의자들이었다. 이들은 건국준비위원회, 인민위원회, 민전 등에 참여한 것은 해방된 조국의 희망찬 미래를 건설하려는 일념이었다. 일제 치하에서 사회주의적 이념을 바탕으로 광주학생독립운동에 앞장섰던 장재성, 최규창, 강해석, 이기홍 등도 참여하고 있다. 민전에는 선동기, 조주순, 윤가현, 윤순달 등 해방 후 공산당 재건 활동에 참여한 열혈 공산주의 활동을 한 인물들이 적지 않게 보인다.

민전에는 당시 전남지역에서 항일운동의 선봉에 섰던 상당수 인물이 이념을 초월하여 참여하고 있음을 알 수 있다. 당시 민전 전남지부는 극히 일부 우파들이 빠진 그야말로 중도세력과 일부 공산주의 사상을 지닌 인물이 포함된 사회주의 세력들이 총결집하여 조직한 통일전선 조직체였음을 알 수 있게 한다. 전남 도내 186개 단체가 참여하고 있는 것으로 보아 사실상 이 지역 최대 통일전선 조직이라고 할 수 있다.[38]

3월 9일 정식 출범한 전남도민전의 조직구성은 다음과 같다.

위원장: 김완근

부위원장: 유혁·국기열

사무국장: 국기열(겸임) 사무국원: 지용수, 김진규, 강문구, 김영환,
　　　　　김문일

조직부장: 양장주, 조직부원: 이혁백, 김종선, 최영자, 이득윤

38) 안종철, 『광주시사』 3, 1995, 123쪽.

선전부장: 장영규, 선전부원: 김범수, 윤석원, 정임숙, 이강진, 양회인
재정부장: 최한영, 재정부원: 김언수, 지영구, 노종갑, 고재걸, 한익수,
　　　　최당식, 최상배, 양회인
무임소위원장: 선동기, 위원: 차인, 이남래, 김홍은, 윤가현, 오평기,
　　　　조용남

　정식 출범한 민주주의민족전선의 구성 인물들이 앞서 살핀 준비
위원회와 약간 차이가 있다. 이 가운데 새로 선임된 인물들 가운데
주목된 인사가 적지 않다. 우선 김언수가 눈에 들어온다. 그는 김범
수의 바로 손아래 아우로 그의 집에서 독립선언서가 일부 인쇄되는
등 광주 3·1운동이 성공리에 일어나는 데 결정적 기여를 하였다.
그동안 김언수에 대해서는 전혀 언급이 없었다. 본서에서 저자가
처음으로 그가 김범수의 아우라는 사실과 함께 그의 집에서 태극기
등 유인물이 인쇄되었다는 사실을 밝혀냈다. 이러한 것만 보더라도
그가 항일운동에 앞장선 독립운동가라고 해도 좋을 것이다. 형제독
립운동가인 셈이다. 그 또한 투철한 배일(排日)사상을 가졌다는 이
복순의 증언은 이러한 사실을 뒷받침해주고 있다. 그는 광주에서
사업을 하여 어느 정도 재력도 있었다. 그가 재정부원으로 선임되
는 데는 형인 김범수의 역할이 있었지 않았을까 싶다.
　재정부장으로 선임된 최한영도 주목할 만하다. 그 역시 광주 3·1운
동의 핵심인물로 김범수와 함께 대구 형무소에서 1년 6월 투옥되었
다. 그는 1925년 조선공산당 창당 과정에 참여할 정도로 사회주의
적 이념이 강하였다. 건준이나 인민위원회에 참여하지 않았던 그가

민전에 참여하였다는 것은 민전이 그만큼 여러 세력들을 아우르는 전남지역 최대의 정치 조직이었음을 말해준다.

역시 주목된 인물로 재정부원으로 선임된 최당식을 들 수 있다. 최당식은 앞서 자세히 언급한 건국준비위원회에서 선전부장을 맡은 최인식의 큰형이었다. 그는 신간회 광주지부 자금부장을 맡아 활동을 하다 투옥된 경력을 지녔다.

김언수, 최한영, 최당식 모두 사회주의 사상에 투철한 혁명가라고 볼 근거는 많지 않다. 오히려 사회주의 사상에 경도된 민족주의자라고 보는 것이 더 합리적일 것이다. 따라서 민전의 간부 구성만 놓고 보면 민전은 좌, 우 이념을 떠나 새로운 국가를 건설하려는 의지를 지닌 인사들이 망라된 통일전선조직체였음을 알 수 있다. 이러한 민전의 성격은 결성대회 당일 발표된 성명서에서 알 수 있다.

조선건국은 일 계급이나 어느 당파만으로서 달성할 수 없다. 전 민족적 통일의 완수와 전 민족적 총역량의 집결로서만이 가능하다. 우리 민족의 당면한 급무는 광범한 인민의 토대 위에 선 민주주의 제정당과 대중단체 및 무소속의 진보적 인사 등 각층 각계의 거족적 단결로서 정권을 수립하는 데 있다. 이 진정한 민주주의 민족전선은 필연적으로 국제민주주의 노선과 합치되는 것이다. 그러하므로 이 민주주의 노선은 반민주주의적인 일제 잔재 및 봉건적 잔재세력과 대립되고 있다. (중략) 친일파 민족반역자의 규정에 해당한 자라도 진심으로 과거를 생각하고 성심으로 근신하는 자는 민족적 애정과 아량으로써 그의 민주주의 발전을 위하여 선도될 것이다.

이상 조선의 완전 자주독립은 민주주의 민족전선의 바른 노선으로 전 민족이 총집결하는 데 있다는 것을 명심하고 왜곡된 선전에 맹종이 없도록 성명한다.[39]

이 성명서를 통해 전남민전이 모든 정치세력을 하나로 결집시키려함을 알 수 있다. 그런데 민전은 일제 잔재 및 봉건적 잔재세력과의 투쟁을 강조하고 있다. 이는 정치세력화하고 있는 친일세력에 대한 강력한 경고를 보내고 있는 것이라 생각된다. 이렇게 친일세력의 준동을 경계하면서도 진정으로 회개한 친일인사에 대한 관대한 포용을 공포하고 있는 사실이 주목된다. 이는 민전이 이념 대립은 물론 친일 문제로 민족 내부의 갈등이 야기되는 것을 경계하였음을 말해준다. 말하자면 이미 한반도 문제가 모스크바 결정에 따라 국제문제가 되고 있는 상황에서 우리끼리 분열하는 것은 결국 외세에 이용될 수 있다는 우려감 때문이라 생각된다.

이와 같이 해방 직후에 결성된 전남지방의 많은 정치사회단체들이 민전을 중심으로 총집결하게 되자 우익청년조직인 광주청년단원의 신언노, 김희종, 윤재춘, 문준식, 최정식 등 단장과 단원 일부도 탈퇴하여 민전에 참여하는 상황이 되었다.[40]

이렇게 좌·우, 심지어 회개하는 친일 세력도 포용한다는 민전의 방향성은 매우 이례적이라 하겠다. 이처럼 민전이 파당성을 극복하

39) 안종철, 『광주시사』 3, 1995, 124쪽.
40) 안종철, 『광주시사』 3, 1995, 124쪽.

고 완전한 통일전선을 구축할 수 있었던 데는 김범수의 역할이 어느 정도 작용하지 않았을까 추측된다. 앞서 잠깐 언급하였지만, 해방직후 결성된 전남건국준비위원회, 그리고 재정비된 전남건국준비위원회와 전남인민위원회를 거쳐 민전에 이르는 불과 1년도 채 되지 않은 시기에 격변하는 이들 정치기구의 간부를 모두 맡은 이는 김범수뿐이다. 김범수 개인의 의지도 있었겠지만, 당시 정치 세력들이 그를 더 필요로 한 것이 작용되지 않았을까 싶다. 그것은 그가 광주 3·1운동의 영웅이라는 이미지에다 무산자를 위한 의료 활동, 민족 실력양성을 위한 노력 등 이념과 당파를 초월한 활동을 하여 일반인들은 물론 각 정치세력 내에서 그에 대한 존경심이 있었기 때문이다.

그가 정파를 초월하여 활동을 하였다고 하는 것은 다음의 사례에

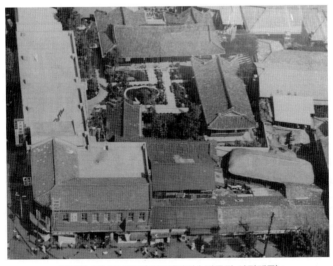

최선진_금남로 저택(광주역사민속박물관 사진제공)

서 확인할 수 있다. 먼저 해방 직후 개교한 광주상업학교에 김범수가 참석하여 축사를 하였다는 당시 신문 보도이다.

> 많은 시민들의 기대를 받은 광주상업학교 개교식은 지난 14일 오전 9시부터 내빈 다수 참석하에 거행되었는데, 범대규 씨의 개회사 있었고 이어 애국가를 부른 후 ○원경 씨의 광주상업학교에 대한 경과보고 후에 지우○교장과 ○실교 김창석 씨의 인사가 있은 후 시장 서민호 북정초등학교 학도○·장용규·김범수·유성환 제씨의 축사가 있은 후 조선완전독립만세, 광주상업학교 만세를 3창하는 것으로 개교식을 마치고 이어 동교 후원회를 조직하였는데 임시의장에 유성환 씨가 당선되었다(○표시는 판독 불능)(이하 생략)(『광주민보』 1945.12.27).

이 기사는 광주상업학교의 개교와 관련된 내용을 자세히 소개하고 있다. 이에 따르면 광주상업학교가 12월 14일 개교식을 하였음을 알 수 있다.[41] 광주상업학교를 세운 최선진은 미곡상을 하여 크게 재산을 축적한 광주의 부호였다. 앞서 살폈지만, 1920년에 창립된 광주청년회의 창립회원이기도 하였던 그는 호남보통학교[42]를

---

41) 광주상업학교의 후신인 광주동성고등학교의 홈페이지에 있는 학교 연혁을 보면 1945년 11월 13일 광주사립호남보통학교를 모체로 광주공립상업전수학교의 교구 일체를 인수하여 최선진이 세웠다고 하였다. 즉, 11월 13일 설립인가를 받고 12월 14일 성대하게 개교 기념식을 열었다고 추측된다.

42) 훗날 호남소학교로 이름을 바꾼 광주사립보통학교는 현재 호남동 중앙로의 광주세무서 자리에 있었는데, 1922년 4월 광주 유지들이 설립하였다. 이 학

세워 가난한 학생들의 교육기회를 마련하여 주는 등 활발한 사회활동을 하였다. 따라서 광주청년회 창립 초기부터 적극적으로 활동을 하였던 김범수와 가깝게 지냈을 법하다. 김범수가 최선진이 세운 학교의 개교 기념식에 초대되었던 것은 이러한 오랜 인연이 작용하였을 것이다.

최선진은 프로레타리아들이 부정하는 전형적 부르주아 계급이라 할 수 있다. 만약 김범수가 노동자, 농민이 주도하는 계급혁명을 주도하는 위치에 있었다면 당연히 이러한 자리에 참석하지 않아야 했을 것이다. 그럼에도 그가 참석하여 축사까지 하였다는 것은 그에게 이념적 장벽이 없었다는 얘기가 되겠다. 김범수와 최선진이 매우 가까운 사이라고 하는 것은 김범수의 장남인 용채가 1949년 10월 3일자로 광주상업중학교 교사로 발령이 나고 있는 데서 짐작할 수 있다.[43]

그러나 김범수는 사회주의 계열이 중심이 되어 만든 단체에도 참석하여 격려사를 하고 있다.

그동안 준비를 가꾸어 오던 전람도 문학가 동맹 결성식은 26일 오

교가 설립될 때 김형옥·최선진·최상현·조만선·지응현·현준호·정덕범·정낙교 등이 추진 위원이었다. 1928년부터 최선진이 이 학교를 맡아 운영하다 1944년 폐교되었다. 이곳에 광주상업실습학교가 이전해 해방 직후까지 있다가 1945년 12월 광주상업고등학교의 전신인 광주상업학교로 개교되었다.

43) 김범수의 손녀이자 용채의 장녀인 행자가 보관하고 있는 문서에서 최근 발견된 김용채의 발령통지서(任 敎師 給 칠천 칠백원)에는 임용일자와 급여내용까지 기록되어 있다.

후 2시부터 광주 유치원에서 회원과 다수의 방청객이 참여한 가운데 먼저 애국가 합창과 묵념이 있은 다음 이동식 씨의 개회사로 진행되었다. 경과보고에 이어 의장으로 최오수 외 2명이 선출되고 민전 도위원 김범수 중앙문학가 동맹 정태병 씨 등 각계 대표의 축사가 이어졌고 민청 민여원 등의 독창 후에 3시 끝을 맺었다(『자유신문』 1947.3.2).

1947년 2월 26일 전남도문학가동맹의 결성식이 열렸다는 신문 보도 내용이다. 여기에 민전 도위원인 김범수가 참석하여 축사를 하였다는 것이다. 전남도문학가동맹은 사회주의 계열 문인들이 중심이 되어 만든 단체이다. 자본가 계급이 세운 학교의 개교식에 참석하여 축사를 한 범수가 사회주의 성격이 강한 단체의 결성식에 참석하였다는 것은 그가 어느 특정 이념에 얽매여 있지 않음을 알려준다.

이처럼 좌, 우를 초월하는 그의 모습은 다음에서 확인할 수 있다.

조선 자주독립을 위해서는 우도 좌도 없고, 남도 북도 없다. 오직 3천만 민족이 다 같이 합작할 것뿐이다. 또한 몇 개인이 합작하는 것보다 민족 전체가 협력하여 합작하도록 노력해야 한다. 따라서 광주에 있어서도 좌우 합작은 필연가능하다고 본다(『동광신문』 1946.7.24).

이 글은 좌, 우 합작 운동이 전개되고 있을 때 김범수가 언론의 인터뷰에 응한 내용이다. 저자의 능력 부족으로 그와 관련된 자료를 완벽히 찾아내지 못하였을 가능성도 크나 김범수가 직접 작성한 글이나 얘기는 전하지 않는다. 이러한 상황에서 위의 글은 그가 직접 말한 유일한 자료가 되는 셈이다.

그의 관심은 오직 3천만 민족이 하나가 되어야 한다는 것에 있음을 알 수 있다. 좌와 우, 남과 북의 구분은 전혀 의미가 없다는 것이다. 이러한 그의 성향은 그가 이념적으로 어느 한쪽으로 치우쳐 있지 않다는 것을 말해준다. 따라서 그는 당시 비록 외세에 의한 것이었다고 하더라도 남과 북의 분단, 그리고 남한 내에서 갈수록 심화 되어 가고 있는 이념적 갈등에 대해 고민이 깊어졌을 것이다.

이렇듯 사회주의계나 민족주의계 양 측으로부터 존경과 신뢰가 깊은 김범수가 해방 직후부터 좌우를 넘나들면서 정치 활동을 하면서 광주지역에서는 좌우의 극단적인 대립 갈등이 거의 나타나지 않았다. 민전의 조직구성에서 알 수 있듯이 최대의 통일전선 정치기구를 구성할 수 있었다. 이러한 민전을 인정하지 않으려는 일부 우파나 좌파도 이 조직에 들어오지 않으면 안 되었다. 이렇게 된데는 김범수의 역할이 작용하지 않았을까 싶다. 따라서 광주지역은 민전을 중심으로 정국이 안정적으로 유지되고 있었다. 미군정 당국도 '도 민전'을 인정하지 않을 수 없었다. 1947년 3월 15일 민전 측과 미군정 고문이 만나서 정국을 의논하였던 사실은 이러한 사정을 잘 말해준다.[44]

44) 안종철, 『광주시사』 3, 1995, 125쪽.

좌우합작운동 좌절과 정계 은퇴

:

그러나 격변하는 정국은 이러한 평온을 그대로 놔두지 않았다. 우선 미군정의 점령정책이 노골화되면서 이에 편승하려 기득권을 지키려는 세력이 서서히 움직이기 시작하였다. 이들은 앞서 말한 반탁운동을 최대한 이용하고 있었다. 거기다 모스크바 결정사항인 임시정부 수립 문제를 의논하기 위해 열린 미소공동위원회가 미국과 소련의 이해관계 때문에 결렬된 것도 모스크바 결정을 둘러싼 논쟁을 이어가게 하였다. 특히 이승만의 남한만의 단독정부 수립 발언은 남한 내부에서 갈등을 촉발시켰다.

분단이 가시화되자 이를 막으려는 적극적인 움직임이 나타났다. 여운형과 김규식 등 중도세력들이 나서서 1946년 7월 10일 좌우합작 운동을 전개하였다. 그리고 10월 7일 모스크바 협정에 의한 남북한의 임시정부 수립을 위한 좌우합작 7원칙이 발표되기도 하였다. 분단을 우려하는 세력이 이끌어가고 있었다. 민전은 창립 직후 서울에서 열린 미소공동위원회를 지지하는 성명을 발표하는 등 발빠르게 정국을 주도하기 시작하였다. 이렇게 좌우합작운동이 전개되었을 때 광주지역에서는 민전뿐 만 아니라 우파 정치세력도 이를 지지하였다. 앞서 언급한 김범수나 독립촉성당, 한민당 광주지부장의 인터뷰를 통해 알 수 있다.

좌우합작위원회에서 7원칙을 발표하자 극좌세력이 공산당과 극우세력인 한민당이 각기 다른 입장에서 명백히 반대를 표명하였고, 이승만도 좌우합작운동의 성사에 대해 소극적인 태도를 보였다. 이렇게 좌, 우의 입장의 차이가 극명하게 갈렸던 것은 7원칙 가운데 토지문제에 관한 두 번째 항에 대한 이해관계가 달랐기 때문이었다. 즉 양 입장의 절충안이었는데, 좌익이 주장한 무상몰수 무상분배가 아니라 몰수, 조건부 몰수, 체감 매상과 무상분배만을 내어놓았으며 중요산업을 국유화하자는 좌익 안을 받아들인 셈이었다. 말하자면 이 문제에 대해 양측의 입장이 팽팽히 맞서 어정쩡하게 봉합한 것이다. 어쩌면 좌우합작운동의 구조적인 한계일 것이다.

그러나 토지문제를 둘러싼 양측의 거부 이유는 표면적인 것이었고 실제는 좌우합작을 추진한 주도세력과 다른 정치세력의 이해가 얽혀 있었다. 즉 박헌영이 이끄는 강경좌파는 처음부터 합작운동에 부정적이었다. 그것은 좌우합작이 미군정과 연계되어 추진되고 있기 때문이며, 그들이 타협을 거부하고 있는 우익과의 타협을 추진하고 있기 때문이었다. 그래서 공산당은 명분과 여론 때문에 좌·우 합작에 소극적이었다.

이승만은 좌·우합작을 겉으로는 지지하면서도 그것의 실패를 예상해 적극적으로 지지를 표명하지 않았다. 한민당은 처음에는 미군정이 배후에 있었기 때문에 지지할 수밖에 없었다. 그러나 7원칙의 토지개혁 내용이 지주계급이 많은 한민당으로서는 받아들일 수 없는 것이었다. 다만 김구와 한독당은 좌우합작 7원칙을 '8·15이후 최대의 수확'이라고 하여 지지를 보냈다.[45]

좌, 우 세력이 이탈한 상태에서 중간세력에 속하는 군소정당을

45) 안종철, 『광주시사』 3, 1995, 144쪽.

중심으로 '민족자주연맹'을 결성하였으나 1947년 12월 15일 좌우합작위원회는 해체를 선언하고 말았다.[46] 이제 정국은 급속도로 좌파와 우파의 치열한 대립 갈등으로 치닫고 있었다. 이것은 좌, 우를 초월하여 민족대단결을 희망하였던 김범수에게는 견디기 어려운 상황이었다. 그가 그토록 혼신을 다해 추진하려 한 민족 대단결이 무참히 깨지고 분열로 나타나게 되자 크게 상심을 하였다. 다음을 보자.

성명서(『동광신문』 1949.10.5 광고)
①해방 이후 본인이 혼란한 정국에 제하여 정치에 관여하여 천직인 의업에 등한히 하였음은 심히 유감이었거니와 ②실은 단기 4280년 (1947) 8월부터 일체의 정치관계를 단절하여 실질적 탈퇴를 하고 ③더욱이 대한민국 수립 이후로는 충실한 국민으로 의료에 봉공하고 있는 중이거니와 ④이에 본인의 태도를 선명히 하기 위하여 지면으로 성명함.
단기 4282년 10월 1일 광주 대인동 김범수

김범수가 1949년 10월 1일 정계 은퇴를 거듭 확인하는 성명서를 신문에 발표한 내용이다. 앞서 간단히 살핀바 있지만 위 성명서는 좌우합작운동을 지지하는 신문 인터뷰 글과 함께 김범수가 직접 남긴 글로써 김범수를 연구할 때 매우 중요한 자료라 하겠다. 이 글은

---

46) 안종철, 위의 논문.

저자가 편의상 네 구절로 나누어 보았다. 먼저 ① 그가 해방 후 혼란스런 상황을 극복하기 위해 정치에 나섰음을 밝히고 나서. ② 1947년 8월부터 정치와 관련된 일에서 완전히 손을 떼고 탈퇴를 하였음을 강조하였다. ③ 그리고 1948년 8월 15일 대한민국 정부 수립 이후부터는 대한민국의 국민으로서 의사의 직분에 충실하고 있다는 사실과 함께 ④ 마지막으로 이러한 사실을 지면을 통해 공개적으로 밝힌다는 내용이다.

이를 통해 김범수가 혼란스런 정국을 수습하기 위해 정치의 전면에 나섰음을 확인할 수 있다. 앞서 살핀 바처럼 그는 이념을 초월하여 민족 대단결의 통일조국을 건설하려 동분서주하였던 것이다. 그러한 그가 1947년 8월부터 정치와는 완전히 결별을 선언하였다. 이에 대해 그가 별도의 언급을 하지 않아 알 수 없으나 다음의 추측은 가능하다.

우선 그 시점이 좌우합작을 추진하였던 여운형의 암살 사건 직후라는 점이 주목된다. 여운형은 1947년 7월 19일 암살되었다. 여운형은 건국준비위원회, 인민공화국, 좌우합작위원회 결성 등 이념을 초월한 통일국가를 건설하려 동분서주하였다. 그러나 앞서 언급하였다시피 좌, 우간의 대립 갈등이 증폭되며 좌우 합작 운동은 좌절되고, 심지어 여운형의 암살이라는 비극으로 치닫고 있었다. 이러한 상황 전개에 대해 순수한 민족적 열정으로 일제 잔재를 청산하고 남북이 하나가 되는 통일조국을 건설하기 위해 좌와 우의 이념 공간을 넘나들었던 김범수는 크게 실망을 하였을 뿐 아니라 깊은 좌절감을 느꼈을 것이다. 그것이 그가 정계에서 완전히 떠나려는 이유일 것이다.

다른 하나는 현실적으로 미 군정청의 압력도 어느 정도 작용하지 않았을까 한다. 미군정청은 처음에는 박헌영과 대화를 모색할 정도로 남한의 모든 정치세력과 일정한 관계를 유지하며 정국의 추이를 살피고 있었다. 1947년 3월 전남 민전 간부들과 정국 운영을 논의한 것이 대표적인 예이다. 그러나 미·소공동위원회가 결렬되고 좌·우합작위원회 활동도 주춤거리자 미군정은 우익 정권을 수립하기 위한 본격적인 작업에 착수하였다. 이때부터 미군정은 좌익세력에 대한 대대적인 탄압에 들어갔다.

1946년 5월 있었던 조선정판사 위조지폐 사건의 배후에 공산당이 있다고 하여 공산당 활동을 불법으로 규정한 미군정 당국은 1947년 들어 공산당은 말할 것 없고 우익 아닌 모든 정치세력을 공산당과 연결을 지어 탄압의 대상으로 삼았다. 이러한 미군정의 정책 변화를 이용하여 서북청년단[47] 등 극우 정치세력들이 기승을 부렸다. 그들은 중도 정치세력까지 공산당과 연결 지으며 공격의 대상으로 삼았다. 이들로부터 김범수도 공격의 대상이 되었다. 그가 경영하는 남선의원은 서북청년회의 공격으로 병원 간판이 여러 차례 파손되기도 하였다.[48] 이러한 상황 전개에 김범수가 느끼는 심

47) 1946년 11월 30일 서울 YMCA 강당에서 대한혁신청년회, 북선청년회, 함북청년회, 황해회 청년부, 양호단, 평안청년회 등 이북 각 지역 출신들로 구성된 여러 청년단이 통합하여 결성된 단체이다. 이들은 우익 정당과 연결되어 인민위원회를 비롯하여 각 지역의 반대 조직을 좌익으로 연결을 지어 공격하였다.

48) 김범수의 마지막 모습을 본 유일한 증인인 이복순의 증언을 참고하였다

적인 부담은 매우 컸을 것이다. 특히 같은 민족에게 공격받았다는 사실은 독립운동가로서의 자존감을 무너뜨리는 것이었다. 그가 정계에서 은퇴한 또 다른 이유일 것이라 믿는다.

 김범수가 정계에서 은퇴를 결심한 데에는 두 요인이 복합적으로 작용하였을 것이다. 그러나 후자보다 전자일 가능성이 크다고 본다. 그가 힘없는 의사의 신분이라 하더라도 20세에 목숨을 걸고 광주 3·1운동을 주도한 결기는 많은 이들에게 존경의 대상이었다. 그의 강직한 모습은 그의 3女의 친구인 그를 마지막 보았던 이복순의 진술에서도 확인할 수 있다.

(2020.4.7. 이복순 증언).

6장

6장
질곡의 현대사와 김범수

국민보도연맹 강제 가입

:

이른바 반체제 세력을 구금하기 위한 국가보안법이 1948년 8월
15일 대한민국정부가 수립된 직후인 1948년 12월 1일 제정되었다.
말하자면 김범수의 정계 은퇴는 이보다 훨씬 이전에 이루어졌기 때
문에 국가보안법 시행과 무관함을 말해준다. 그러면서 1948년 8월
15일 대한민국 정부가 수립되자 대한민국 국민으로 성실히 살아왔
음을 강조하고 있다.

1948년 9월 9일 조선인민민주주의공화국이 북쪽에 세워지며 끝
내 한민족 두 정부가 탄생하였다. 김범수가 그렇게 막으려 한 민족
의 분단이 현실화된 것이다. 제주 4·3 사건, 여순 사건 등의 좌, 우
의 치열한 충돌이 있었지만 김범수가 여기에 가담하였다는 증거는
없다. 결국 그의 얘기대로 대한민국 체제를 받아들이며 의사로서의
직업에 충실하였던 것으로 보인다.

이는 앞서 언급하였듯이 그의 장남 용채가 1949년 10월 최선진이 설립한 광주상업학교에 교사로 채용되고 있는 사실에서 짐작할 수 있다. 즉, 김범수가 그의 아들이 교사로 채용되도록 최선진에게 부탁하였을 것이다. 어린 손녀 행자는 그의 부친인 용채의 손을 잡고 재매 마을에 있는 큰 조부 댁을 가기 위해 철길을 걸어갔다고 증언을 하고 있다. 그때 아빠와 장난을 치며 즐겁게 걸었던 추억이 남아 있다고 한다. 용채가 광주상업학교에 취업한 그 무렵이 아닌가 한다. 이렇게 김범수 가족은 조금씩 평화스런 일상을 보내고 있었다.

그러나 김범수와 아들 용채의 일상은 겉으로 보기보다 훨씬 불안한 나날들을 보내고 있었다. 광주 전남에서 강력히 형성된 인민위원회와 그 후신인 민전의 뿌리를 완전히 제거하기 위하여 우익들은 미군정 경찰은 물론이고 서북청년회 회원들을 동원하였다. 김범수 부자도 이들의 공격에 끊임없이 노출되어 있었다. 김범수가 운영하는 남선의원의 간판이 서북청년회의 공격으로 간판이 훼손될 때가 부지기수였다 한다.[1] 심지어 아들 용채가 심야에 피습을 받아 도피한 적도 여러 차례 있었다는 행자의 증언은 이때의 상황을 알려준다.

김범수를 더욱 좌절시켰던 것은 1949년 6월 5일 결성된 국민보도연맹이었다. 이승만 정부는 그동안 단독정부 건설과정에서 반대적 입장을 취하였던 인사들을 통제하기 위해 이 단체를 조직하였다. 소위 좌익성향이 있는 사람들이나 좌익단체에 가입했던 사람들을 모아 그들의 사상을 교화하는 한편 보호한다는 목적을 내세웠

1) 이복순의 증언.

다. 따라서 이 단체는 박헌영의 공산당인 남로당원을 비롯하여 인민위원회, 민주주의 민족전선(민전), 전농, 조선민주애국청년동맹 등 좌익단체에 가입하였던 인사를 가입 대상으로 삼았다. 이들에게는 전향서를 쓰게 하고 교육을 받게 하였다.

전남지방에 보도연맹 지부가 조직된 것은 1949년 후반기 무렵이었다. 전남지부 간사장으로 해방 직후 건국준비위원회 부위원장을 역임한 국기열이 임명되었다. 국기열이 고령이어서 실질적인 일은 심사과장이었던 영암출신 김준식이 맡았다.[2] 보도연맹은 정권을 잡은 우익들이 반대파를 통제하는 수단으로 악용하였다. 인민위원회나 민전 등에서 활동하였다는 이유로 보도연맹에 이름을 올렸다. 김범수도 여기에 이름이 올랐다. 김범수가 보도연맹에 가입되었다고 하는 것은 이기홍의 증언을 통해 알 수 있다.[3] 김범수가 신문에 정계에서 은퇴하였음을 신문 지상에 광고를 통하여 밝힌 것이 1949년 10월 1일이다. 그러니까 전남지역 보도연맹 지부 결성과 정계 은퇴 광고 시점이 일치하고 있다. 말하자면 거세지는 우익들의 압박으로부터 자신을 보호하기 위해 불가피한 조처였다.

---

2) 안종철, 『광주시사』 3, 168쪽.

3) 이하 한국전쟁 당시 광주에서 소집된 보도연맹과 관련된 지술은 이기홍의 진술을 참고하였다(김명기, 『이기홍평전』, 선인출판사, 2019, 280~286쪽). 이승만 정부는 한국전쟁이 일어나자마자 보도연맹원들을 소집하여 말썽 없이 죽이려 하였다. 광주지역의 경우 전쟁이 일어난 지 10여 일이 지난 7월 8, 9일 경 옛 전남도청 맞은편에 있는 무덕전으로 보도연맹원들을 소집하였다. 그때 불려 나온 인사들이 400명이 넘었다 한다. 이들은 가까운 광주형무소에 수감되었는데, 이기홍은 이때 만난 사람들로 김범수, 국기열, 노천묵, 이덕우 등을 만났다고 하였다. 이덕우를 제외한 나머지 인물들은 이기홍을 포함하여 모두 민전 준비위원들이었다.

김범수는 보도연맹 가입에 처음에는 응하지 않았을 것이다. 그 스스로 어떤 이념에 속하였다고 생각해보지 않았기에 이러한 전향서 강요를 받아들일 수 없었을 것이다. 그러나 친일파 및 일부 극우 세력에게는 중도적 성향을 보이면서도 여러 계층에게 광범위하게 지지를 받고 있는 김범수는 경계의 대상일 뿐이었다. 그에게 좌익의 올가미를 씌워 영원히 매장시키려 하였다. 김범수가 신문에 광고까지 내며 대한민국 정부에 적극 협조하고 있음을 밝힌 까닭이 여기에 있다.

그러나 그들은 김범수의 보도연맹 가입을 집요하게 요구하였다. 이기홍도 일제강점기 말 일제가 대화숙을 운영하며 항일운동 세력을 관리한 전력을 잘 알고 있기에 보도연맹 가입에 응하지 않다가 1950년 5월말 가입하지 않으면 구속시킨다는 협박 때문에 가입하였다고 진술하고 있다. 김범수도 이기홍과 같은 처지였을 것이다.

그런데 본인의 의사와 상관없이 보도연맹에 가입한 것은 곧 발발한 한국전쟁 때 이승만정부가 북과 동조할 염려가 있다고 하여 죽임의 대상이 되었고, 남한을 점령한 인민군들은 보도연맹에 강제로 가입한 이들을 자발적 전향자라 하여 탄압의 대상이 되었다. 인민정권이 수립되면서 행정을 비롯한 모든 기관의 임용대상과 자격심사에서 보도연맹 가입 여부가 주요 심사기준이 되었다. 이기홍의 생전의 말은 당시의 상황을 한마디로 정리한다. "보도연맹원이라는 낙인은 남의 우익으로부터도 북의 인민정권으로부터도 모두 제거와 탄압의 대상이 되었다. 우리 민족사에 있어 도저히 있어서는 안될 일들이 보도연맹 사건을 둘러싸고 일어났고 이것이 남한의 민족사를 완전히 거꾸로 돌려놓았다"[4]

여하튼 민족의 독립을 위해, 그리고 가난한 서민들을 위한 헌신적인 의료 활동, 해방 후 통일 조국 건설을 위해 헌신한 김범수에게 이러한 보도연맹 가입 강요는 참을 수 없는 굴욕이었다. 그러나 그는 이를 숙명으로 여기며 본업인 환자 진료에 최선을 다하고 있었다. 이때 아들인 용채가 광주상업학교 교사로 채용되고, 이제 여섯 살인 손녀인 행자의 재롱과 그렇게 기다리던 손자 인국[5]이 태어난 것도 이러한 시대의 아픔과 개인적 고통을 이겨내는 작은 힘이 되었다. 그런데 이러한 소박한 행복은 불과 며칠 가지 못하였다. 1950년 6월 25일 일어난 한국전쟁은 민족 전체의 운명은 물론 김범수 개인과 그 가족의 삶을 완전히 바꾸고 놓았다.

한국전쟁이 일어났을 때는 3·8선과 멀리 떨어진 광주에서는 아직 전쟁의 분위기를 느끼지 못하고 있었다. 그동안 종종 있었던 38선에서의 국경 충돌정도로 생각하고 생업에 일상적으로 종사하고 있었던 것이다. 심지어 인민군이 산동교를 건너온 7월 23일 오전에도 경찰은 매스컴을 통해 "광주만은 안전하니 시민들은 생업에 종사할 것이며 직장인은 직장을 지키라고 지키라."고 방송을 하고 있어서 대부분의 시민들은 안심하고 있었다. 여순 사건을 진압하기 위해 내려온 군대가 전방으로 투입되는 것 말고는 특별히 피난 행렬도 눈에 띠지 않았다.

---

4) 김명기, 『이기홍 평전』, 280쪽.

5) 용채의 외아들 인국은 1950년 6월 20일 한국전쟁 직전에 태어났다.

그런데 국군이 인민군에게 속수무책으로 밀리자 이승만 정부는 보도연맹원에 대한 검속을 실시하였다. 이기홍의 증언에 의하면 1950년 7월 8, 9일 경 보도연맹원 400여 명이 옛 전남도청 앞에 있는 무덕전에 소집되었다가 광주형무소에 수감되었다.[6] 이때 김범수도 수감되었는데 아마도 아우인 언수도 함께 투옥되지 않았을까 추정된다.

이때 소집된 인물 가운데는 건준부위원장을 지낸 보도연맹전남지부장 국기열을 비롯하여 김범수 이덕우, 이기홍, 장재성 등 사회적 덕망가들이 셀 수 없었다. 이기홍의 진술에 의하면 이때 만난 김범수는 경찰이 자신들을 총살하기 위해 소집하였다는 사실을 꿈에도 모르고 있었다 한다.

김범수는 이기홍, 국기열, 노천묵, 젊은 의대생 등 17명과 같은 방에 수감 되었다.[7] 그런데 경찰과 군인들은 전황이 불리해지자 형무소에 갇힌 인사들을 처형하기 시작하였다. 하루에 평균 50명씩 데리고 나가 집단으로 총살시켰다. 이때 먼저 끌려 나가던 이덕우[8] 변호사가 "동지들! 우리를 총살하려고 여기에 데려왔으니 각오하시오. 내가 먼저 가니 저세상에서 다시 만납시다!"라고 외쳐댔다. 김범수도 죽음을 직감하였다.

그런데 전주와 군산형무소에 갇혀 있던 보도연맹원들을 인민군

---

6) 김명기, 이기홍평전, 280쪽.

7) 김명기, 위의 책, 281쪽.

8) 이덕우는 광주학생운동을 주도하였고, 해방 후 건국준비위원회에서 활동하였다.

이 빠른 속도로 남하한 탓에 죽이지 못한 채 광주형무소로 이감되었다. 광주형무소에서는 총살자를 매장할 구덩이가 부족하여 장소를 옮겨가며 구덩이를 파고 매장하기를 반복하였으므로 하루에 40~50명 정도 총살을 실행하고 있었다. 군산, 전주에서 이감된 보도연맹원을 먼저 총살하다 보니 광주에서 수감된 이들은 처형이 늦춰지고 있었다.

1950년 7월 23일 인민군이 산동교를 넘어 광주로 진입하였다. 아직 총살되지 않은 보도연맹원을 싣고 담양으로 가던 교도관들이 광주고등학교 앞을 지날 무렵 인민군의 포탄이 떨어지자 혼비백산하여 도주하였다.[9] 이 때문에 상당수 보도연맹원들이 죽음의 문턱에서 벗어났다. 이기홍은 약 150명 정도가 아니었을까 추정하고 있다. 김범수 형제도 이때 탈출한 것으로 믿어진다.

인민군 치하의 광주
:

1950년 7월 23일 오후 광주에 진주한 북한군은 인민군 6사단과 남해여단이었다. 광주에는 이미 전쟁이 시작되기 이전 6월 초에 김백동, 이담래, 김상하, 이강진, 송금애 등이 영광 해안으로 침투하여 금남로 1가에 있는 광산치과에서 잠입하여 활동하고 있었다. 이들은 빨치산 활동을 하고 있던 노동당 전남도당위원장인 김선우를 최부자 집에서 만나 당과 행정기구를 조직하였다. 그리고 다음날

---

9) 이기홍, 앞의 책, 286쪽.

방학 중인 전남여고를 도당 사무실로 정하고 당 업무를 개시하였다.[10]

8월 초순에 도당위원장, 부위원장에 김선우·김인철, 조직부장 박찬봉, 선전부장 선동기, 노동부장 오금일, 간부부장 정규석, 농림부장 이방휴, 도인민위원장 김백동, 내무부장 조형표, 상공부장 김계석, 보건부장 박춘근, 광주시당 위원장 김상중, 광주시인민위원장 김영재 등이었다.[11]

그런데 광주를 접수한 북의 지도부는 남한의 좌익세력에 대해 분명한 기준을 가지고 있었다. 보도연맹 가입자는 무조건 이승만에 투항한 반동세력으로 분류하고 있었다.[12] 특히 박헌영계는 보도연맹에 가입한 사람들을 배신자라 하여 공격하고 있었다. 이를 빌미로 反박헌영계에 대한 공격이 시작되었다. 말하자면 옛 화요회 출신의 서울회계에 대한 대대적인 보복이 시작되고 있었다. 김범수처럼 광주청년회 출신에다 이미 보도연맹에 자의든 타의든 가입한 인사에게 광주는 인민군 치하에서도 안전한 곳이 아니었다.

김범수는 1950년 7월 23일 광주형무소에서 탈출하자마자 안전한 피신처를 물색하였다. 그는 처가가 있는 화순 북면 원리로 몸을 피하였다. 그곳은 광주와 떨어져 있는 데다 외부와도 고립된 지역

10) 김세원, 『비트』, 1993, 72쪽
11) 김세원, 위와 같음.
12) 김명기, 『이기홍 평전』, 2019, 297쪽.

이었다. 그는 아우인 언수와 피신을 하였다.[13] 그가 그곳으로 피신한
것은 인민군이 들어온다고 하더라도 예비검속의 대상이었기 때문
이다.[14] 그가 원리로 떠난 것은 늦어도 7월 말 이전이었을 것이다.

백아산 빨치산 사령부 의무대 징발

:

그런데 김범수가 원리로 피신한 지 2개월 못 되어 1950년 9월
25일 국군에 밀린 광주 주둔 인민군이 증심사에서 부대를 정비한
후 무등산을 넘어 원리에 있는 백아산으로 들어왔다. 그곳에 조선
인민군 전남도당 사령부가 결성되었다.[15] 화순 백아산은 화순군 북
면에 위치하고 있으며 해발 810m로 희끗희끗한 바위로 이루어져
마치 흰거위가 옹기종기 모여 있는 것처럼 보인다하여 백아산이라
이름 붙여졌다 한다. 백아산은 광양 백운산, 지리산과 함께 빨치산
의 본거지로 빨치산 3대 성지로 추앙 받는 곳이었다.

---

13) 김언수의 행방을 그동안 전혀 알 수 없었다. 이번 이복순의 증언을 통해 형
   인 범수와 함께 원리에 피신 왔음이 확인되었다.

14) 이복순의 증언.

15) 대표적인 빨치산 연구자인 박동기 소장의 설명에 의하면 당시 인민군전남도
   당사령부는 처음에는 광주지방법원 건물에 설치한 본부를 최부자 집으로 옮
   겼다가 현재의 전남여자고등학교 역사관 2층으로 다시 옮겼다. 그러다 학교
   가 개학하게 되자 8월말 현재의 병무청으로 옮겼다가 9월 25일 증심사에서
   집결한 후 규봉암을 거쳐 백아산으로 후퇴하여 그곳에 새로운 전남도당사령
   부를 설치하였다고 하였다. 백아산에서 국군 토벌대와 치열한 교전을 여러
   차례 하였는데, 특히 1951년 4월에 있은 춘투는 양측의 희생자가 헤아릴 수
   없을 정도로 대규모 혈전이었다. 이 전투에서 큰 손실을 입은 도당사령부는
   1951년 8월 광양 백운산으로 본거지를 옮겨 계속 항쟁을 이어갔다.

백아산

　이곳은 위치상 전남의 중심지일뿐더러 산세가 조밀하여 유격활
동의 최적지로 6·25전쟁 이전부터 유격전의 중심지였고, 입산 투
쟁이 전개된 1950년 9월 25일 이후에는 용곡 2구 약수 마을에는
빨치산의 총수인 전남도당위원장 박영발(경북 봉화출신)이, 용곡1구
용촌마을에는 전남도당부가 있었으며, 수리에는 전남유격대 총사
령부가, 원리에는 광주부대와 북면당이 송단3구 평지마을에는 곡
성군당부가, 송단2구 강례 마을에는 전남도당학교가 있었다. 그곳
을 근거로 빨치산 전남도당사령부는 국군 토벌대와 밀고 밀리는 치
열한 전투를 전개하고 있었다. 양측의 엄청난 인적 피해가 발생하
였다. 특히 토벌대의 공격을 받은 빨치산의 피해는 날로 늘어났다.
그들은 더 많은 의료진을 필요로 하였다.

마침 도당사령부에 원리에 유명한 의사가 난을 피하여 왔다는 첩보가 들어왔다.[16] 당시 도당 사령관인 김선우가 "의사 선생님 모시고 와라" 하여 의사를 데려왔는데, 그가 김범수였다. 이때의 상황을 총사령관 수행비서인 이복순은 너무나 정확히 기억하고 있었다. 이복순은 김범수가 백아산 도당사령부에 처음 불려 왔을 때가 해가 바뀐 1951년 1, 2월경이 확실하다고 증언하였다. 그녀에 따르면 김범수는 검정 두루마기 한복을 입고 왔고, 두루마기 소매를 걷은 채 환자를 진료하고 있었다고 하였다. 이복순은 김범수를 산에서 보니 너무 반가워 '아버님!'하고 부르며 인사를 하였고, 사령관인 김선우와 의무과장인 박춘근에게 친구 부친이니 많이 도와달라고 여러 차례 부탁하였다고 한다. 김범수는 원리 처가에 은신해 있다 인민군에 의해 강제 징발된 것이다. 빨치산들을 치료하기 위해 자발적으로 입산한 것은 아니었다.

김범수에게 낙인된 것은 친일파라는 딱지와 함께 조선공산당 지하조직책, 그리고 한국전쟁 때 인민군이 광주에 주둔할 때 인민병원 원장을 지냈다고 하는 것이었다.

앞서 친일파 딱지와 관련된 총독부의원 의사 경력은 총독부 의원이 경성의학전문학교 수련병원이라는 사실을 알지 못한 데서 나온 결과임을 이야기 하였다. 조선공산당 지하조직책이라고 하는 것 역시 인민위원회와 민전에서 활동한 김범수를 반대파들이 모함하는 과정에서 나온 것에 불과하다는 것을 살폈다.

---

16) 이복순의 증언.

남겨진 인민병원 원장 관련 건을 살필 때가 되었다. 1950년 7월 23일부터 9월 28일까지 약 2개월 광주지역은 인민군의 수중에 있었다. 이때 인민군은 현재의 전남대 병원을 제1 인민병원, 최상채 외과(현 적십자 병원 자리)를 제2 인민병원으로 운영하였다.[17] 제 1병원장은 북한인민군 군의관 노재엽이었다. 제 2병원은 전남도 보사국장을 지낸 민병기가 맡았다.

민병기는 인민군이 쳐들어 올 때 구례 방면으로 피신을 하였으나 붙잡혀 광주형무소에 수감되어 있었다. 그러나 인민군 부상병이 늘어나자 수감되어 있던 민병기를 끌어내어 제2인민병원을 지정하여 맡도록 하였다. 이때 많은 광주지역 의사들 특히 현 전남대 의과대학 전신인 광주의과대학 교수들이 곤욕을 치렀다. 광주의대 교수들은 북한군이 광주에 진입하던 순간까지도 피난가지 못하고 있었다. 당시 이 지역 군사령관 이응준이 피난가면 총살을 시킨다고 협박을 하여 붙잡았기 때문이다. 이들은 결국 피난 가지 못하고 있다가 다시 북한군에게 본인의 의사와 상관없이 협조하지 않을 수 없는 처지가 되었다. 어쨌든 제1인민병원과 제2인민병원은 주로 광주의대 교수들이 강제로 부역되어 운영되고 있었다.[18]

당시 남선의원을 운영하고 있던 김범수가 이들 인민병원과 연관되어 있다는 어떠한 증거도 없다. 이는 기록이 없어서가 아니라 그러한 사실이 없기 때문이다. 김범수가 사회운동을 할 때 참여했던

17) 김석학, 『광복 30년』 3, 1975, 197쪽.
18) 위의 책, 197~203쪽.

광주청년회는 박헌영계와는 노선이 달랐고, 해방 후 참여한 인민위원회 역시 박헌영계와는 계보가 달랐다.

1950년 7월 23일 북한군이 진주했을 때의 상황을 보면 해방 후 전개된 전남지역에서의 공산당 내부의 파벌 대립이 얼마나 심각하였는지를 알 수 있다. 7월 23일 인민군이 광주로 진입하자 광주 지역의 좌익들은 전남도인민위원장에 국기열을, 광주시인민위원장에 강석봉을 추대하였다. 이들은 일제 때 항일운동을 한 경력이 있었다. 특히 강석봉은 앞서 살폈듯이 광주 3·1운동에 필요한 인쇄용지 공급을 책임지는 중요한 역할을 하였고, 제3차 공산당 사건으로 김준연과 함께 옥살이 한 전력도 있는 등 사회주의 운동에서도 빼놓을 수 없는 평가를 받고 있었다. 이들은 6·25 직전에 보도연맹의 간부를 맡는 등 전향을 하였으나 한국전쟁이 일어나자 광주형무소에 투옥되어 구사일생으로 풀려나왔다가 도 위원장과 시 위원장에 각기 추대되었다.[19]

그러나 국기열은 박헌영의 직계인 보성 출신 김백동에 의해 부위원장으로 밀려났다가 다시 광주형무소에 수감되었다. 강석봉은 역시 박헌영의 직계인 보성 출신 김영재에 의해 밀려나 역시 수감되었다. 국기열과 강석봉이 보도연맹에 가입하였다 하여 반동으로 낙인 되었기 때문이다. 박헌영이 일제 말 광주 백운동 벽돌공장에서 신분을 숨기며 지내며 '콤클럽'이라는 지하단체를 조직하였다. 이 멤버는 윤달순(해남출신), 윤가현(강진출신), 좌혁상(제주출신), 고항,

---

19) 김석학, 위의 책, 146쪽~148쪽.

조주순, 이남래, 김백동, 김영재 등이었다. 이들 모임이 해방 후 남로당의 모체가 되었다고 하는 것은 주지하는 바다. 여기에 김삼룡, 이주하, 이강국, 이승엽 등 비교적 나이가 젊은 소장파가 합류하였다.[20]

이와 달리 김철수를 중심으로 하는 장안파가 있었다. 이는 나이가 많은 노장파들이 주로 많았는데 이영, 이정윤, 최원택, 서병인, 김종선, 나승규, 이우적 등이었다. 김철수는 선독립, 후혁명을 외치며 이승만과 세력을 제휴하여 완전 독립국을 꿈꾸었다. 이러자 남로당에서는 김철수가 변절했다고 공격하는 등 남로당과 장안파의 갈등이 증폭되어 갔다. 이때 미군정에 의해 좌익에 의한 검거 선풍이 불자 남로당과 장안파 모두 지하로 숨었다.

한편 이와 같은 공산당의 양파 가운데 어느 파에 속하지 않은 순수 사회주의자들이 있었다. 국기열, 박준규, 유혁, 강석봉, 한길상, 문태곤, 노천묵, 김유성 등이었다. 굳이 따지자면 장안파에 가까웠다. 이들은 대한민국 정부 수립 후 결성된 보도연맹에 가입하였다. 따라서 박헌영계의 입장에서 볼 때 보도연맹에 가입한 이들 뿐 아니라 장안파도 반동 분자였다. 따라서 국기열, 강석봉 등은 인민군에 의해 다시 형무소에 갇히는 신세가 되었다. 이렇듯 중도 노선을 걸었던 이들은 한국전쟁이 일어나자 우익에 의해 수감되었다가 다시 인민군에게 수감되는 기구한 운명이 되었다.[21]

---

20) 김석학, 위의 책, 147쪽

21) 김석학, 위의 책, 147쪽

김범수의 행적을 보면 무산자 계급을 위한 삶을 실천한 것으로 볼 때 사회주의적 사상을 가지고 민중을 위한 삶을 살았을 뿐이다. 강석봉과 같은 열렬한 사회주의 이론가라고 볼 증거도 없다. 오히려 민족자본가와도 자주 어울리며 민족의 역량을 제고하는 데 앞장섰다.

 해방 후 활동도 박헌영의 공산당하고도 어울리지 않고 여운형 계열의 중도 좌파적인 성향을 보였다. 굳이 성향을 분류하자면 중도 사회주의 노선을 걸었다고 하는 것이 옳을 것이다. 그는 보도연맹에 가입하여 광주 형무소에 수감되었다가 구사일생으로 탈출하였다. 이미 보도연맹에 가입한 것 자체를 전향이라 하여 백안시하던 박헌영 계열이나 북에서 내려온 인민군들이 보도연맹 딱지가 붙여져 있는 데다 박헌영계도 아닌 범수에게 병원장 등의 중책을 주지는 않았을 것이다. 오히려 숙청 대상이었을 것이다. 강석봉이나 국기열, 이기홍의 경우가 대표적인 예라 하겠다.

 이러한 상황을 예견한 김범수는 인민군이 광주에 들어오던 7월 23일 바로 피신할 생각을 하였다. 아마 7월말 쯤 처가가 있는 화순군 북면 원리 처가로 떠났다고 짐작된다. 이때 그는 바로 밑의 아우인 언수와 함께 피신하였다. 언수가 사회주의적 성향을 지니고 인민위원회에서 활동하였다고 하더라도 그 출신은 자본가 그룹으로 인민군이 장악한 광주에 머물러 있기에는 위험 부담이 컸다.

 김범수가 운영하던 남선 병원은 인민군들이 접수하여 그곳을 사용하고 있었다. 인민군이 남선병원을 접수하여 사용한 것을 손녀 행자는 정확히 기억하고 있다. 병원에서 김범수를 본 기억이 없다

는 손녀의 증언처럼 그는 당시 남선의원에 없었다. 그는 인민병원
장도 하지 않았고 남선병원에서 인민군을 위해 부역하지도 않았다.
따라서 그가 인민병원장을 하였다고 하는 것은 당시 상황을 알지
못한 누군가가 지어낸 허구의 사실이 아닌가 한다.

의사의 책무를 다한 빨치산 의무대 생활

:

그럼에도 김범수가 인민병원 원장을 하였다는 말이 나왔을 때는
또 다른 의심을 살만한 이유가 있지 않을까라는 생각이 든다. 바로
인민군 전남도당 사령부가 있는 화순 백아산에서 인민군 부상병을
치료한 것이 인민병원장으로 둔갑된 빌미를 제공한 것은 아닌가 하
는 생각을 저자는 가지고 있다. 현재 우리나라에서 빨치산 연구의
최고 전문가인 남녘연구소 박동기 소장조차 김범수를 처음에는 빨
치산 전남도당사령부 의무과장이라고 알고 있었다. 곧 인민군 전남
도당 사령부 의무과장을 하였다면 그것이 인민병원장으로 와전되
었을 가능성이 얼마든지 있다.

그러나 이번에 저자가 만난 빨치산 전남도당사령부 2대 사령관
김선우[22]의 수행 비서였던 이복순의 결정적 증언은 그동안 도당사

---

22) 김선우(1918~1954)는 전남 보성군 웅치면 출신으로 평양 군수 공장에 들어
가 노조 활동을 하면서 항일 투쟁을 하였다. 해방 후 경기도당에서 부위원
장을 지내고 1949년 전남도당위원장으로 내려와 당 사업과 유격 투쟁을 지
도하였다. 1950년 9월 28일 인민군이 후퇴할 때 백아산으로 들어가 전남
빨치산 사령관을 지내며 처절한 투쟁을 하다 1954년 4월 광양 백운산에서
전사하였다. 그의 묘는 현재 고향인 보성 웅치에 있다.

령부 의무과장이라고 알려졌던 사실이 잘못임을 명백하게 해주었다.

김범수가 백아산 도당사령부에 불려 나오는 과정을 이복순은 정확히 기억하고 있다. 이복순의 증언을 해당 부분 그대로 옮겨본다.

"길현이 아버지는 원리 처가로 인민군 들어오기 전에 피난 갔지. 어느 날 원리에 연륜이 있는 의사가 있다고 면사무소에서 보고가 총사(총사령부)로 올라 왔어. 당시 국군 토벌대와 치열한 전투로 부상병이 속출할 때라 의사가 절대적으로 부족할 때야. 당시 내가(이복순) 총사령관을 옆에서 모시고 있었기 때문에 상황을 정확히 기억해. 그래서 사령관이 모시고 와라 했어. 그래서 총사에서 그 의사선생을 모셔 왔는데 보니 길현이 아버지여. 얼마나 반갑고 놀라서 나도 모르게 '오매, 아버지!' 하며 손을 잡았다. 그래서 총사령관과 의무과장인 박대화에게 친구 아버지이니 잘 부탁한다고 했지. 그때가 백아산에 우리가 들어온 이듬해가 분명해. 검정두루마기를 입고 오신 것으로 보아 추울 때니까 이듬해 초. 1, 2월 무렵이 아닌가해. 당시 총사 의무과장은 구주의대 출신 박춘근이었고, 도당 위원장 주치의는 영광출신 경성의전 출신 이형년이었어. 그리고 의무과장으로 영암출신 박대화가 있었는데 길현이 아버지 직속상관이었어. 길현이 아버지는 주로 중환자가 있는 본트에서 환자 치료를 했어."

이복순의 증언은 김범수가 백아산에 주둔한 빨치산 사령부에 언제, 어떻게 들어가게 되었는가를 확인하는 결정적 실마리를 던져

주었다. 아울러 당시 빨치산 사령부의 의무진의 구성도 알 수 있게 해주었다. 이복순의 증언을 통해 당시로 돌아가 보기로 하겠다. 이복순은 백아산에 인민군이 주둔하여 있을 때 당시 총사령부 의무과장은 일본 구주의과대학 출신인 박춘근이었고, 전남도당사령부 의무과장은 이형년이라고 기억하고 있다. 박춘근이 구빨치산[23]이었다고 하는 사실까지 함께 설명하였다. 박춘근은 인민군이 광주에 주둔해 있을 때 도 인민위원회 의무과장을 지냈다. 백아산으로 후퇴한 인민군을 따라 온 박춘근이 그곳 의무과장을 한 것이 자연스럽다. 곧 이복순의 증언이 설득력이 있다는 얘기이다.

이복순의 진술에 의해 김범수는 원리에 피난을 와 있다가 이듬해인 1951년 초에 백아산 인민군 사령부에 징발되어 그곳에서 중환자를 주로 치료한 본트에 있었음을 알 수 있다. 이복순의 증언은 당시의 상황을 정확히 기억하고 있다는 점에서 신뢰도를 높여주고 있다.[24]

이복순의 증언은 김범수가 백아산에 들어간 것이 자의가 아닌 타의에 의해 불려갔음을 알려준다. 만약 김범수가 자의로 빨치산에 들어갈 생각이 있다면 자기가 피신한 곳으로 인민군이 들어오던 1950년 9월 말 자진 입산을 하여야 했을 것이다. 그러나 그는 인민

---

23) 빨치산들은 한국전쟁이전에 입산한 사람을 '구빨치', 한국전쟁 때 입산한 사람을 '신빨치'라 불렀다.

24) 저자가 인터뷰 하러 갔던 2020년 4월 초 이복순은 91세의 나이에도 불구하고 모택통 선집을 읽고 있었다. 철저한 사회주의 사상을 가졌음을 알 수 있다. 그의 놀라운 기억력은 '역시 광주사범' 출신임을 믿게 한다.

군이 바로 인근 백아산 정상에 진지를 구축하고 있는 사실을 알고 있음에도 본인의 신분을 숨긴 채 처가에서 몇 개월 계속 은신해 있었다. 그가 자진 입산하지 않았다는 증거이다. 특히 그가 두루마기를 입고 왔다고 한 것도 일부러 입산한 것이 아님을 알려주는 좋은 증거라 하겠다. 만약 빨치산이 되고자 하였다면 평상복을 입었을 것이다.

다음으로 김범수는 백아산 빨치산 사령부에서 말단 의사로 지냈다는 사실도 확인되었다. 의무과장이 아님이었음은 분명하다.

하늘의 빛나는 별이 되다

:

김범수가 언제까지 백아산에 있었고, 언제 사망하였을까? 이 역시 정확히 확인되지 않고 있다. 다만 이복순의 증언을 토대로 다음의 추정은 가능하였다. 광양 백운산으로 전남도당 사령부가 이동했을 때가 1951년 8월이었다. 그곳에서 이복순은 김범수의 아우인 김언수를 다시 만났다 한다. 백아산에서 이복순은 김범수를 처음 만났을 때 아우인 언수가 곁에 있었음을 기억하고 있다. 말하자면 형과 함께 형의 처가인 원리로 피난을 갔던 언수는 형이 빨치산들에게 징발되자 형을 보호하기 위해 따라 나선 것으로 보인다. 그런데 이복순이 백운산에서는 김범수는 보지 못하고 아우인 언수만 혼자 만났다고 한다. 김범수는 백운산에 따라오지 않았음을 알 수 있다. 즉 전남도당사령부가 옮기기 전에 이미 사망하였음을 알려준다.

백아산에서는 1951년 4월 무렵 국군토벌대와 그곳 빨치산 유격대와 치열한 춘투가 벌어지고 있었다. 심지어 오키나와에서 출격한 미군 폭격기가 백아산 빨치산 진지를 여러 차례 폭격하였고, 이 과정에서 전폭기가 빨치산 저격수에 의해 격추되기도 하였다. 이때 많은 빨치산이 희생되는 피해를 입었다.[25] 특히 환자 빨치산들은 미처 피신하지 못한 채 토벌대에 의해 대부분 피살되었다. 이때 중환자를 치료하던 본트에 있던 김범수도 토벌대에 의해 죽음을 당하지 않았을까 추측한다.[26]

김범수가 인민군 수중에서 벗어나기 위해 탈출하다 죽었을 가능성에 대해 이복순은, 평소 김범수의 성격으로 볼 때, 죽어가는 환자를 놔둔 채 혼자 살겠다고 피신할 그러한 인물은 절대 아니라고 단언하였다. 이복순의 증언은 사실일 것이다. 경성의학전문학교를 졸업한 후 오로지 환자 치료에 진력을 다한 그의 삶이 이를 말해주고 있다. 그에게는 백아산에 있는 빨치산 부상병들도 똑 같은 민족이요, 치료를 받아야 할 환자일 따름이었다. 그에게는 이념은 그다지 중요한 것이 아니었다. 환자를 치료해야 할 의사의 사명감과 동족 간에 서로 총부리를 겨누고 있는 전쟁에 대한 고통만 있을 뿐이었다. 국군토벌대의 무서운 공격이 시시각각 다가옴에도 김범수는 피하려 하지 않고 부상병들을 돌보다 쓰러졌다.

민족을 평생토록 사랑하였던 위대한 독립운동가이자 의사인 김범수는 하늘의 별이 되었다. 그가 언제, 어떻게 죽었는지조차 증언

---

25) 박동기 소장의 증언을 따랐다.

26) 김범수의 3녀(女)인 길현의 증언에 따르면 토벌대가 죽였다 한다. 길현의 남편은 국군 장교로 범수의 죽음에 대한 어떤 첩보를 갖고 있지 않나 한다.

해줄 사람이 없어 그에 대한 역사적 평가조차 어렵게 하였다. 역사의 진실은 언젠가는 드러나게 마련이다. 그때가 도래한 셈이다.

김범수 며느리인 박용숙은 시아버지인 범수의 사망 신고를 하지 않고 있다가 1961년 시어머니인 옥이 사망하자 비로소 시아버지인 범수의 사망 신고도 함께 하였다. 김범수가 1961년에 사망하였다는 일부 기사는 이 때문에 나온 것이다.

한편 전쟁이 끝난 지 한참 후에 그의 작은 딸 정현이 부친의 시신을 수습하기 위해 백아산을 찾았으나 끝내 찾지 못하였다. 이번에 찾은 범수의 처조카들은 정현이를 기억하고 있다. 그녀가 원리를 자주 찾았음을 짐작할 수 있다.[27] 작은딸이 백아산에서 담아온 흙 한 줌을 며느리 용숙이 관에 담아 봉분과 상석을 만들었다. 위대한 민족주의자이며 독립운동의 영웅, 민중을 위한 의사, 조국 통일에 앞장선 위인 등 온갖 수식어가 붙어 있는 영웅은 그렇게 떠났다. 그러나 그의 영혼은 이승을 마음 편히 떠나지 못하고 구천을 헤매고 있는 것이 아닌가 한다. 저자의 꿈에 김범수가 홀연히 나타난 이유라 하겠다.

파란만장한 가족사

:

그가 민족과 국가, 민중을 위한 삶을 살다 떠났지만, 그의 파란만장한 삶처럼 가족들은 어렵게 살았다. 막내아우 언수 역시 형 범

---

27) 현재 90세가 훨씬 넘는 차녀 정현이는 여수 요양병원에서 치매로 투병중이라 한다. 인터뷰를 못한 것이 아쉽다.

수의 영향으로 독립운동과 사회운동에 일생을 바쳤다. 광주 3·1운동 때 필요한 태극기 등 유인물이 그의 집에서 인쇄되는 등 독립운동에 앞장서는 등 형의 독립운동을 물심양면으로 도왔다. 해방 후에는 민전의 재정담당을 역임하였다.

그러다 보도연맹에 강제 가입되어 죽음의 문턱까지 갔었던 그는, 한국전쟁 때 형과 함께 화순 북면 원리로 피신 갔다가 빨치산에게 징집된 형을 보호하러 인민군 전남도당사령부까지 따라나섰다. 형이 환자를 치료하다 토벌대에 의해 쓰러지자 그는 후퇴하는 전남도당사령부를 따라 백운산으로 이동하였다. 그리고 그곳에서 마지막을 맞이하였다.

김범수가 3·1운동으로 대구 형무소에서 투옥되어 있던 1919년 9월 태어난 장남 용채는 고창중학교[28]를 거쳐 일본 메이지대학과 경제학과[29]를 졸업하였다. 범수가 그의 아들을 광주고등보통학교에 보내지 않고 굳이 고창중학교로 진학시킨 것은 그 학교가 일제강점기 애국지사들을 매출한 전통을 지니고 있었기 때문이지 않나 한다. 이것만 보더라도 범수의 항일의식이 얼마나 철저하였는지 알 수 있겠다. 용채가 메이지 대학으로 유학을 간 것도 범수와 함께 광주 3·1운동을 사실상 주도한 정광호가 메이지 대학 출신이었고, 역시 그와 가까운 박일구가 메이지대 졸업생이라는 게 영향을 미쳤을 법하다.

용채는 일본에서 공부를 하던 1942년 4월 13일 결혼을 하였다.

---

28) 고창중학교 졸업증서498호(소화 15년 3월 1일).

29) 메이지대학졸업증서(소화 18년 9월 25일).

김용채 졸업증서(고창중)

지금의 전남여고의 전신인 욱여학교를 졸업하고 공주사범학교를 나와 광주 서석공립심상소학교 교사로 있던 박용숙과 혼인을 하였다. 그의 장인인 박의언은 경성출신으로 경기고등학교의 전신인 경성고등보통학교를 나왔는데[30] 이때 광주에 있는 사립보통학교인 호남소학교의 교장으로 내려와 있었다.

김용채 결혼사진(1942)
사진 설명: 우측 첫 번째 박동표, 뒷줄 우측 첫 번째 박경조

30) 박의언은 경성고등보통학교10회(1914.3.18) 졸업생이다.

이들의 혼인에는 당시 광주의 부호이자 사회사업가로 명망이 높던 지응현이 중매를 섰다 한다. 앞서도 언급하였지만 지응현의 3남과 김범수가 함께 물산창고회사를 세워 민족 경제에 도움이 되고자 한 데서 알 수 있듯이, 김범수는 지응현 가문과도 가깝게 지내고 있는 등 광주의 명문가와 교류가 있음을 알 수 있겠다.

용채가 일본에서 유학 생활을 할 때는 1942년 미드웨이 해전에서 일본이 패배한 후 전쟁의 주도권이 미국으로 넘어간 후였다. 일제는 1937년 중일전쟁을 일으키고 대동아공영권 건설을 주장하며 동남아시아로까지 전선을 확대시켰다. 전쟁 수행에 필요한 인적, 물적 자원을 충당하기 위하여 조선에서 공출, 식량 배급제, 육군 특별지원병제도(1938) 등을 실시하였다. 특히 1941년 12월 7일 진주만 기습으로 태평양전쟁으로 확전되면서 일본은 노동력과 군인이 절대적으로 부족하게 되었다. 처음에는 조선인들에게 무기를 주는 것이 위험하다고 판단하여 조선 사람을 전쟁에 내보내지 않던 일제는 점차 전선에서 밀리게 되자 징병제와 징용제를 1944년 시행하였다. 이리하여 많은 조선의 젊은이들이 전쟁터에 끌려가게 되었다.

용채가 1943년 일본 유학을 마치고 귀국한 이듬해 조선의 상황은 급박하게 돌아갔다. 조선의 젊은이들이 학도병 또는 징용으로 끌려 나가야 했다. 없었다. 대학을 졸업한 용채는 학도병 징발은 면했지만, 징용을 피할 수는 없었다. 이때 김범수는 아들이 징용에 끌려가는 것을 막으려고 노력을 하였던 것 같다. 이를테면 간장을 많이 먹어 몸에 이상이 있게 하여 귀향 조치하는 방법을 썼다는 얘기를 어머니(용숙)에게서 들었다고 행자는 증언한다. 이 말이 사실인

지 알 수는 없으나 아들을 어떻게든지 징용에서 빼내려는 범수의 간절함을 엿볼 수 있다. 이 방법이 통했던지 용채는 징용으로 나섰다가 곧 무사히 돌아올 수 있었다.

졸업증서(메이지대)

그런데 이 과정에서 슬픈 사연이 하나 전하고 있다. 결혼한 지 1년이 넘었으나 아이가 없는 용채가 징용으로 끌려가 대(代)가 끊어짐을 염려한 김범수 아내의 요청으로 아이를 낳을 새 여인을 찾았다. 그런데 용채가 징용에서 돌아왔고 기다리던 아이가 태어났다. 그 손녀가 행자인데, 1944년 12월 4일생이니 김용채가 징용으로 끌려가기 전에 잉태되었을 가능성이 있다. 범수에게는 너무나 기다리던 손자였지만 아쉽게도 딸이었다. 그래서 손녀 딸 이름을 범수는 아들을 기다렸다는 의미로 '행자(幸子)'라고 지었다. 김범수는 손녀가 재롱부리는 모습을 보며 날로 악랄해지는 일제 강점기의 식민지 백성의 설움을 잠시 잊을 수 있었다. 행자가 태어난 지 1주일이 안 되어 새 여인에게서 아들이 태어났다. 그때가 12월 9일이다. 행자보다 5일 늦게 태어난 삼촌이 생긴 셈이다. 호적에는 본부인의 아이로 입적되어 있다.

김용채(메이지대, 왼쪽)

징용 떠났다 곧 돌아온 용채는 일체 활동 없이 은둔 생활을 하며 일제 말기의 상황을 주시하고 있었다. 1944년 말에서 1945년까지 그의 활동 이력이 전혀 나오지 않은 것으로 볼 때 특별한 활동을 한 것 같지 않다. 딱히 근거는 없지만, 간장을 먹고 몸이 쇠약하다는 구실로 징용에서 돌아왔다면 돌아온 후에도 공식적인 활동을 할 수 없었을 것이다. 그렇지 않으면 일제의 의심을 살 수 있기 때문이다. 그래서 김범수는 그의 아들을 집에서 꼼짝없이 머물도록 했을 가능성이 있다.

그 시기에 김용채는 박헌영을 몇 차례 만난 것 같다[31]. 1943년

31) 행자의 모친인 용숙이 딸에게 이러한 얘기를 한 적이 있다 한다.

경 일본 경찰에 쫓기던 박헌영은, 광주 백운동 근처에 있는 벽돌공장 근로자로 위장 취업하였다. 그가 굳이 광주로 피신한 것은 앞서 언급하였지만, 이 지역이 박헌영계가 주축이 된 화요회계가 아닌 이정윤 등이 중심이 된 서울회계열이 강하게 뿌리내려져 있는 것과 관련이 있다. 일본 경찰은 연고가 거의 없는 광주지역으로 박헌영이 숨을 것이라고 전혀 예측하지 못했을 것이다. 이러한 점을 박헌영은 역으로 이용하였다.

이때 박헌영이 광주에서 은신처를 마련하는 데는 당시 조흥 은행 행원이었던 고항의 역할이 컸다. 박헌영은 이곳에서 김성삼이라는 가명으로 은둔하였다. 당시 벽돌공장 사장 이득윤은 박헌영의 신분을 몰랐다고 하였으나 실은 알고 있었다. 박헌영은 벽돌공장을 아지트 삼아 그곳에서 자기 세포 조직을 구축하였다. 이른바 경성 콤그룹이 태동한 것이다. 이때 박헌영을 만난 사람 가운데는 고항, 조주순 등이 있다.

광주에서 박헌영과 인연을 맺은 인물 가운데 조주순이 있다. 조주순은 일본 유학 중 김범수 장녀 순과 혼인하였다. 김범수는 그의 장녀를 화순의 부호의 아들이자 후쿠오카 의대를 다닌 엘리트와 혼인을 시켰다. 조주순과 김범수의 장녀와의 혼인에는 조주순의 형인 조동순과 김범수와의 관계가 작용하였다.

일본 유학중 사회주의에 심취한 조주순은 식민지 백성들의 피맺힌 절규를 외면할 수 없어 학업을 중퇴하고 귀국하였다. 그의 부친은 당시 적지 않은 부호가 그랬듯이 사채놀이를 통해 부를 축적하였다. 이러한 모습을 본 조주순은 부친이 없을 때 사채 장부를 모두 불태워버렸다 한다. 집에 있는 하인들의 신분도 전부 자유인으로 풀어주었다 한다. 조주순에 대한 평이 좋을 수밖에 없다.[32] 조주순은 화순 탄광을 중심으로 노동조합을 결성하여 노동자들의 권익을 지키려 하였다. 이미 1930년대 들어서서 사회주의 노동운동은 일제의 강력한 탄압으로 거의 괴멸 상태에 빠져 있었다. 그러나 지하 조직을 중심으로 노동조합 재건 운동이 하나씩 이루어지고 있었는데 조주순이 그 중심에 있었다고 해야 하겠다.

이렇게 일제와 타협하지 않은 채 사회주의 혁명을 통한 완전 독립을 지향한 조주순을 1943년 광주에서 은인자중하며 세력을 펼치고 있던 박헌영이 그대로 놓아두지 않았다. 조주순 또한 당대의 유명한 사회주의 혁명가와 함께 혁명을 꿈꾼다는 사실은 가슴벅찬 일이었을 것이다. 그런데 박헌영은 일제의 삼엄한 감시 때문에 밖으로 나다니기가 어려웠다. 박헌영을 만나기 위해 광주에 자주 왔던 조주순은 그의 조카뻘 되는 박현채 집에서 자주 머물렀다. 그곳을 거점으로 박헌영과 자주 만났던 것으로 보인다. 이 부분은 박현채 교수의 증언을 통해 알 수 있다.

"해방은 박경민 당숙의 5구 라디오 앞에서 조주순, 박석민, 박경민[33],

---

32) 조주순의 조카며느리의 증언.

33) 박경민은 김범수의 셋째 처남으로 김범수와 함께 물산창고회사를 세워 민족 자본을 형성하려고 힘썼다. 그는 사업을 하였기 때문에 일제 당국과 일정한 관계가 있었다고 보인다. 그가 지금으로 말하면 의용소방대의 부대장을 맡고 있었다는 사실이 이를 말해준다. 즉 박현채의 증언에 의하면 관변단체인 경방단(警防團) 부단장을 맡았다 한다. 경방단은 1937년 일제가 화재 방지

아버지, 나 등 온 가족이 함께 맞이하였다. 당시 조주순 삼촌은 그간에 우리 집을 박헌영 동지와의 접선을 위해 수시 밤에만 드나들었으나 8·15 이틀 전에 화순을 떠나 아예 우리 집에 기식하고 있었다. 그는 살기 위해 화순을 떠날 수밖에 없었다고 하면서 이제 지게꾼이라도 해야겠다며 우리 집에 와 있었다. 그때 나는 화순의 큰 부잣집 주조장 아들이 왜 다른 직업을 갖지 않으면 살 수 없을까 하고 생각했었다. 박석민 아저씨는 우리하고는 가까운 친척이고 아버지의 중학교 선배였다. 우리 외할아버지의 누나의 아들이기 때문이다. 그는 광주학생 사건 때 퇴학당하여 서울에서 자유업에 종사하고 있다가 전쟁이 격화되니까 광주 우리 집으로 피난 와 있었다. 그의 큰딸이 나와 동급생인데 해방되었을 때 그는 한글을 자기 아버지에게 배워 다 깨치고 있어 나를 일시 실망의 나락으로 떨어지게 했다."[34]

박현채 집을 아지트 삼아 박헌영이 조주순과 접선했음을 알 수 있다. 박경민은 앞서 언급한 김범수의 작은 처남으로 김범수와 함

를 위해 조직한 단체였는데, 훗날 한국인을 감시하는 기능도 있었다. 이 관변 단체의 간부를 맡았기 때문에 박경민을 친일적 성향으로 분류하기도 하나 박현채는 박경민이 조주순과 친밀하게 지낸 것으로 볼 때 나름대로 민족해방세력과 줄을 대고 있는 것으로 여기고 있다. 저자 역시 박현채와 같은 생각이다. 그의 큰형 경조는 경성 3·1운동에 참여하다 구속되었고 1937년부터 4년 동안 면장을 하며 월급을 일체 받지 않고 그것을 모아 면민을 위해 내놓는 등 지역의 명망가였다. 그의 매형인 김범수 역시 광주 3·1운동의 영웅이다. 그의 매형의 사위이자 자기의 친척인 조주순은 사회주의 운동을 하며 독립운동을 하고 있다. 따라서 그가 친일의 길을 걸었다고 생각되지 않는다.

34) 김상웅, 『박현채 평전』, 한겨레출판, 2012, 29쪽.

께 물산창고회사를 세우는 등 민족 자본 형성을 위해 노력을 한 인물이다.

그런데 조주순과 박헌영 사이의 심부름을 조주순의 처남이자 김범수의 장남 용채도 가끔 하였던 것 같다. 용채가 벽돌공장에 있는 박헌영을 만나면 모자 등을 선물로 받아왔다는 얘기를 모친 용숙이 하였다고 행자는 증언하고 있다. 이를 가지고 김용채가 박헌영과 연결되어 있고, 열렬한 사회주의 사상을 지녔다고 오해하기 쉽다. 용채가 만약 사회주의자였다면 일제 말 진즉 활동가로서 나섰을 법하다.

그는 많은 독립 운동가들이 졸업한 고창고보와 메이지대 경제학과를 나왔다. 거기다 부친은 독립운동가·경성의전 출신 의사·화려한 사회운동가 등의 수식어가 붙어 있었다. 따라서 그가 만약 사회주의 혁명 건설에 앞장을 섰다면 진즉 기록에 올랐을 법하지만, 그의 이름이 전혀 보이지 않는다. 일본 당국이 용채를 특별히 주목하지 않았기 때문에 박헌영을 만나러 다닌 것도 그를 열렬한 사회주의자라고 단정하기 어렵게 하는 이유이다.

부친인 범수는 해방 후에 건국준비위원회·인민위원회·민전 등에서 활동하였다는 이유로 우익들로부터 공격의 대상이 되었다. 이미 좌우합작 운동의 실패와 그 운동을 이끈 여운형의 암살에 깊은 충격을 받아 1947년 7월부터 김범수는 정치 활동에서 완전히 손을 뗐음에도 불구하고 우익은 집요하게 공격하였다.

특히 1948년 8월 15일 대한민국 정부 수립 이후에는 우익의 테러 활동은 집요했다. 김범수의 병원 간판이 우익단체인 서북청년단

의 공격으로 간판이 떨어진 것이 여러 차례였다는 이복순의 증언은
이러한 사정을 말해준다. 이승만 정부는 국민보도연맹을 만들어 반
대세력을 옭아매자 견디다 못한 김범수는 1949년 10월 초 신문에
정계 은퇴와 대한민국 정부 방침에 따르겠다는 광고를 내기에 이르
렀다.

이러한 우익의 공격은 김범수의 아
들인 용채에게도 이어졌다. 즉 용채
가 잠을 자고 있을 때 청년들의 습격
을 받아 뒷문을 통해 피신하기도 했
다는 딸 행자의 증언이 있는데, 아마
도 우익의 공격을 말하는 것이라 짐
작된다. 민족의 독립을 위해, 통일 조국
건설을 위해 헌신한 김범수 일가에
대한 반대세력의 공격은 이렇게 무섭
고 집요하였다.

김용채(메이지대 재학)

용채가 광주상업학교 교사로 채용된 때가 이 무렵이 아닌가 한
다. 최근 그의 딸이 발견한 광주상업학교 교사 임명장에 따르면
1949년 10월 1일 상업교사로 임용되고 있다. 임명장에는 월급내역
도 나와 있다. 그가 광주상업학교 교사가 된 데는 앞서 이야기하였
지만 1945년 12월 개교식 때 김범수가 참석하여 축사를 하는 등 김
범수와 상업학교 설립자 최선진의 친밀한 관계가 작용하였다. 용채
는 이제 학교 교사로 취직하며 생활의 안정을 찾아갔다. 딸의 기억
에 의하면 용채의 조모와 큰 백부가 거주하고 있는 재매 마을 집을

아빠의 손을 잡은 채 철길을 따라 걸어갔다 한다. 아마 이때가 용채는 가장 행복한 순간이었을 것이다.

그러나 이 행복은 오래가지 않았다. 1950년 6월 25일 한국전쟁이 일어나자 그의 부친 범수는 보도연맹 검속에 따라 광주형무소에 투옥되었다가 죽음 문턱에서 겨우 빠져나왔다. 그리고 7월 23일 인민군이 들어오자 처가가 있는 백아산 자락 화순 북면 원리로 피난을 떠났다. 이제 광주는 인민군이 통치하는 공간이 되었다. 그런데 9월 15일 연합군의 인천상륙작전 성공과 9월 28일 수도 서울 탈환으로 국군이 전세의 주도권을 잡으며 광주에 있던 인민군도 9월 28일 광주를 완전히 떠났다.

이때 김용채는 부친도 없는 상태에서 후퇴하는 인민군을 따라나설 것인지, 아니면 광주에 그대로 남을 것인지 심각하게 갈등하였다. 그가 이처럼 갈등한 것은 이미 우익으로부터 무서운 공격을 받은 경험이 있기 때문이다. 만약 국군이 진주하고 우익이 다시 주도권을 잡을 때 보도연맹 관련자를 어떤 형태로든지 죽일 것임을 잘 알고 있었다. 그렇다고 그가 딱히 인민군과 선을 대고 있지도 않았다. 김범수는 우익으로부터 좌익으로 공격을 받고 있었어도 반박헌영 계열과 가깝게 지낸 데다 기본적으로 사회주의적 민족주의자로 공산당과는 노선을 달리하고 있었다. 더구나 박헌영과 연결된 조주순은 박헌영이 월북하였을 때 함께 월북하였다. 말하자면 김용채가 북으로 가는 문제를 상의할 사람이 없었다.

김범수가 북한으로 가는 문제를 고민하였다는 증거는 그가 광주를 빠져나간 시기가 1950년 9월 28일이었다는 점을 들 수 있다. 그

때는 인민군이 마지막으로 광주를 떠날 때였다. 이보다 앞서 9월 25일 증심사에 모인 또 다른 인민군 부대는 무등산을 넘어 화순 백아산으로 떠났다. 그러니까 인민군 마지막 부대가 광주를 떠나는 그 순간까지도 용채는 마음을 결심하지 못하고 있었다. 마침내 오랜 갈등 끝에 인민군이 마지막으로 광주에서 철수한 날 그 역시 광주를 떠날 결심을 하였다.

9월 28일은 용채의 외아들 인국이 태어난 지 100일 되는 날이었다. 그날 아침 그는 어린 아들 백일 떡을 가방에 담고 집을 나섰다. 집을 나설 때 아내와 갓 6살 어린 딸이 배웅하고 있었다. 용채는 배웅하는 딸이 못내 잊히지 않아 가다가 다시 돌아와 '행자야'라고 부르며 안아주고, 또 떠나려다 다시 돌아와 '행자야' 부르고 이러기를 수차례 하였다. 어린 딸과 갓 태어난 아들, 그리고 사랑하는 아내가 얼마나 걸렸으면 가다가 돌아오길 반복했겠는가. 이는 김용채가 어떤 계획을 지니고 인민군을 따라나선 것이 아니라 국군이 들어왔을 때 닥칠 보복이 두려워서 떠나려 했던 것은 아닐까라는 심증을 갖게 하는 이유이다.

인민군이 떠날 때 용채처럼 적지 않은 사람들이 무작정 북으로 향하였다. 박현채도 그러한 경우였다. 그도 친구들과 함께 북으로 향하다 길이 막혀 백아산으로 들어갔다가 포로가 된 경우이다. 박현채는 이념적으로 무장되어 있어 뚜렷한 목표의식이 형성되어 있었기에 빨치산 활동까지 가능하였지만, 용채는 그렇게 사회주의적 혁명가로서의 뛰어난 인물은 아니었다. 현재 그의 행방에 대해서 전혀 알지 못한다. 일설에는 백아산으로 들어갔다고 말하는 이도 있지만, 이복순은 김용채를 백아산에서 보지 못하였다고 증언하고 있다. 추측컨대 북으로 향하다 길에서 사망하였을 가능성이 크다.

행자 가족

지금 김범수가 살던 금남로 4가 집은 원각사 절 옆길 골목 안에 원각사 주차장 팻말만 서 있는 공터로 남아 안타까운 역사를 보여주고 있다. 딸은 부친이 떠나던 당시의 모습을 선연히 기억하고 있다. 분단과 이념의 갈등이 빚어낸 민족사의 비극이 오롯이 김범수 가계에 있다. 이제 시아버지인 범수도 없고, 남편인 용채도 떠나고 시어머니와 어린 자녀를 키워 가문을 이어야 할 무거운 책임을 며느리 박용숙이 떠안았다.

김범수의 며느리인 박용숙(1923~ 1980)은 지금의 전남여자고등학교의 전신인 욱공립여학교[35]를 1939년 3월 졸업하였다. 그녀가 욱여고를 입학하였을 때는 광주여자고등보통학교였다. 졸업할 4학

---

35) 1920년대 후반까지 광주·전남 지역에는 조선인 여자 중등교육기관이 없어 도정자문기관인 전라남도평의원에서 여자고등보통학교 설립이 논의되었다. 그리하여 지방 유지들이 창립 기성회를 조직하여 학교를 설립을 추진하였다. 현재의 전남여자고등학교의 전신인 광주여자고등보통학교가 1927년 5월에 개교하고 이듬해인 1928년 4월에 장동에 현재의 교사를 신축하여 입주하였다. 이 학교 출신들이 광주학생운동의 주역이었음은 익히 아는 바이다. 1938년 4월에 국내 학교이름을 일본식으로 통일하면서 '아사히(旭)여학교'가 되었다. 학교가 있는 곳이 아사히정(旭町)에 있었기 때문이다(박선홍, 『광주 1백년』, 1994, 146쪽).

김용채 생가터

년 때인 1938년 교명이 일본 명으로 변경되는 아픔을 겪었다.[36) 그녀는 욱여학교를 1939년 3월 졸업하고 바로 다음 달인 4월 관립 공주여자사범학교 강습과에 입학하여 1940년 3월 1년 만에 수료하였다. 아마 고등보통학교를 졸업하였기에 1년에 과정을 마친 것으로 이해된다. 그녀가 사범학교를 다니는 등 고등교육을 받을 수 있었던 데는 앞서 언급한 그의 부친이 경성에서 광주에 내려와 호남소학교 교장으로 재직하였던 영향이 크다고 하겠다.

그녀는 공주사범학교를 수료함과 동시에 1940년 3월 말부터 1942년 7월 29일까지 광주 서석 공립 심상소학교 교사로 근무하였

---

36) 박용숙은 욱여학교를 다닐 때 일본으로 수학여행을 간 사진 등 당시를 기억하는 데 중요한 사진 자료를 남겼다. 전남여자고등학교 역사관에는 그녀가 남긴 사진이 전시되어 일제 강점기 시대의 식민지 교육의 현실을 고발하고 있다. 그녀의 역사의식이 돋보인 부분이라 하지 않을 수 없다.

박용숙 욱여고 재학시절

박용숙 공주사범 교생 실습

修了證書

右ハ本校講習科（講習期間一年）
所定ノ課程ヲ修了セシコトヲ證ス

本籍 京畿道

朴容淑

大正十二年一月九日生

昭和十五年三月二十三日

公州女子師範學校長正五位勳六等中家喜太郎

第四參九號

박용숙 공주사범 수료증

다. 불과 2년 갓 넘어 교사직을 그만둔 것은 김용채와 결혼 때문이었다. 김범수의 아들인 용채와 1942년 결혼하였다. 이때 용채는 일본 메이지대 경제학과 재학 중이었다. 비교적 넉넉한 환경에서 자랐던 그녀는 시아버지가 유명한 경성의전 출신 의사인 집안으로 시집을 왔으나 신혼 생활은 그리 행복하였다고 할 수 없다.

우선 결혼 후 살았던 곳이 시아버지가 살았던 수기동 집이었는데 여전히 초가집이었다. 거기다 시아버지는 검약을 강조하는 삶을 실천하고 있어 항상 며느리 스스로 내핍생활을 하지 않을 수 없었다. 남편인 용채도 특별한 일도 없고 하여 생계 걱정하는 날이 많았다. 이에 박용숙은 정부가 수립되고 정치가 안정되어 가자 1949년 6월 10일 광주중앙국민학교 교사로 복직하였다. 그런데 그녀는 한국전쟁이 일어나기 직전인 1950년 5월 29일 다시 학교에 사표를 냈다. 그것은 남편인 용채가 1949년 10월 초 광주상업학교 교사로 발령이 났고, 아들 인국이 곧 태어나기 때문이다. 그러다 그녀는 한국전쟁이 한창이던 1952년 8월 31일 다시 광주 서석국민학교 교사로 복직하였다. 본인이 가족의 생계를 책임져야 했기 때문이다. 그녀는 초등학교 교장, 도 교육청 장학사 등을 역임하며 전남 교육 발전에 적지 않은 족적을 남겼다. 그녀는 외아들인 인국이 대학교 재학중이던 20세 때 심장마비로 사망하는 등 피눈물 나는 아픔을 겪다 1980년 암으로 천수를 다 누리지 못한 채 파란만장한 삶을 마감하였다. 그녀는 딸 행자에게 화장을 하여 재를 뿌려달라고 유언하였다. 혼자 남은 딸에게 부담을 주지 않으려는 안타까운 마음에서였다. 그녀의 위패는 광주 인근 사찰에 남편과 함께 있다.

광주 수재 소리를 들은 김범수 후손들은 모두 두뇌가 명석하였다. 그의 네 딸이 일제강점기 최고의 명문 여학교인 현재의 전남여자고등학교에 해당하는 욱여학교를 졸업한 사실에서 알 수 있다. 며느리도 욱여고, 손녀인 행자도 욱여고의 후신인 전남여자고등학

박용숙 신분증

교를 나왔다. 행자의 며느리, 손녀딸도 전남여고를 모두 나왔다.[37] 박용숙부터 4대가 전남여자고등학교를 졸업하였으니 이 또한 김범수가 보면 크게 반길 일이라 하겠다.

---

37) 참고로 이들의 전남여고 졸업횟수를 적어보면 다음과 같다. 장녀 순(9회), 차녀 정현(15회), 3녀 길현(17회), 4녀 소현(24회) 며느리 박용숙(9회), 손녀 행자(31회) 행자의 며느리(59회), 행자의 손녀(2019년 입학).

광주학생독립운동여학도기념비(1959)
(전남여고)와 손녀

신문에 실린 김범수 일가족

7장

7장
결론: 독립의 길, 통일의 길을 선도한 의사(醫師)

유명한 존경받는 의사로, 독립운동가로, 통일운동가로 오로지 민족·민중과 함께한 김범수의 삶을 통해 격동의 한국 현대사를 살폈다. 그와 관련된 자료는 물론 그의 출생지, 가계, 학력, 가족관계 등 기본적인 사실관계조차 알지 못한 상태에서 시작된 연구라 근본적인 한계가 드러날 수밖에 없다. 그의 역사적 위치를 어떻게 설정해야 할 것인가 하는 고민은 저자의 가슴을 한없이 옥죄었다.

저자는 조각처럼 흩어져 있는 자료를 찾아 연결하고, 김범수와 관련된 인물을 새롭게 발굴하여 의사 김범수가 '독립운동'과 '통일운동'을 이끌어나가는 과정을 정리함으로써 그의 활동이 지닌 역사적 성격을 규명하려 하였다. 이 과정에서 광주 3·1운동의 실체도 새롭게 밝힌 것은 뜻밖의 성과라고 여긴다. 살핀 바를 요약하여 맺는말에 대신하고자 한다.

김범수의 출생지와 가계를 밝혀냈다. 김범수는 현 광주광역시 북구 신안동 재매 마을에서 태어났고, 현재 생가터가 온전히 남아 있다. 영관의 3남으로 태어난 그는, 15세에 화순 북면 '원리 박부자' 장녀와 혼인하여 1남 4녀를 두었다. 1남 1녀의 서자까지 포함하면 2남 5녀이다.

김범수가 보통학교와 고등보통학교를 어떻게 수료했는지 알 수 없다. 다만 광주보통학교를 다니다 민족주의 교육이 투철한 고창의 오산학교 또는 경성의 어느 보통학교를 수료하였을 가능성이 크다고 살폈다. 이 무렵 그의 민족의식이 형성되었다. 1917년 독학으로 당시 조선 수재들이 입학한 경성의학전문학교에 입학한 그는, 가난과 의술 부족으로 치료를 받지 못하고 쓰러져 가는 민중을 구제하겠다는 일념을 가지고 있었다.

경성의전 2학년 재학 중이던 1919년 2월 2일, 2·8독립선언서를 들고 하숙집을 찾아온 정광호와 시위를 결행하기로 한 김범수는, 박일구, 최정두와 함께 2월 5일 장성 김기형 집에서 김범수가 구입한 등사기로 유인물을 인쇄하였다. 김범수 등이 유인물까지 인쇄하여 시위 실행단계까지 나아간 것은 전국에서 최초이고, 경성의전 학생으로서도 최초였다는 점에서 높이 평가되어야 한다. 김범수 권유로 동참한 김태열은 광주 3·1운동에서 중요한 역할을 하였다.

신문잡지종람소 회원들과 연계하여 시위를 준비한 김범수는 경성의 종교계와 학생들이 추진한 시위와 보조를 맞추고 있었다. 종교계를 통해 광주시위 준비 상황을 타진하자, 최흥종, 김복현 등 광주시위 지도부가 경성으로 올라가 김범수를 만나 시위를 구체적으로 논의하였다. 김범수가 광주시위에 깊숙이 개입한 중요한 근거이다.

3월 5일 경성의 2차 시위에 참여한 최흥종이 체포되자 혼자 내려온 김복현은 3월 6일 밤 신문종람소 회원, 양림교회, 광주보통학교 동문 등과 만나 3월 8일에 시위를 하기로 하였다. 이들의 중심에 김태열이 있었다. 이들이 오랫동안 시위 계획을 세우고 있었기에 신속히 행동에 옮길 수 있었다. 인쇄 장소로 김범수 아우인 언수집이 결정되었는데, 김범수가 가지고 온 인쇄기가 언수 집에 있었기 때문이다.

광주 3·1운동은 불과 며칠 사이에 급히 준비되어 일어난 것이 아니라 2월 5일 장성에서 2·8독립선언서 유인물 인쇄 단계부터 계획되고 준비되었기에 어느 지역 시위보다 조직적이고 체계적으로 진행되었다. 최흥종, 김복현이 경성에 올라가 김범수를 만나고 김언수 집이 인쇄장소로 결정되고 있는 데서 광주시위를 김범수가 실질적으로 이끌고 있음을 알 수 있다. 의업의 길을 걷던 그가 '독립의 길'을 선도하고 있음을 알 수 있다. 아우 언수, 경성에서의 3·1운동에 참여한 큰 처남 박경조 등 김범수 집안은 3·1독립만세운동을 빛낸 가문이었다.

징역 3년을 선고받았으나 감형되어 1년 6월의 형기를 마치고 1920년 9월 출옥한 김범수는, 이듬해인 1921년 경성의학전문학교에 3학년으로 복학하였다. 독립 만세 운동을 계획하고 실천에 옮긴 최초의 경성의전 출신인 김범수는, 경성의전 학생 가운데 가장 무거운 징역 3년형을 받아 경성의전의 영웅이 되었다. 그가 복학하던 1921년 경성의전 의학도들의 대대적인 수업 거부가 있었다. 김범수의 보이지 않는 영향력이 작용하였다고 여겨진다.

김범수는 1923년 봄 경성의전을 졸업한 후 경성의전 부속병원인 '총독부의원'에서 1년의 실습(인턴)을 하였다. 그리고 이듬해인 1924년 11월 초 광주에 내려와 '남선의원' 간판을 내걸고 최선을 다하여 환자 진료를 하였다. '무산자' 계급 환자를 치료하겠다고 처음 포부를 밝힌 김범수는, 민중 구제를 철저히 실천에 옮겼다. 개업한 지 26년이 지난 1950년 당시에도 그의 안집은 초가집을 벗어나지 못하고 있었다. 이는 진료의 대부분이 무료였음을 알려준다. '기미 독립 영웅'의 헌신적인 진료 활동은 광주사람들이 그를 인정 많고 존경하고 인기 있는 의사로 추앙하게 하였다. 그의 '의업의 길'은 민족과 민중을 향한 한없는 사랑이었다.

광주 3·1운동의 영웅으로 추앙된 김범수는 경성의전 다닐 때부터 광주지역의 청년운동에 관심을 기울였다. 환자를 진료하면서도 광주 최대의 청년운동 단체인 광주청년회에서 간부를 맡는 등 적극적으로 활동하였다. 광주지역을 중심으로 치열하게 나타난 사회주의 계열의 화요회계와 서울회계 사이에 나타난 갈등의 중심에 있으면서도 이에 구애받지 않고 민족 독립을 위한 실력양성에 관심을 가졌다. 1935년 광주물산창고회사를 세워 민족 자본 형성에 앞장선 사실은 이를 분명히 해준다. 그를 위대한 민족주의자라고 부르는 이유이다. 그에게 특정 이념의 굴레를 씌울 수 없는 까닭이다.

해방 직후 통일 정부를 수립하려는 우리 민족의 노력은 조선건국 준비위원회와 그 후신 격인 인민공화국 출범으로 나타났다. 이때 김범수는 이 단체의 전남지부에서 간부를 맡아 좌·우의 이념을 초월하여 통일 정부 수립에 앞장섰다. 그가 우파나 좌파의 행사에서 축하 메시지를 하는 데서 이를 알 수 있다. 1946년 3월 결성된 민족민주주의 전선(민전) 전남지부가 좌파와 일부 우파들이 참여한 최대의 통일전선 정당으로 발전하는 데는 김범수 역할이 작용하였다. 그는 좌우를 아우르는 '통일의 길'을 선도하였다.

모스크바 3상회의 결정 이후 반탁운동이 전개되면서 친일파가 가세한 일부 우파가 반대세력을 좌파=공산당으로 묶어 공격하였다. 이 무렵 통일 정부 수립의 마지막 희망인 좌우합작 노력이 성공하지 끝나고 그 운동을 추진하던 여운형마저 1947년 7월 암살되자 김범수는 좌절감을 느끼고 정계를 완전히 은퇴하였다. 그때가 1947년 8월이었다. 이제 그는 의업의 길로 돌아가 민족과 민중을 위한 마지막 봉사의 길을 나아갔다.

그러나 해방 공간의 주도권을 장악한 우파의 공격은 집요해졌다. 철저한 민족주의자인 김범수를 좌파로 묶어 공격의 대상으로 삼았다. 김범수는 공산주의자들부터는 자본가 그룹과 가깝다고, 우파들로부터는 좌파와 어울린다고 양쪽에서 공격을 받았다. 김범수가 운영하는 남선의원 간판이 우파 단체인 서북청년단의 공격을 받아 파손되는 것이 부지기수였으며, 김범수의 아들 용채가 잠을 자다 괴한에게 피습당하기도 하였다. 1949년 가을 보도연맹에 김범수를 강제로 가입시킨 데 대해 김범수는 좌절하였으나 개의치 않고 오로지 묵묵히 환자 진료에만 진력할 따름이었다.

한국전쟁이 발발하자 '보도 연맹원을 구금하라'는 이승만 정부의 조치에 따라 광주 형무소에 수감된 김범수는 죽음의 문턱에서 겨우 벗어났다. 7월 23일 인민군이 진입한 광주는 박헌영계가 주도권을 장악하고 있었다. 정치에 환멸을 가진 김범수는 논란에 휘말리는 것을 피해 7월 말 처가가 있는 화순 북면 원리로 떠났다. 9월 25일 후퇴하던 인민군이 백아산에 전남도당사령부를 설치하여 국군과 치열한 전투를 전개하고 있었다.

이듬해인 1951년 1월 원리에 노련한 의사가 있다는 소문을 들은 빨치산 사령부는 그 의사를 급히 소환하였는데 김범수였다. 인민군 이 백아산에 들어오던 9월 말 곧장 자발적으로 들어가지 않고 소환 되어서야 갔다는 것은 도당사령부 의무대 근무가 그의 의지와 무관 함을 알 수 있다. 그러나 어쩔 수 없이 징발되었지만, 김범수는 배 치된 중환자 비트에서 부상병 치료에 최선을 다하였다. 그에게는 인민군 부상병도 치료가 필요한 민족일 따름이었다. 1951년 4월 국 군토벌대 공격 때 보살피던 부상병들과 함께 쓰러졌다. 몸을 피하 여 목숨을 부지할 수 있는 길도 있었으나 부상병 곁을 지키다 하늘 의 별이 되는 길을 그는 선택하였다. 그는 이념을 초월한 진정한 의 사였음을 알려준다.

김범수가 광주에서 인민병원장을 역임하였다는 사실은 허구이 며, 백아산 인민군 의무대에 들어간 것 역시, 그의 의지와 무관함을 밝혀 둔다. 저자는 김범수에게 '독립의 길, 통일의 길을 선도한 위 대한 의사'였다고 성격을 부여한다.

저자는 최선을 다하여 관련 자료를 찾아내고 분석함으로써 김범 수에 대한 나름의 결론을 내렸다. 때로는 상상과 추론을 통해 논지를 전개한 부분도 있을 것이다. 역사의 실제와 어긋나는 부분도 적지 않으리라 믿는다. 저자가 알지 못한 자료나 사실도 있을 것이다. 앞으로 김범수 연구에 본서가 디딤돌이 되었으면 한다.

참고문헌

『3·1운동 재판 판결문』

『광주민보』

『광주시사』, 1966·1980·1981·1995.

『광주읍지』

『광주일보』

『광주제일교회 110년의 발자취』, 2006.

『동광신문』

『동아일보』

『시대일보』

『신동아』

『자유신문』

『전라남도지』, 1984.

『조선소요사건관계서류』

『조선중앙일보』

『조선총독부민정휘보』

『중외일보』

『총독부관보』

『한국독립운동사』, 국사편찬위원회, 1983.

『해방전후회고』, 돌베개, 1984.

3·1운동동지회, 『3·1독립운동실록』, 1985.

박찬승, 『한국근대정치사상사연구』, 역사비평사, 1992.

기창덕, 『한국근대의학교육사』, 아카데미아, 1995.

김명기, 『이기홍평전』, 선인출판사, 2019.

김상웅, 『박현채 평전』, 한겨레출판, 2012.

김상태, 「경성의학전문학교 학생들의 3·1운동 참여 양상」, 『의학도, 3·1운동의 선두에 서다』, 2019.

김상태, 「도산 안창호와 의학도」, 『의학도, 3·1운동의 선두에 서다』, 2019.

김석학 외, 『광복 30년』1·2·3, 전남일보사, 1975.

김세원, 『비트』, 1993.

김점숙, 「1920년대 전남지방 농민운동」, 『한국근현대지역운동사』, 1993.

김준엽·김창순, 『한국공산주의운동사』3, 1986.

김철수, 「구술자료: 정진석 소장본」, 『지운 김철수』, 1999.

류시현, 「해방 후 안재홍의 일제강점기에 관한 기억과 감성」, 『민족문화연구』54, 2011.

박선홍, 『광주 1백년』, 1994.

박윤재, 『한국근대의학의 기원』, 혜안, 2005.

박해현, 「박해현의 새로 쓰는 광주·전남 3·1운동사」, 『무등일보』,
　　　2019.

브루커밍스 저·김자동역, 『한국전쟁의 기원』, 일월서각, 1984.

송남헌, 『한국현대정치사 1』, 성문각, 1981.

신주백, 「1925~1928년 시기 전남지방 사회운동 연구−조공 전남도당
　　　의 조직과 활동을 중심으로」, 『한국근현대지역운동사』, 1993.

안재홍, 『민세안재홍선집』 4, 안재홍선집간행위원회옮김, 지식산업사,
　　　1992.

안종철, 『광주·전남 지방 현대사 연구』, 1991.

이기홍, 『내가 사랑한 민족 나를 외면한 나라』, 도서출판 선인, 2016.

이미륵, 『압록강은 흐른다』, 범우사, 1973.

이애숙, 「1920년대 전남 광주지방의 청년운동」, 『한국근대청년운동사』,
　　　풀빛, 1995.

임경석, 『이정 박헌영 일대기』, 역사비평사. 2004.

장근호·최규진, 「일제 강점기 조선인 의학도들의 삶과 활동」, 『의학도,
　　　3·1운동의 선두에 서다』, 2019.

전명혁, 「철부(鐵夫)노선의 주창자, 한위건과 사회주의 운동」, 『내일을
　　　여는 역사』 22, 2005.

정용욱, 「기억투쟁: 새 천년 전환기의 한국현대사 연구」, 『청계사학』
　　　16·17, 2002.

조규태, 「대한민국임시정부와 의학도」, 『의학도, 3·1운동의 선두에 서

다』, 허원북스, 2019.

중앙일보 특별취재반, 『조선민주주의인민공화국』, 중앙일보사, 1992.

최　진, 『격랑, 역사의 현장에서』, 최진, 전남대학교 학생독립운동 연구
　　단, 2010.

황상익, 『한국 최초의 근대식 의사 교육기관, 의학교와 그 사람들』, 여
　　백, 2015.

황상익, 「감염병과 국가와 인간」, 『역사와 현실』116, 2020.

부록

향산 김범수 연보

3·1운동 판결문

【부록 1】향산 김범수 연보

연대 (나이)	활동	시대 상황	비고
1899(1)	김이덕 · 최훈 3남 출생		본적: 광주 동구 금남로 4가 37번지 출생: 광주시 신안동 335-1번지
1913(15)	박옥과 결혼		
1917(19)	경성의학전문학교 입학		
1919(21)	3 · 1운동 참여(징역3년) 장남 용채 출생 (1919.9)	대한민국임시정부 출범	
1920.9	대구 형무소 1년 6월 투옥 (감형 출옥)	봉오동, 청산리 전투 한국독립운동지혈사 출판 광주청년회결성	
1921(23)	광주 청년회 활동 장녀 순 출생(1921.12)		매일신보 1921.6.23
1923(25)	경성의학전문학교 졸업	조선형평사 창립 암태도소작쟁의	총독부 관보 1923.3.28
1924(26)	남선의원 개원	경성제국대학 설립	동아일보 1924.11.17
1925.7.5	심야 응급환자 수술		시대일보 1925.7.8
1926.1.13	우치노동청년회	6.10만세 운동	시대일보 1926.1.28
1926(28)	광주청년회서무부위원)		시대일보 1926.1.9
1926.1.4	광주청년회 집행위원 (1.4)		동아일보 1926.1.5

연대 (나이)	활동	시대 상황	비고
1928	차녀 정현 출생 (1928.7.)		
1929.11.1	'광주 秀才' 신문기사	광주학생독립운동	중외일보 1929.11.1.
1930	3녀 길현 출생 (1930.9.)		
1935	광주청년회관부지문제 해결을 위한 실행위원	민족혁명당 창당	조선중앙일보 1935.6.22
1935	광주물산창고주식회사 발기인		동아일보 1935.9.19
1935	광주실업청년들 물산회사 조직		조선중앙일보 1935.10.6
1935	물산창고회사 발기인		매일신보 1935.10.10. 동아일보 9.19
1937	4녀 소현 출생(1937.6)	중일전쟁	
1942	장남 용채 박용숙과 혼인	조선독립동맹 창당	
1944	손녀 행자출생 (1944.12)	징병제 실시 조선건국동맹 창당	
1945.8.17	건국준비위원회조직부장		광주극장
1945.9.8	인민위원회학무부장	모스크바삼상회의	제국관
1945.12	광주상업학교 개교식 축사		
1946	민주주의민족전선 선전부원		
1946	인민당간부좌우합작 운동 찬성		동광신문 1946.7.24
1947.3.2	여성 문학가 동맹 축사 (민전도위원 자격)		자유신문 1947.3.2
1947.8	정치활동 단절 선언		

연대 (나이)	활동	시대 상황	비고
1949.10	정치활동 단절 공식선언 용채 광주상업 학교 교사 발령		동광신문 1949.10.5
1950.6.20	손자 인국 출생		
1951.4(?)	김범수 사망(백아산)		

【부록 1】향산 김범수 연보 • 343

【부록 2】3·1운동 판결문

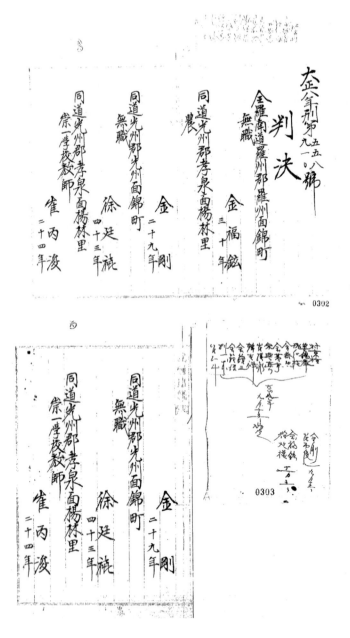

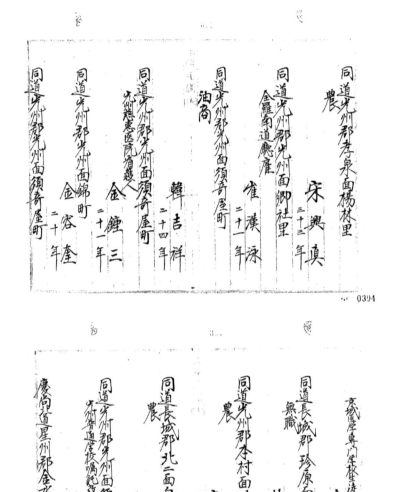

農
同道光州郡孝泉面楊林里
宋興眞
三十三年

金羅南道廳雇
同道光州郡光州面鄉社里
崔漢泳
二十二年

油商
同道光州郡光州面須奇屋町
韓吉祥
二十四年

光州慈惠医院雇員
同道光州郡光州面須奇屋町
金鐘三
二十二年

同道光州郡光州面錦町
金容奎
二十年

同道光州郡光州面須奇屋町

0394

京城医学専門学校生徒
金範洙
二十二年

無職
同道長城郡珍原面山東里
朴一永
二十二年

農
同道光州郡本村面陽山里
崔正斗
二十一年

農
同道長城郡北二面白岩里
金基亨
二十五年

光州公立普通学校雇記念師
同道光州郡光州面須奇屋町
金恭烈
二十五年

慶尚道星州郡金水面舞鶴洞

0395

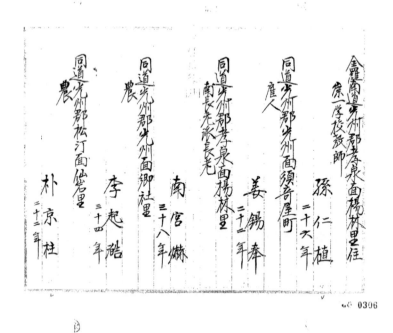

全羅南道光州郡孝泉面楊林里住

宗敎學校敎師

　　　　　　　　　　孫仁植
　　　　　　　　　　二十六年

同道光州郡光州面須奇屋町

雇人

　　　　　　　　　　姜錫奉
　　　　　　　　　　二十一年

同道光州郡孝泉面楊林里

南長先水長先

　　　　　　　　　　南宮㶎
　　　　　　　　　　三十八年

同道光州郡光州面鄉社里

農

　　　　　　　　　　李起浩
　　　　　　　　　　三十四年

同道光州郡松汀面岩里

農

　　　　　　　　　　朴京柱
　　　　　　　　　　二十二年

0306

同道光州郡牛峙面生龍里

　　　　　　　　　　范潤斗
　　　　　　　　　　三十四年位

同道和順郡綾州面邑內里

　　　　　　　　　　鄭光好
　　　　　　　　　　二十五年

昭和二年紀念體一流
今次一流
金佛

昭和二年紀念體一流

同道木浦府湖南町

無職

　　　　　　　　　　崔基順
　　　　　　　　　　五十年

被告金福鉉金剛徐廷張崔丙凌宋
興眞崔濮泳韓吉祥金鍵三金
鎣金金範洙朴一求崔正斗金
基亨金泰烈孫仁植姜錫奉南
宮㶎李起浩朴京柱鄭光好鄭
光好對ㅈ保安法出版法違反被
告崔基順ㅈ對ㅈ罪証湮滅各被告
事件ㅈ付朝鮮總督府檢事
治郞干與審理�列決ㅎ爲スㅏノ
如シ

主文

被告金桶鉉金剛崔丙澤韓吉祥

金鐘三崔康河金杏金乾珠朴

一承崔正斗金某烈鄭光好范潤斗

朴原棹斗各懲役三年ニ處シ

被告徐廷敏宋興眞金基亨ヲ各懲

役二年ニ處シ

被告孫仁植姜錫奉ヲ各懲役一

年六月ニ處シ

被告南宮檍李起龍崔星順裵

金某烈ハ犯承第一孔行ノ點被告徐廷

依同坐版達反ノ點被告姜錫奉

ノ保安法違反ノ點各無罪

押收物件中領第一號、二號、領第二

四號乃至十二號、領第二十一號ノ

一号乃至十二号各ヲ没收シ其餘

ノ神收品ハ各差出人ニ還付ス

被告金容奎鄭光好范潤

斗ハ各開席ニ付自己ヨリ此判

決ノ送達ヲ受ケ又刑ノ執行ニ

挙行ニ際シ幾多ノ鮮人京城

第一目韓併合以来玆ニ拾年其間當

局者ノ朝鮮ノ開發ノ為ニ努力シタル

百般ノ施設漸時其緒ニ就キ鮮人

ノ幸福愈々増進セントスル時ニ當リ

鮮人中一部ハ不逞ノ徒具ニ施設ノ自

己便ナラサルヲ喜バズ漫然朝鮮ノ

獨立ヲ夢想シ偶々萬國講和會議

ニ於テ民族ノ自決ヲ唱導セラレヤ具

朝鮮人何等ノ關係ヲ無キヲ覺ラズ

朝鮮亦之ニ依リ獨立シ得可シト

曲解シ朝鮮民族獨立ノ機運未

タリ今ハ宜シク其聲ヲ大ニシテ朝

鮮ノ獨立ヲ疾呼シ以テ吾民族ノ

獨立ヲ必要ス該會議ニ問題タラシム

可シト叫ヒ故ニ李太王殿下ノ國葬

理由

依リ判決アリタルコトヲ知リタル

日ヨリ三日内ニ故障ヲ申立ツルコ

トヲ得

二蝟集セルニ象レ家ジ豪ニ本年三月
一日同地ニ於テ孫秉熙外三十名

連名ヲ以テ「宣言書」ト題シ
「民族ノ自由発展ヲ為リ具ヘ世界
改造ノ機運ニ順應スルヲ為ノ朝
鮮独立國ニテ朝鮮人ノ自主
民ナルコトヲ宣言シ世界萬邦ニ
告ケ人類平等ノ大義ヲ明ニシ民族
自存ノ主義ヲ永ク吾人子孫ニ
亨有セシメントス我民族ハ有史

以来数千年ヲ經テ初メテ異民
族ヲ為ニ箝制ヲ受ケ具生存ノ権
利ヲ剥奪セシ心靈ノ發展ヲ
障礙セラレ世界ノ文化ニ貢
献スル機會ヲ失ハントシタリ此ノ
現在ノ苦痛ヲ脱シ将来ノ壓迫
ヲ免レ旧来ノ抑鬱ヲ宣シ我民
族各人ノ富當ナル人権ノ發展シ
吾子孫ノ幸福ヲ計ルハ最大ノ急
務ナリ宗ニ我民族ノ獨立ニテ

0310

吾人ノ我朝鮮ヲ殖民地視ニ吾人
ヲ土偶視スル日本ノ過失ヲ責ムニ
アラズヒテ併合ニ為ニ生シタル両民族
間ノ永遠ニ和同シ得可カラサル怨
溝ヲ深造スルニ今日ノ状態ヲ打破
シ彼我ノ幸福ノ為ノ新方面ヲ
開拓セントス結ニ夫ノ合憤蓄怨
セシ二千萬ノ民ヲ威壓スルハ
東洋平和ヲ保障スル所以ニ
アラズ吾人ヲ令日朝鮮ノ獨立ヲ

宣言スルハ朝鮮人ヲ令テ正當ナル生
活ヲ遂ケシメント同時ニ日本ヲ反省
セシメ東洋平和ヲ維持者タル重
責ヲ完ニセシメンカ為ナリ誠力ノ
時代既ニ去リ道義ノ時代ノ来レ
リ吾人ノ忌惮ナク我國固有ノ
自由ヲ亨有可シ吾人ハ悉ク庸
起シテ男女老少ノ別ナク優活シ
求ムレバ祖宗千百ノ靈
吾人ヲ佑ケ外ニシテ世界ノ機運ハ

0311

吾人ヲ護シ故ニ苟モ軍ニ着手セ

功直ニ成ラン云々

趣旨ヲ記載シタル印刷物（以下之
ヲ獨立宣言書ト畧称ス）壹ニ我ニ千
萬同胞ト題シ

「今各民族ハ強國ノ羈絆ヲ脱シ
其ノ各國平等ノ地位ニ立ツ機
逐ニ一向ニ機會ニ再ヒ來ラス我
同胞ノ繩ヲ断チ
最大決心ヲ以テ獨立ノ旗下ニ進ム

可シ東縛ニ生キンヨリ寧ロ自由
爲ニ死セヨ我同胞奮起ス可シ覺
醒ス可シ

趣旨ヲ記載シタル檄文宣言書ト題
シテ「四千三百年ノ長キ歴史ヲ有スル
我民族ハ世界ニ於テ最古ノ文明民族
ノ一ニシテ具ノ間未タ嘗テ異民族ノ
實質的ノ支配ヲ受ケタルコト無カリ
シガ一朝ニシテ日本ノ軍國的ノ野心ノ

．．0312

犠牲トナリタリ日韓併合ハ朝鮮民
族ノ自由意思ニ出タルニアラズ日本
僑計ト當時要路ニ立テル一部鮮人
賣國奴ノ手ニ成リシモノナリ然モ
當時東洋平和ノ消威ヲ云シ露靈
公全然軍國的ノ野心ヲ抛棄シ支那
現狀亦然リ加之國際聯盟實
現欠軍國主義ノ偃男ヲ敢テス
ルヲアルベシガ故ニ併合ノ理由
由既ニ消滅セリト云フ可シ併合ノ

吾民族ノ生存及發展ヲ消威スルヲ
以テ若シ日本ガ韓國ヲ保有セハ
鮮人革明相次ギ東洋平和
攪亂ノ原因トナラシ吾人ノ正當ナル
方法ニヨリ我民族ノ自由ヲ要求ス
可キモ不幸ニシテ感セラレ吾
ハ自己生存ノ權利ヲ為メ最後ノ一人迄
由行ヒ動ヲ執リ最後ノ一人迄自
由ノ為メ熱血ヲ濺カン云々

趣旨ヲ記載シタル印刷物「朝鮮ノ

．．0313

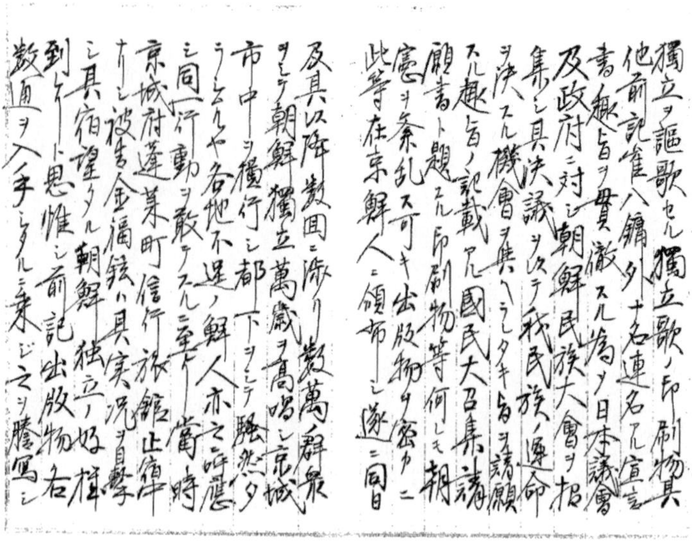

獨立ヲ謳歌セル獨立歌ノ印刷物其
他前記崔八鏞外十名連名ノ宣言
書趣旨ヲ貫徹スル為ノ日本議會
及政府ニ対シ朝鮮民族大會ヲ招
集シ其決議ヲ以テ我民族ノ運命
ヲ決スル機會ヲ與ヘラレタキ旨ヲ請願
スル趣旨ノ記載アル國民大会召集請
願書ト題スル印刷物等何レモ朝
憲ヲ紊乱スヘキ出版物ヲ密カニ
此等在京鮮人ニ頒布シ遂ニ同日
及其以降数回ニ渉リ数萬ノ群衆
ヲシテ朝鮮獨立萬歲ヲ高唱シ京城
市中ヲ横行シ都下ヲシテ騒然タ
ラシムルヤ各地不逞ノ鮮人亦之ニ呼應
シ同一行動ヲ敢テスルニ至リ當時
京城府蓬莱町信行旅館ニ止宿
ナリシ被告金福鉉ハ其實況ヲ目撃
シ其宿望タル朝鮮独立ノ好機
到リタリト思惟シ前記出版物各
数通ヲ入手シタルニ乗ジ之ヲ謄写シ

0314

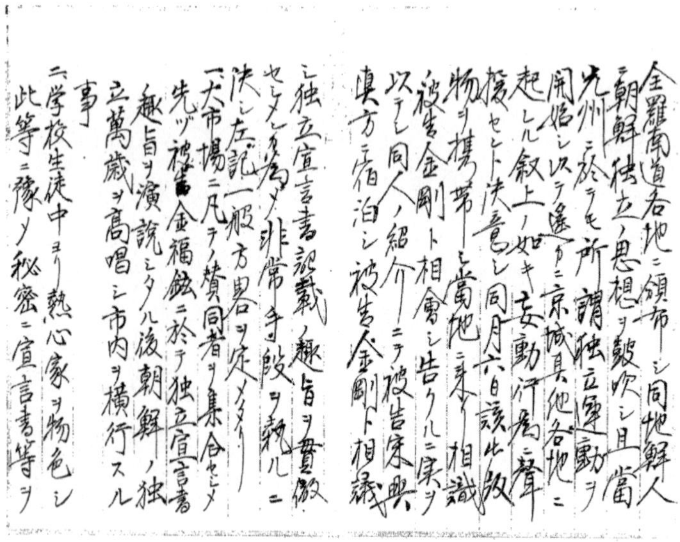

全羅南道各地ニ頒布シ同地鮮人
ニ朝鮮独立ノ思想ヲ鼓吹シ且當
光州ニ於テモ所謂独立運動ヲ
開始シ以テ遂ニ京城其他各地ニ
起レル叙上ノ如キ妄動ニ聲
援セント決意シ同月六日該出版
物ヲ携帯シテ當地ニ来リ相識
被告金剛ト相會シ告クルニ実ヲ
以テシ同人ノ紹介ニテ被告宋興
眞方ニ宿泊シ被告金剛ト相議
シ独立宣言書記載ノ趣旨ヲ貫徹
セシメンカ為ノ非常手段ヲ執ルニ
決シ左記一般方略ヲ定メタリ
一、大市場ニ凡テノ賛同者ヲ集合セシメ
先ツ被告金福鉉ニ於テ独立宣言書
趣旨ヲ演説シタル後朝鮮ノ独
立萬歲ヲ高唱シ市内ヲ横行スル
事
二、学校生徒中ヨリ熱心家ヲ物色シ
此等ニ豫メ秘密ニ宣言書等ヲ

0315

配付シ置キ決行當日具者ナラシテ
他ノ生徒ニ分配シ多衆ニ撒布セシ
ムル事

三各官廳ニ同決行當日適當ナル
者ヲ選定シ印刷物ヲ配布スル事
四各町ハ具町ノ贊成者又ハ生徒ナラシテ
各具部署ニ具徒ヲ配布セシムル事
而シテ被告金福鉉ハ當地事情通
ナザルヨリシテ各担當者ノ担當範圍
ヲ定メ其ノ他一般ノ署ノ實行ニ
関スル事項ハ擧ヲ被告金剛ニ任シ
タリ

於是被告金剛ハ同志ヲ結合シ同夜
光州郡春泉面楊林里被告南宮鏆
方ニ被告金福鉉崔丙渡宋興真
崔宇珹韓吉祥宋容奎金剛
烈姜錫奉孫仁植外數名ト相
會シ被告金福鉉ハ其志ヲ携ヘ
第一ニ京城ニ於テ独立運動ノ狀況
ヲ

告ハ光州ニ於テモ之ヲ呼應シテ事ヲ擧ケ
可ク且右出版物ヲ謄寫シテ運動開始ノ際
廣ク一般ニ頒布スルコトヲ提議シ會合
者何レモ之ニ贊同シ多ク於テ同月八日
大市日ヲ利用シ獨立運動ヲ開始ス
ルコト獨立宣言書等ノ印刷ハ市内輔
人青年ニ於テ担當スルコト印刷用紙
藏ノ謄寫版ハ使用スルコト被告姜
一萬枚ハ被告姜錫奉ニ於テ購買シ
担當スルコト印刷用器ハ崔[學校所
蔵]ノ謄寫版ハ使用スルコト被告崔

丙渡孫仁植宋興真ハ各一萬枚
生徒ヲ被告金奎烈ハ光州普通學
校生徒ヲ被告金奎烈ハ各勸誘シ
参加セシムルコト等ヲ謀議決定シ
時被告崔丙渡ハ被告宋興真
植烈姜宗ハ一萬枚ヲ謄寫版二個
日早朝光州市内朝倉大岡各商
店ヨリ白紙一萬枚ヲ購求シ被告
韓吉祥ニ交付シ被告韓吉祥

金容煥等ハ南宮爀宅ニ直ニ獨立
宣言書等ノ印刷ニ從事セントスルモ嚴重ナル警察官憲ノ警戒ア
ルモ嚴重ナル警察官憲ノ警戒
具他ノ事故ノ為ノ印刷ヲ得ス
印刷ノ箇所ヲ光州西須音屋町金
彦泳方ニ移轉シタルモ前仝ク理
由ニ下獨立旗、舊韓國々旗等ヲ
作成シタルノミニテ印刷ノ目的ヲ達ス
ルヲ得ス為ニ翌八日三度印刷ノ場
所ヲ同面卿社里被告崔漢泳方ニ

移轉シ今日ヨリ翌九日夕刻迄ノ間ニ
擔ニ前記謄寫版、白紙及被告崔正
斗ヨリ自宅ヨリ取寄セタル謄寫版ヲ
使用シ被告金容煥、崔正斗、范潤
斗、金鐘三、韓吉祥、崔漢泳等ノ
協力ノ上領布ノ目的ヲ以テ叙上各朝
鮮獨立宣言書、警告文、獨立歌等ヲ
計數千通ヲ印刷了シタリ
先是同月七日ノ夜被告徐廷祜ハ自

先ニ於テ金剛、金恭烈、范潤年外
一名ト會合シ前夜南宮爀方ノ會
合ニテ決定シタル出版物ノ被告徐廷
祜ノ發言ニ基ツキ數名ノ同志ヲ糅
後ニテ運動開始ノ當日市内ノ各戸ニ
配布セシメンコトニ決シタルモ叙上事
由ニ依リ運動開始ノ時タル三月八
日ニ發行不可能トナリシ為ノ同月
九日ニ更ニ被告李起燡方ニ被告金
剛、徐廷祜、宋興眞等相

會合ノ上運動開始ノ方法、時日等
ヲ協議シ在リシ處被告金恭烈ノ會
合ニテ獨立宣言書等ノ印刷ハ同日完了
シ居ル旨ヲ聞知シ遂ニ獨立運動
決行ノ日時ヲ翌十日午後三時半
ト決定セシカ被告金剛ハ同夜
右時刻ニ同志ニ通知シ且領布ノ
目的ヲ以テ出版物ノ發領セル方法ニ
同夜被告崔漢泳方ニ赴キタルニ
所要ノ此印物ノ印刷ハ既ニ完了シ

被告崔漢永金鐘三金容奎
韓吉祥等居合セシヨリ被
告金剛ハ明年後三時三十分ヨリ
告金剛ハ明日午後三時三十分ヨリ被
光州大市場ニ於テ獨立運動ヲ開
始スヘキ旨ヲ告ケ獨立宣言書等
印刷物ノ配布集合時間等ヲ
運動ニ参加シ關シ被告金剛
揚林里ノ諸學校及被告韓吉
祥ハ農業學校ニ及樓門里一帯
被告金容奎ハ不動町方面及

同所ニ於テ被告金恭烈ヨリ同人
等數名ヲ印刷シタル崔人鋪外
十名連名ノ宣言書約六十部
共ニ領布スヘキ依頼ヲ受ケ持
歸リ領布シ被告金恭烈ハ共ニ
被告崔兩後ニ於テ同人ハ獨立
宣言書撒々崔人鋪ノ宣言書
約千枚ヲ交付シ次テ須比正女學
校ニ到リ同様ニ約千枚ノ同校致
師ニ朴爰順ニ交付シ各獨立
運動

南門通一帯ヲ各相當ニ被告
金鐘三ハ當日小市場ニ赴キ相當
ト認ムル者ニ対シ運動ノ開始
スルコトヲ快足シ各實行ニ關スル部
署決定シタルヨリ被告韓吉祥
ハ獨立宣言書印刷物約百通
被告金容奎ハ同約五千通
金鐘三ハ右各金容奎ヨリ同十數
通ヲ各受取リテ散會セシメ被告
金剛ハ右散物ノ大部分及當日

開始時別ヲ通知シヨリ先キ朴
爰順ハ生徒ニ獨立思想ヲ鼓吹セ
シメ為メ每日中授ノ時畢業聞
ケ爲メ萬國講和會議ニ於テ朝鮮ノ
獨立ヲ承認セラレタル爲各地ニ於
立運動ヲ開始シタル次第十六音
萬歳ヲ呼ヒ可カラント説キ被
人ヲ其運動ニ開始シ朝鮮獨
告崔兩後ハ日曜ヲ利用シ三月九
日夜該女學校附近ノ散會於テ

第二 被告鄭光好ハ東京明治大學

用紙等ヲ携ヘ同人方ヲ尋リタル
被告鄭光好崔正斗ハ會合シ
茲ニ被告等五名ハ實ニ之ニ
對シ京城ニ持参シテ韓人間ニ
配付シ朝鮮ノ獨立ヲ期スル為メ
密ニ崔八鏞外七名ト宜言書ヲ
印刷可ヤ否ヤ度
シ同人ノ快諾ヲ受ケタル後鄭錦
自的ヲ以テ同月中ヨリ習志野
入リ同人ニ對シ助力ヲ上被告鄭光
右被告六名恊力シ上被告鄭光

好ヲ帯シ来ラタル謄寫版及
紙類ヲ使用シ密ニ前記崔八鏞
外ヲ名ニ連名宜言書中朝鮮史
分約六百通同國語文約五十通
ヲ謄寫出版シ當時被告崔八烈
ニ右不法出版物五十通ヲ携ヘ光
居テ三月九日夜被告崔濂同
州ニ乗テ機會ヲ待チ同
人及被告崔兩度ノ手ヲ經テ
泳方ニ於テ被告崔金剛交付シ

0330

十日光州ニ於テ前記獨立運動
開始ノ際寛ニ學校生徒ヲ使役シ
光州邑内ニ於テ韓人間ニ配布シ
殘前出版物ハ當時被告鄭
光好朴一求等ハ京城ニ持参シ
レ月日ハ不詳被告鄭光好氏ニ
不詳者ヨリシテ同群内韓人間
ヲ配リタル者

第三　被告金泰烈ハ三月十日光州
ニ於ケル獨立運動ニ先チ

思惟シ更ニ前同様ニ獨立宜
言書等ヲ印刷シ韓人間ニ配布
シテ解人ノ朝鮮ノ獨立ニ
思想ヲ鼓舞セントコト同
月十日須光州面南門通金綿
紅ニ對シ被告朴京桓ノ安宅
同人ニ對シ三月十日ノ獨立運動
十方ヲ以テニ付更ニ宜言書等
ヲ印刷配布シ再挙ヲ圖ルニ要
シ数ヲ吹シ再挙ヲ圖ルニ要

0331

358 · 민족을 사랑한 독립운동가 의사(醫師) 김범수 연구

教唆シ同人ヲシテ具体定ヲ光州
郡松汀面仙岩里ニ於テ密ニ謄写
機文書ヲ印刷シ且必要ナル出資
ヲ為ス可キ事ヲ承諾セシメ更ニ
被告花同斗方ニ於テ各自
被告崔金ニ於テ前記趣旨ヲ各
兎州面北門通路上ニ於テ被告
崔容奎ヲ前間一理詞シタルヲ以テ
教唆シ同月十日及十八日ノ両
上同月十七日至十八日ノ間ニ右
京住方ニ於テ同人ノ購入シタル白

紙六千枚並ニ前記被告崔漢洙カ
不穏文書ヲ印刷使用シタル
謄写版使用シ被告朴京住花
間斗生為金ヲシテ獨立宣言書
約千五百通獨立新聞又
獨立歌約五百枚ヲ印刷セ
約千五百通誓告文
獨立歌約五百枚ヲ

第一所為ニ付テハ
證憑ヲ案スルニ
被告金福鉉ノ同人外八十五名ニ対スル

保安法違反事件ニ付當公庭ニ於テ
九三月六日判示獨立宣言書警告
文獨立歌等ノ印刷物ヲ携帯
シ光州ニ来リ被告金剛ヲ紹介
シ被告宋興真方ニ宿泊シ被告
金剛ト相談上獨立宣言書
趣旨ヲ貫徹上獨立宣言書
般方署ニ定メタルヲ為シ判示ニ
事情ニ通セシメタリ各自ノ光州
担當範囲及實行方法ヲ挙テ

テ被告金剛ニ任シ決行當日
自カラ小市場附近ノ丘山ニ至リ形
勢ヲ観望シ居リタルニ約二名
辟泉光州橋下ノ河原ニ蝟集
ヌルヲ見テ丘山ヨリ之ニ合シ朝鮮
獨立萬歳ヲ唱ヘ河原ヨリ小
市場ニ出テ衆ヲ率テ校生徒團約
百名ト合シ西門外ニ
西門通ヲ經テ郵便局前ニ到
リ左折シ本町ニ入リ北門外自

【부록 2】 3·1운동 판결문 • 359

働車組合前ニテ樓門里方面ヨ
リ萬歳ヲ高唱シツヽ來リタル
農業學校生徒團具他ト合シ
千數百名ノ團隊ヲ爲シ引返シ
光州郵便局附近ニ到リ當時
韓國々旗ト獨立萬歳ノ旗ヲ
ケ帽ヲ振翳シ兩手ニ
揮ヶ隨時獨立萬歳ヲ高唱
シ往躍シ市内ヲ横行シタリ証

四号、五号、六号、十一号、十二号ハ
當日使用シタル旗、就八号ハ
十五号ハ當日配布シタル獨立
宣言書、就二号、十号、十六号ハ
今回警告文、就三号、九号ハ全
被告獨立歌ナル旨ヲ供述
様各獨立宣言ニ於ヶル
被告金剛ノ同様當公廷ニ於ヶル
三月六日ニ被告金福錢カ獨立
宣言書等ノ印刷物ヲ京城ヨリ
持帰リシ全人下獨立運動ニ關

元一服方署ヲ候足シ具實行方
法、自ヲ及被告宋ト興真ニ相
當シ更ニ被告崔丙洙ノ情ヲ告ケ
具同意ヲ得タリ被告崔丙洙ノ
運動ニ自ヲモ参加セラレ度ト同
辭衆六千名以上ニシ旨ヲ供述
被告崔丙洙ノ同様當公廷ニ於ヶ
ル被告金福錢ヲ京城ヶ
各地ニ獨立運動起シタル於テ
我光州モ黙視スヘキニアラサ

六獨立運動開始ノ必要アリト
聞キテ贊シ自己ノ慶應校
教師タル關係上獨立宣言書
等ヲ配布シ生徒ヲ出動セシ
三月九日ノ夜金剛ヨリ明日獨立
運動决行スト聞ヶリ大生徒
ヲ激勵シ運動ニ参加セシメ為メ
自夜楊林里紀念閣ニ於ヶ
贊シ一身ヲ犠牲ニ供シ以テ
ル階級制度ヲ打破シ社會ヲ平

被告崔漢泳方ニ於テ

0338

0339

八北門外ヨリ樓門里〔第三被告
崔漢泳ハ大市場及ヒ光州樓門附近
二被告金容金ハ西門外及南門外
方面二各獨立宣言書ヲ配布シ
運動ニ參加シ…勸誘シ

被告金容金ハ獨立宣言
書約百枚ヲ被告金容金同約立
十枚ヲ何レモ金剛ヨリ受取リ
其肉十枚ヲ自己ノ被告金容金
ヲ受取リ住所ノ獨立宣…

町附近ニ於テ全郡民衆ニ頒布
シ小市場二侍受クヲ午後三
時過光州樓方面ヨリ歸韓國
國旗獨立萬歳旗ヲ振翳ヤン
群衆一團光州川河原ヨリ未
レトリ自分之ニ合シ其ニ獨立萬
歳ヲ高唱シ…揚林里
方面ニ向フ…當時樓校金徒圍參
加シ群衆數ハ千名ニ垂レ…
タリ當時ノ群衆ハ光州

楼下ヨリ旧韓國ヲ旗ヲ持出シ
未レル旨ヲ供述…
被告徐廷祐ハ同様三月七八日頃
被告金剛ヨリ自宅ニ来リ各地ニ
於テ騷動起シタリ…我光州モ
默視ス可キニ…
賛成ヲ同月九日午數名ニ…
獨立
金福鉉金剛外數名ニ…シ
翌十日午後三時半ニ朝…

運動ニ開始シ…當日光州
神社ヨリ群衆行動ヲ…
其後ニ隨ヒ光州樓側ニ…
ヘシ韓國ノ旗ヲ捨テ群
衆ヲ擊シ和シ獨立萬歳ヲ高
唱ヅ光州河原ヨリ小市場
到リ他ノ…不動町ヨリ…
赴キ不動町ヨリ卸便言前
旧韓國ノ旗又ハ獨立萬歳旗ヲ
振翳シ旗ナトヲ双手ヲ擧ケ

帽子ヲ打振リ獨立萬歲ヲ高唱
シツツ横行セリ計四千五百余ノ
群衆ハ土ヲ打ラ當然使用
ラルル二相違無ク自ヲ体二
同校ヲ率
生金剛第五回訊問調書中
崇校生徒ハ獨立運動ニ参加ラ
生金剛第五回訊問調書中
崇校生徒ハ獨立運動ニ参加ラ
シ自ラ及子女崇校ハ自ラ通
宋興真及
崔金剛生徒八於テ崇山内ニ
ハ須比迎女崇校ハ自ラ通

接同校教師朴愛順又偉生
徒出動ノ処シ獨立置シ言書等
師刷揚五本通ヲ決行當シ
人交ルニ服シ達動開始當知
ニ城内ニ服ス民ニ封シラ自ラ被
告金綱鉉ラ被告統二
誰ヨリ発令ラ三月ラ
彼告置真旅二同人
祥金容金錘三ト各自ノ
担當區域ヲ足シ獨立堂言書

同校教師朴愛順又偉生
等約三百枚ヲ彼告韓吉祥
色答金漢沫二領ラ帰宅ノ
途次同約千枚ヲ沙昌崔而淡
二交付ラ自ラ残金崔而淡
同樣検事作成彼告人徐廷禎第
四回訊問調書中
三月六日光州橋下ニフートボールノ
路戲ヲ為シ居ルラ青年ノ
運動参加ヲ可ラ勧誘シ尚其
他三四名ノ青年ニモ同樣勧誘
シ

等約三百枚ヲ彼告韓吉祥
色答金漢沫二領ラ帰宅ノ
途次同約千枚ヲ沙昌崔而淡
二交付ラ自ラ残金崔而淡
同樣検事作成彼告人宋興真第
四回訊問調書中
二面訊問調書中
群衆ヲ福揚シラ者ハ被告金
福鉉金剛崔而淡及自分ノ
旨供述訊載
同樣司法警察官ノ被告金錘
三訊問調書中
自分ノ四千年ノ歴史ヲ有スル我民
族ヲ停合セシメラル残ヲ春ラ

夕ルニ巴里ノ講和會議ニ於テ民族
自決主義ヲ唱導サレ強テ他國ヲ
侍ラスシテ...國ヨリ獨立セントス
ト軍政朝鮮人カ侍ラ好サ
ルモ... 知テ民族一致
團結シテ獨立ヲ計為...同一ノ
運動ヲ開始シ獨立ヲ計為ノ侍述ニ
同様檢事作成被告人等第一回ノ
民族書中...部ニ記載
被告崔漢泳カ會合ヲ以テ被告金

剛ハ楊林里母校ニ對エテ配
ヲ發ケ...運動開始當日
被告等延徽ニ於テ旧韓國
國旗ハ光州橋ニ持参シ多衆
三配布シ...運動ニ參加セル
韓吉祥ニ運動ニ參加セル
コト其他認ム
同様檢事作成同被告人第三回
訊問調書中
被告等流生樺カ以テ入ル旧韓國旗

ヲ持参シ...タルニ相違無シ當校
金剛モ被告韓吉祥カ群泉ニ
参加シ居...本町通ニ目撃
...自カニ譲リ...ノ件ニ記
載

同様檢事作成被告人宋世春訊問
調書中
教師書兩及リ獨立運動ニ参
加シ他ニ領布...獨立運動
...

同様檢事作成被告人鄭斗九訊問
調書中
同様檢事作成被告人鄭斗九訊
閲調書中
三月十日朝崔先生ヨリ獨立宣
言書ヲ賣リ自カニ發持遠博ナル
自動車屋ヨリ...樓門里至ルモノ侍述
間ニ民衆ニ領布...ノ件ニ記
載
同様檢事作成被告人金聖敏訊

問調書中
三月十日朝崔先生ヨリ同級生ニ
三十通宛配布シ人民ニ配布セシ
メ尚ホ宣言書百五六十通ヲ交付
サルルモ共ノ宜ク自分ノ分ハ
分市場ニ於テ民衆ニ頒布シ
タル旨ヲ供述記載
同様検事作成調書人金禎洙
訊問調書中
三月十日朝獨立宣言書等官

四五校ヲ崔先生ヨリ受取リ
普通科三年生ニ分配シ自分ノ
分十枚ハ分担區域ナル郵便司
小市場附近ニ至ル間ニ於テ
通行人ニ頒布シタル旨ヲ供述
記載
同様検事作成調書人朴愛順訊
問調書中
就劇ヨリ受取リタル獨立宣言書
遂一生徒ニ分ツガ洪順南朴永

子外二三名ノ生徒ニ数通宛配布
セリ同人等ハ自然他ニ分配スル
ナラント思ヒシ旨ヲ供述記載
同様検事作成調書人金柄煥
問調書中
三月十日崔雨復ヨリ獨立宣言
書二十枚ヲ受取リ人民ニ配布
付セラレタルヲ政南門外ノ良民ニ
配布セシ旨ヲ供述記載
同様検事作成調書人李柄煥

張南奎、劉權文、金永祺、朱
亨玉、金碩鉉、趙興鎭、李昌
錫元昌、權朱張岩、貢孟錫
李南彩、金長洙、丁學錫洪
今奕課萬石對スル各訊問調
書中
各自被告人ガ三月十日光州市場
内ニ於テ獨立運動開始ノ當日
市内ニ於テ各獨立宣言書ヲ人
民ニ頒布シタル旨ヲ各夫レ夫レ

被告姜錫奉ヨリ印刷シ市
内青年ニテ之ヲ各担任セシメンコトニ
決シタルモノ各相互ノ共謀
事ニ作成セシ被告韓吉祥ニ同

檢事作成ノ被告韓吉祥ニ関スル
調書中

三月六日被告全奉烈ヨリ獨立運
動相談ヲ受ケ被告姜錫奉ヲ
紹介シ金奉ヲ勧誘シ
被告全奉烈ヨリ被告姜錫奉ヲ
紹介シ獨立ニ到ル

外三名ト會合シ被告姜錫奉ハ
市國權回復ノ為シ印刷ノ
市内青年ニ於テ役ヲ引受ケ
金ヨリ受ケテ三月

大市
錫奉ガ獨立運動
ヲ開始セン為ノ用紙ハ
三月八日ノ利用ニ供シ獨立運動
ヲ三月八日ノ朝鮮運動

0352

全被告當廷ニ於テ三月吉被
告南宮檍方ニテ印刷シ
几ニ意ノ如ク同夜金彦深方
ニ持チ金彦深ノ事情
ヲ以テ被告崔両容ノ事情
被告崔漢默方ニテ印刷セシ
ヲ聞キ金鐵往外数名ノ浦助
ヲ以テ全鐵往外数名ノ浦助
蓮シ来リ國旗ヲ作成シ
型几々被告全奉烈ヨリ印刷ハ
被告崔漢默方ニテ印刷セシ
ヲ聞キ全ヨリ私ト警告

0353

文獨立歌等ヲ印刷シテ傳ヘ
當時共ニ印刷ニ従事シ
者ハ被告崔正斗及金爰
團手崔漢默崔爰範
團手崔漢默ノ其ノ三名自身
六名ト印刷物ノ獨立宣言書
約千通警察文獨立
約千通警察文獨立歌各
ナリ其ノ午後一時頃
烈ハ被告全奉ノ命
烈ト其ノ午後三時
半期シ運動ヲ開始セン旨

【부록 2】3·1운동 판결문 • 369

被告姜錫奉ハ富公廷ニ於テ三
月右被告南宮爛方ニテ被告
金福鎮ノ命ニ依リ印刷ヲ引
受ケタル被告ト仝ク被告金韓吉祥
等カ印刷ヲ引受ケ被告韓
吉祥ハ被告ノ商店員タル閣像
上用紙買入使ナリトノコトニ…

被告姜錫奉ハ富公廷ニ於テ三
月右被告南宮爛方ニテ被告
金福鎮ノ命ニ依リ印刷ヲ引
受ケタル…

購入方ヲ命セ…望日大嗣商
店及朝倉商店ヨリ合計半
紙一萬枚ヲ購入シ被告韓吉
祥ニ交付シタル旨ヲ供述
被告金鐘三ハ當仏廷ニ於ケル
三月七日金彦源方ヨリ被告崔
正卅ニ仝人外一名等ト共ニ
國旗二柄ヲ附與シ當時被
告金ヲ仝金ヲ宣言書ヲ印刷セ
シコトヲ原紙ノ記載爲ハ…

告ケ印刷物ノ大部分ヲ持行キ目
分首通鐸ヲ携ヘ帰宅タル旨
供述

刷

被告崔漢泳ハ印刷ノ事
ヲ為シ約千部ヲ印刷シ自分
ノ手數及被告金泰烈ヨリ受
取リシ實ニ鋪外ニ宜シ言
取リシ書五千部中ニ人千部ヲ
連寶寬後ニ文寺ニ寶トヤラ
中五六千部ヲ配
生徒ニ今配ヲ配シ
敎師 朴義順ニ托シ同校生徒
ニ配布シ方ヲ依頼シ殘部ハ連

来人市日ヲ利用シ運動ヲ聞
姑ヘ幹事印刷ハ市内青年ヲ
被告韓言犖、宋春
発奏列等ヨリ用紙購入
被告姜錫奉ヲ受ケ用紙購入
"印刷用萬歳"檗枝ノ
使用スル"印刷"、被告南宮
"赖方ニ"為シ爲
下印刷用萬歳"檗枝ノ
"印刷場等ヲ使フ被告南宮
"亭方ニ"爲シ爲
"爲リヲ危險ナリト爲リ

0360

被告金基亨ト共ニ印刷公肬レ
タル點及印刷物領布ノ點ヲ
除キ判示同趣旨ノ供述及三月
十日頃被告鄭光好ガ京城ニ於
テ内地留學生ト相談シ上判示
ノ如ク印刷物ヲ領布シタルコトヲ聞
知シ印刷物ノ内容ハ証十
九号ト同様キテ記臆ス印刷
四号ト二十一ト記臆ス印刷
隣証五号乃至八号ノ如キモノ

勳決行當日小市塲ニ於テ自分
"配塲ハ最初ニ見テ印
"刷物配塲"、祖當シハ印
"刷物完成後ハ同塲中何人
"ニモ印刷物ヲ人手次第印
"付ル事ヲ爲シ
"印刷物ヲ領布一三号
"証一号乃至八号ノ旨ヲ供述
"ヘ第二号當時印
刷"第二事實付テハ
被告金範洙ハ當廷ニ於ケル

0361

ヲ使用シタル旨ヲ供述

被告朴一求ノ當公廷ニ於ケ
被告金基亨ニ關スル点及印刷
物領布ニ關スル点ヲ除キ判示
同趣旨ノ供述及印刷物ヲ被告
鄭光好カ領布シタリヤ否ヤ答ヘ
同人ハ把留學生ノ相談ノ上領
布シ可シト語リタル旨ヲ供述
物ノ内容ハ……九早ト同樣ナ
……ス旨ヲ供述

被告崔正斗ノ當公廷ニ於ケ
ル關スル点及印刷物ノ
ニ關スル点ヲ除キ判示同趣旨ノ
供述

被告金基亨ノ當公廷ニ於ケ
自分ノ次外彼告等ノ判示事由
ノ下ニ自分方ニ於テ判示ノ印刷
物ヲ印刷シタルニ相違無キ旨ヲ
供述

検事作成金墎ニ對スル訊問調書中
供述

印刷物配布ト其ヲ除キ判示
同趣旨ノ全人供述記載ト
被告金基烈ノ當公廷ニ於ケ
他ノ被告印刷物領布ニ關スル
点及被告金基亨ハ印刷ノ
旨及被告金基亨ハ印刷ノ
手傳ヲ為セリト供述シタル外
判示同趣旨ノ供述
司法警察官作成被告朴一求
訊問調書中
被告金基烈カ光州ニ持行キタル

第三事實ニ付テハ
被告朴京在ノ當公廷ニ於ケ
鄭光好ヲ其ニ京城ニ持行キ
其後京城ニ同人等カ領布
セル旨ノ供述事由記載
約一百枚ヲ除ケル印刷物ハ被告
判示後日時場所ニ於テ被告金基烈
烈ヲ判示事由ノ下ニ獨立ヲ宣言
書等ヲ印刷セセントシテ光州
ニテ官憲ノ取締ノ嚴重ナル

0364

0365

右ノ上部（0366）

朴京柱ノ自宅トシ又謄寫版ハ彼
告ヲ崔容奎ヨリ被告崔漢泳
方ヨリ起越シ方ニテ二個ヲ
携帯セリ被告崔容奎ノ
擔斗朴京柱ノ三名ニテ三月十七
十八兩日ニ且ツ獨立宣言書
告文獨立歌等合計六千枚
ヲ印刷シタル旨ヲ供述
シ文獨立歌等ハ判示朝憲ヲ紊
亂スヘキ記事ヲ記載シタル獨立
乱スヘキ記事

宣言書（證八五号）獨立歌（證三九号）
号）獨立旗（證四六号）獨立旗
舊韓國旗（證五六号）獨立旗
用各書（證三四号）ノ謄寫版
用各書（證三四号）ノ現存スル
トニ徴シテ之ヲ認ムヘキ證憑十
分ナリトス

法律ニ照スニ
第一事實中安寧秩序ヲ妨害
シタル被告等ノ所爲ハ大正八年四月
制令第七號第一條ニ該當スルモ

0366

右ハ該制令發布前ニ係ルヲ以テ刑
法第六條第一項朝鮮刑
事令第四十二條ヲ適用シ該當法
條タル同條安法第七條ノ刑ト前
制令第一條（刑ヲ適用シ刑ト前
安法第七條ノ刑トヲ比照シ輕キ
慶斷法條ニ從ヒ第一事實
中被告韓吉祥金剛宋興眞
崔丙後韓吉祥金鐘三徐秋
崔漢泳、金容奎ノ安寧秩序
ヲ妨害シタル所爲ハ各保安法第七
條前段朝鮮刑事令第四十二
條ニ該當シ合懲役刑ヲ選擇ス
可ク從省韓吉祥、金鐘三崔
漢泳、崔正斗、金容奎ノ各
獨立信言書警告文、獨立歌等
ノ印刷ヲ擔當シタル所爲ハ出版法第十
一條法律第六號
三条法律第六號
刑事令第二項第四十二條ニ該當シ被告

0367

金福鉉ノ印刷教唆ノ所為ハ前同
一法系及刑法第六十一條第一項ニ
被告儀仁植、宋興眞、姜錫奉ノ
右同儀輔助ノ所為ハ各刑法第六
十一條第一項ヲ除キ前段ノ同一
刑法第六十二條第一項第六十三
第六十八條第三項ヲ適用シ
被告金福鉉、金剛雀丙、淡韓吉
祥金鐘三雀漢隊金容韓
談印刷物ヲ頒布シタル處所為ハ

各全出版法第十一條第一項第一
號朝鮮刑事令第四十二條ニ
各該當スヘキ右ハ同時ニ各保安法
第七條前段ニ該當シ朝鮮刑事令
第十條前段ニ依リ朝鮮刑事令第五
十二條第一項ノ該當シ刑法第五
十四條第一項前段第十條ヲ適用
シ重キ出版法違反及刑ニ從テ
之ヲ處断シ
第二事實中被告金範珠朴
一永、雀正斗、金基亨、金恭烈

鄭光好ノ各印刷担當ノ所為ハ第三事
實中被告朴京柱、金容奎范炯斗、
同樣所為ハ各出版法第十一條第二項第
一號朝鮮刑事令第四十二條ニ
一項第三事實中被告金恭烈ノ印刷教唆ノ所為
為ハ同一法條及刑法第六十一條第一項ニ
三事實中第三事實中被告金恭
烈ノ鄭光好ノ印刷物ノ頒布金恭
為ハ各同時ニ出版法第十一條第
一項號第二項ニ該當シ朝鮮刑事

第令第四十二條刑法第五十四條第一項前段
第十條ニ依リ重キ出版法違反ノ刑ニ從テ處断スヘシ
禮告金福鉉、韓吉祥、金鐘三、鄭先
好、各出版法違反及所為及被告金恭
第一ニ依リ各連續犯ニシテ各被告金ノ
五十五條ヲ適用月シ處断シ
被告金恭烈、宋興眞、金容奎范炯斗、
八各数罪併徒斉各刑法第四
五條、第四七條第十條ヲ適用

被告崔正斗范潤斗ニ対シ犯
情重キ第一、被告金鎔烈ニ対シ
同樣第三、被告康興眞ニ対シ保
安法違反ノ被告金容斗ニ対シ印
刷物頒師ノ各罪ニ付法定加重
ヲ為シタル刑期範圍内ニ於テ處断
スヘク押收品中頒第一二一號
ノ一乃至十號領第一〇八號
ノ一乃至四號ノ五號乃至十號
ハ犯罪用ニ供シ若ク供セントシタルモノ

又犯罪ニ供シタルモノニシテ被告人
外ニ所有ニ屬セサルヲ以テ刑法第十九
條第一項第二號第三號第二
項ヲ適用シ各之ヲ沒收スヘク其他
押收品ハ沒收スルノ刑事
訴訟法第二百二條ニ依リ各差出
人ニ還付スヘク被告鄭光好金
容斗、范潤斗ニ関席ニ付刑
事訴訟法第二百七九條ヲ適用
ス可ク

被告南宮櫶金鎔烈ヲ判示被告
ト共謀上判示第一ノ犯行ヲ為シ
ル旨、被告徐廷禧カ同樣同出版
法違反ニ関スル犯行ヲ為シタル旨
被告姜錫奉カ同樣保安法違反
ノ犯行ヲ為シタル旨、被告軍起譜ノ
犯行ヲ為シタル旨被告崔潤斗金
容斗等カ
大正八年三月八日被告范潤斗金
鎔烈等ノ獨立宣言書ヲ印刷用
紙謄寫版、旧韓國国旗等ヲ以テ
三人連來レリハ其儘一時自宅ニ

隠匿シ置キ今日被告范潤斗等ヲ
以テ被告崔蓉源方ニ持行カシ
家宛ノ國催斗茶乱丸ヲ以テ文書ヲ印
刷爲メ豫望九日午後一時頃ニ到
リ三時頃ニ間ニ被告自宅ニ於
テ被告徐廷禧金剛ノ
興眞金鎔烈外數名ト朝鮮獨
立運動ノ議義ヲ擧行シ日
ヲ擇シ時印刷物頒師其ニ方法
一方他ノ被告等其ニ崔漢永方ニ

於ケル謄寫ノ進行ヲ圖リ 終ニ望
十日午後三時半ニ至リ擧行セン
事決シ謄寫及國旗作成完成
スルヤ全九日夜 國旗及謄寫版ハ
再ビ被告自ラノ管理ニ印刷物
前記如クノ妻ノ當日同志ノ者
ヲシテ領布セシメ光州ニ於ケル
使用セラルニ至リ 獨立
者ヲシテ數百ノ群衆ニ市同志
ノ國旗モ亦當節
運動ヲ遂行セシムヲ因ラシテ活安

妨害ヲ爲シタルモノニシテ 被告崔
星順ハ 大正八年四月六日被告
范潤斗ノ依賴ニ依リ 不法ニ印
刷使用セシモノナル情ヲ知リ
被告朴京柱方ヲ使用セシ謄寫版
三個ヲ待行ケ之ヲ藏匿シテ
犯罪ノ證憑湮滅ヲ圖リタルモ
ノナル旨各公訴事實ハ何レモ其証
憑十分ナル依リ 各刑事訴訟法
第二百三十四條ニ則リ各無罪ヲ

言渡スヘキモ
被告金剛、崔丙漢ガ判示第一ノ不
法印刷ヲ擔當シタル点被告崔
興眞孫仁植姜錫奉ノ崔焜斗、
范潤斗ガ各摺印刷物ノ領布
シ祖當シタル点、被告金範珠朴
一求、崔正斗、金基宮ガ判示第
二ノ不法印刷物ノ領布ヲ擔當シ
タル点 被告金範珠范潤斗、朴
容金、朴京柱ガ判示第三ノ法印
刷物ノ領布ヲ擔當シタル点ハ各

其証憑十分ナラザルニ右各連續犯
ノ一部ヲ爲スルヲ以テ特ニ無罪ノ言
渡上理由ニ依リ主文判決ヲ爲セリ

大正八年六月十八日
光州地方法院
朝鮮總督府判事　原賢次郎
朝鮮總督府裁判書記　小之川宗吉

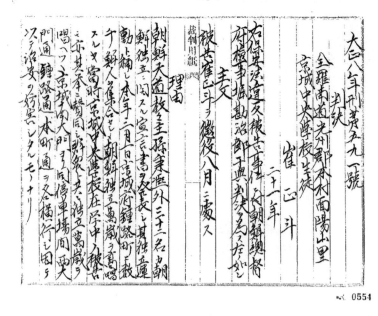

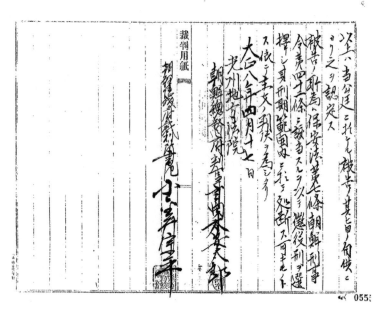

추천사

독립운동가 의사(醫師) 김범수 선생,
객관적 고증 통해 제대로 조명되길

한국사회 모순의 핵심은 '친일 미청산'과 '분단'이다. 일제 강점 36년에 이어 친일기득권세력 강점 75년째를 맞고 있다. '친일에 뿌리를 두고 분단에 기생하여 존재'하는 기득권세력은 스스로를 '보수'라고 칭한다. 이들은 보수의 참뜻인 '지킬 만한 가치가 있는 것'을 지켜온 게 아니다. 이들은 일제치하에서는 일제를 지키기 위해 동족을 괴롭혔고, 해방 후에는 분단과 반민족적인 독재 권력을 지키기 위해 민초들을 억압해왔다. 우리 사회의 갈등구조는 보수와 진보의 구도가 아니다. 민족과 반민족의 구도이고, 인류애와 반 인류의 구도일 뿐이다. 이 '가짜보수'는 상생의 대상이 아니고 극복의 대상이다.

반민족 세력이 역사왜곡을 치밀히 하는 세월 속에서는 항일 독립운동가들의 행적이 제대로 조명될 리 없다. 그래서 '친일 미청산'과 '분단'이라는 시대적 화두 앞에 조명 받지 못한 이들이 많다. 억눌린 시대의 한복판에서 환자를 돌보는 의사로서 의로운 삶을 사신 김범수 선생이 있다. 국운이 쇠하던 1899년에 태어난 선생은 경성의전 학생으로서 3·1운동에 앞장섰고, 그로 인해 옥고까지 치렀다. 옥중에서 만난 안재홍의 영향으로 사회변혁에 눈을 떴고, 의업을 유지해 가면서도 사회운동과 가난한 이들을 위한 노블리스 오블리제 정신을 실천하였다.

해방 후 좌우이념을 초월한 통일정부 수립에 앞장섰던 선생은, 권력의 비호를 받은 친일 폭력집단인 서북청년단의 표적이 되었으며, 이승만의 지시에 의한 보도연맹의 피해자로 죽음의 사선을 넘기도 했다. 6·25가 나고 남부지역을 점령한 인민군에 징발되어 부상병을 치료하던 중, 1951년 4월 국군토벌대에 의해 최후를 맞이했다.

'친일 미청산'과 '분단'으로 점철된 오욕의 현대사에서 친일기득권 세력의 진실왜곡은 참으로 집요했다. 이로 인해 제대로 규명되지 못한 이가 어찌 김범수 선생뿐이랴만, 선생에게는 '친일의사'니, '인민병원장'이니 하는 억울한 누명마저 씌워졌으니, 선생이야말로 굴절된 현대사의 피해자가 아닐 수 없다.

'친일 미청산'은 한국사회의 기저질환이다. 적폐청산의 핵심도 친일청산이다. 촛불혁명으로 깨어난 국민들이 친일 잔재청산으로 역사정의를 바로 세우자는 열망이 고조되고 있다. 이러한 새로운 사회적 조류와 함께 독립운동가의 참된 모습이 제대로 조명되기 시작했다.

그 출발선상에서 선구자적으로 고증하고 있는 의사 김범수에 대한 연구는 더욱 의미가 깊다. '시대의 피해자'를 학자의 양심과 열정으로 치유하려는 박해현 교수의 노고에 깊이 감사한다.

광복회장 김원웅